中國中藥協會
China Association of Traditional Chinese Medicine

北京岐黄中医药文化发展基金会“中药材保护与传承项目”支持

中国中药材种业发展报告

ZHONGGUO ZHONGYAOCAI ZHONGYE FAZHAN BAOGAO

（2019）

中国中药协会　组织编写

主　编　黄璐琦　赵润怀

副主编　王继永　杨　光　杨成民　王志安　曾　燕

中国健康传媒集团
中国医药科技出版社

内容提要

本报告从中药种业发展的产业政策、资源保存与评价、科技进步、标准制定、产业发展等多个方面，全面反映中药材种业进展情况。主要包括九部分：中药材种业的培育和发展，中药材种业发展政策法规环境，中药材种质资源收集、保存与评价，中药材品种选育技术，中药材种子种苗基地建设，新品种与技术推广应用，中药材种子生产经营，中药材种子种苗标准规范，中药材种业研究进展与成果。希望通过本书的出版，搭建展示中药材种业发展成绩、反映中药材种业发展问题、交流中药材种业发展经验、提出中药材种业发展建议的平台。

图书在版编目（CIP）数据

中国中药材种业发展报告（2019）/ 黄璐琦，赵润怀主编．—北京：中国医药科技出版社，2020.12

ISBN 978-7-5214-2121-7

Ⅰ．①中… Ⅱ．①黄… ②赵… Ⅲ．①中药材－种子－农业产业－研究报告－中国－2019
Ⅳ．① F326.1

中国版本图书馆CIP数据核字(2020)第214158号

美术编辑 陈君杞

版式设计 友全图文

出版 **中国健康传媒集团** | 中国医药科技出版社

地址 北京市海淀区文慧园北路甲 22 号

邮编 100082

电话 发行：010-62227427 邮购：010-62236938

网址 www.cmstp.com

规格 889 × 1194 mm $^{1}/_{16}$

印张 15

字数 374 千字

版次 2020 年 12 月第 1 版

印次 2020 年 12 月第 1 次印刷

印刷 三河市万龙印装有限公司

经销 全国各地新华书店

书号 ISBN 978-7-5214-2121-7

定价 68.00 元

编写委员会

编　　　著　中国中药协会中药材种子种苗专业委员会
农业农村部种业管理司
中国中医科学院中药资源中心
中国医学科学院药用植物研究所
浙江省中药研究所有限公司
中国中药有限公司
国药种业有限公司

主　　　编　黄璐琦　赵润怀

副　主　编　王继永　杨　光　杨成民　王志安　曾　燕

编委会主任　黄璐琦

编委会副主任　赵润怀　郭兰萍

编　　　委　（按姓氏笔画排序）

王　升　王志安　王继永　邓庭伟　龙　熹　史玉宝
叩根来　成彦武　刘大会　刘美娟　孙　健　孙赫赫
杜　弢　杨　光　杨世海　杨成民　李　莉　李　颖
李欢乐　李进瞳　李明焱　李晓琳　李隆云　肖承鸿
沈宇峰　沈晓霞　张　玥　张冬晓　尚兴朴　金　航
周　涛　郑司浩　赵润怀　徐建中　郭玉海　郭兰萍
黄璐琦　曹海禄　曾　燕　曾翠云　阙　灵　裴志力
缪剑华　薛　军　魏建和

学术秘书　李　颖

前　言

“一粒种子可以改变一个世界”几乎成为全球种业人的共识。种子是生物遗传资源的核心组成部分，也是种植业发展的基本保障。种业发展事关重大，是各国农业国际竞争力的核心组成部分。由于中药材种业发展尚处于起步阶段，中药材种子种苗质量问题时有发生，影响中药材的供给安全，现代中药材种业的发展可以大幅降低农民种植的风险，保障中药材的可持续供给。培育质量优良的中药材种子种苗，是实现中药材优质高产的重要保障条件之一。建设现代化的中药材种业不仅关乎中医药的未来和国际竞争力，也是中药资源供给安全的重要保障，是中医药现代化的必然趋势。

我国中药材种业仍处于培育发展的初级阶段，相关的政策、法规有待于逐步改进和完善。在中医药行业的多方持续努力下，从种质资源收集保存、品种选育、机构建设、标准制订、发展规划等方面取得了一定的进展，为建设现代中药材种业奠定了基础。目前，有关中药材种业发展状况的研究较少，有关种业的基础信息也缺乏系统的整理。本报告由中国中药协会中药材种子种苗专业委员会发起，组织部分从事中药材种子研究开发和生产经营的有志之士组成编写组，旨在系统地收集整理中药材种业近年来的基础数据和现实情况，分析中药材种业存在的问题，研究提出培育和发展种子产业的途径和策略，为政府制订相关政策、企业生产经营、科研单位研究开发新品种新技术提供基础信息和业务参考。

作为中药材种业的第一份研究报告，本报告力图从中药材种质资源的收集、保存、评价，到中药材优良品种的选育、繁育、推广，再到中药材种子生产经营和新品种知识产权保护，进行全产业链基础信息的系统收集整理，对中药材种业的发展历程、现状问题和发展趋势进行总结分析，从技术、经济、政策、管理等宏观方面研究发展策略和建议，以期促进中药材种业的培育和发展。通过种业源头行动，促进中药农业的可持续健康发展，从而保障中医药事业和健康中国建设的长远发展战略需要。

编者

2020 年 11 月

目　录

第一章　中药材种业的培育和发展

民以食为天，农以种为本。种业，乃至中药材种业，都是国民经济和产业发展的源头。中药材的种植业和养殖业，是现代中药产业、中医药事业和健康中国不可或缺的基础产业，更是未来中国战略产业不可或缺的重要组成部分。我国中药产业发展需要建立现代中药材种业作为物质基础。建设小康社会和健康中国，需要优质高产的中药材、中药饮片、中成药和中药保健产品。依法保护和促进中药材种业的培育和发展，鼓励中药材优良品种的选育、繁育和推广，是可持续健康发展的必然要求。

鉴于中药材种业在中医药产业中的重要作用，中药材种子管理已经引起政府部门的高度重视。2015年《中华人民共和国种子法》（以下简称《种子法》）修订版，将中药材种业纳入《种子法》的管理体系。第四次全国中药资源普查将中药材种子种苗繁育基地建设列入四项重点任务之一。在中药种业相关企业、科研机构和行业协会的努力下，选育了一批中药材优良品种，发布了一批中药材种子种苗标准，发起成立国家主导的中药材种子生产经营企业，促进向专业化、规范化和规模化发展。

一、国家高度重视中药材种子管理

我国中药材种子管理的法律法规尚在逐步建立和完善过程中。《种子法》2015年11月修订版第九十三条明确规定："草种、烟草种、中药材种、食用菌菌种的种质资源管理和选育、生产经营、管理等活动，参照本法执行"，首次将中药材纳入《种子法》管理，为中药材种子依法管理和规范生产经营奠定了法律基础，中药材种业发展由此将进入一个新的发展时期。《中华人民共和国中医药法》也提出了"支持中药材良种繁育……支持道地中药材品种选育"的要求。

2016年3月，农业农村部、国家中医药管理局成立起草小组，着手研究起草《中药材种子管理办法（草案）》（以下简称《管理办法》）。依据《种子法》的框架体系，《管理办法》内容涵盖中药材种子的品种登记、生产经营许可、资源保护、档案管理及标签标识等制度要求，通过规范主体生产经营行为、严格产品质量管理、强化资源保护等措施，促进中药材种业的培育和发展。

中药材种业的发展正在纳入国家相关规划和计划。《中药材保护和发展规划（2015—2020年）》提出要求："建设中药材良种繁育基地。推广使用优良品种，推动制订中药材种子种苗标准，在适宜产区开展标准化、规模化、产业化的种子种苗繁育，从源头保证优质中药材生产。"《中医药健康服务发展规划（2015—2020年）》提出："促进中药材种植业绿色发展，加快推动中药材优良品种筛选和无公害规范种植"。《"健康中国2030"规划纲要》提出："建立大宗、道地和濒危药材种苗繁育基地"。《中医药发展战略规划纲要（2016—2030年）》加强道地药材良种繁育基地和规范化种植养殖基地建设。《中共中央国务院关于促进中医药传承创新发展的意见》提出："制定中药材种子种苗管理办法。……评定一批国家、省级道地药材良种繁育和生态种植基地"。

二、中医药行业多举措推动中药材种业发展

为了解决中药材良种缺乏问题，第四次全国中药资源普查将中药材种子种苗繁育基地建设列为四项重点任务之一，国家中医药管理局于2012年、2013年、2015年分三批在20个省区布局建设了28个中药材种子种苗繁育基地，繁育中药材种子种苗约120种，推广种植面积超过3万亩，改善了区域内中药材种子种苗用种的供应与质量。

2010年8月6日，全国中药材种子（种苗）标准化技术委员会（编号TC479）成立大会在湖北武汉召开，黄璐琦任主任委员，陈敏任秘书长，标委会的主要任务是向国家标准化管理部门提出中药材种子（种苗）、种质资源、优良品种和新品种审定等专业范围内技术标准化研究工作的方针、政策和技术措施的建议，开展中药材种子（种苗）等标准化工作，推动我国中药材生产科学化、规范化、标准化和现代化。

2014年5月16日，中药材种子种苗繁育基地科技联盟成立大会在广西玉林市召开，旨在推动我国中药材种业的规范化、标准化和产业化发展，从源头上促进中药材种植的质量和提升中药农业的现代化水平，重点开展繁育技术研究、种子标准制订、种子检测评价、新品种选育鉴定、繁育和推广等产业化科技开发方面的工作。

2016年5月28—29日，中国中药协会中药材种子种苗专业委员会成立，赵润怀任理事长，史玉宝任秘书长。

2017年8月28日，在北京召开了国家中药材产业技术体系启动大会。中药材产业技术体系是农业部现代农业产业技术体系“十三五”期间新增的4个传统特色类体系之一，这也标志着中药材首次进入现代农业产业技术体系。中药材生产技术体系围绕中药材产业发展需求，设置了遗传改良、栽培与土肥、病虫草害防控、机械化、加工、产业经济6个功能研究室，聘用了23位岗位科学家，在全国范围内23个省份中药材主产区，设置27个综合试验站。

通过以上国家政策扶持和行业组织的多种举措，以产学研协同努力和行业同仁的积极参与的一系列活动，全方位推动《中药材种子管理办法》的起草，制订了一批中药材种子种苗质量标准和繁育技术规范，促进了中药材种子种苗技术交流，推进了以国药种业为代表的种子种苗生产加工企业的建立，为培育和发展中药材种业、推进中药材种子的规范化管理、从种子源头保证中药材品种质量、推进中药材种植业高质量发展，正在做出积极努力，取得了可喜的进展。

三、中药材种子种苗的标准化取得初步成果

历史上，由于中药材种子种苗专业管理机构缺乏，中药材种子种苗国家标准和新品种特异性、一致性和稳定性测试指南主要由农林等主管部门制定。全国中药材种子（种苗）标准化技术委员会（SAC/TC 479）成立后，开始推动中药材种子种苗标准的研究和制定。

2014年，《中药材新品种评价技术规范》《中药材种子检验规程》和7种中药材（金莲花、平贝母、明党参、白术、丹参、三七、菘蓝）种子种苗国家标准，共计9项国家标准获批立项，由SAC/TC 479归口管理。

2014年，由中国中医科学院中药资源中心和中国农业科学院特产研究所等联合制定的“中医药—人参种子种苗 第一部分：亚洲人参”（ISO 17217-1:2014），是我国第一个中药材种子种苗国际标准化组织（简称ISO）国际标准。2017年，由昆明理工大学、澳门科技大学和中国中医科学院中药资源中心

联合制定的“中医药—三七种子种苗”（ISO 20408:2017），由中国农业科学院特产研究所和韩国农村振兴厅联合制定的“中医药－五味子种子种苗”（ISO 19824:2017），由上海华宇药业制定的“中医药－丹参种子种苗”（ISO 20311:2017）陆续发布。四项国际标准由国际标准化组织中医药技术委员会（ISO/TC249）归口管理。

2017年，在第四次全国中药资源普查中药材种子种苗繁育基地建设成果的基础上，由中国中医科学院中药资源中心牵头，联合国内多家有关科研院所、企事业单位，启动了常用中药材种子种苗团体标准研制工作，目前《中药材种子种苗质量标准》《中药良种繁育技术规程编制通则》等两批合计141项团体标准已经完成发布。地方社会团体发布中药材种子种苗团体标准14项。更有一批中药材种子种苗研究著作出版，如《中药材种子图鉴》（2018年）、《中国中药材种子原色图典》（2018年）、《中药材种子萌发处理技术》（2018年）、《中药材种子种苗标准研究》（2019年）、《中国药用植物种子原色图鉴》（2019年）等。

四、中药材优良品种选育有了长足进步

我国中药材优良品种选育在这20年特别是近10年有了长足进步。据文献报道和各地品种鉴定机构鉴定的中药材新品种统计，截至2019年共选育出地黄、枸杞、北柴胡、青蒿、薏苡、桔梗等药材的537个新品种。选育出的新品种药材种类从20世纪90年代的10种左右达到116种。现有一支近百人的优势团队，从事中药材种质资源和新品种创制，为进一步发展中药材品种选育工作奠定了基础。

无性繁殖选育成功枸杞、地黄、杜仲新品种；雄性不育系选育出丹参高整齐度和高含量新品种；采用集团选育、系统选育方法成功选育并推广瓜蒌、青蒿、柴胡、荆芥、人参新品种；采用组培育苗繁育罗汉果。

五、培育中药材种子生产经营企业

相对于中药材种植、中成药、中药饮片产业，中药材种业起步晚，整体规模较小，专业化程度和品种集中度不高，缺乏自身品牌和特色，企业经营品种多以所在地地产品种为主，种类少，且基本无新品种的生产经营。

2016年以前，中药材种子种苗交易主要以个体农户交易为主，没有固定的经营主体，质量无保障；新《种子法》实施以后，出现了一批具有生产经营许可的中药材种子生产经营企业。2018年登记种类有中药材种子、具有生产经营许可证的企业全国有61家，仅登记种类为中药材种子的企业有18家，并未形成具有一定影响力和规模的市场。截至2020年3月，据中国种业大数据平台统计，全国具备中药材种子生产经营许可的企业增长到121家，涉及19个省、自治区、直辖市，其中甘肃省的企业最多，共计33家，占比27.27%；从发证部门来看，由省级行政区签发生产经营许可的企业有10家，地级行政区为43家，县级行政区为70家。121家具备中药材种子生产经营许可的企业中，以中药材种子作为审定品种的企业有70家，占比57.85%，剩余企业大部分以杂粮、蔬菜、花卉、水果为主；70家以中药材种子作为审定品种的企业中以常规品种登记的企业有55家，占比78.57%，以新品种登记的企业有15家，占比21.43%，共涉及3个省份的5个药材品种，其中以甘肃省的企业数量最多，为12家，占比80.00%。

中药材种子专营企业的种子加工生产方式较为落后，大部分仅限于种子的清选，而无进一步的生产加工。纵观全国，中药材种子加工仍处于加工的形成和初级阶段，行业整体存在许多不足：如种子加工设备不成套，种子加工技术水平整体较低，种子加工规模小，缺乏有效的种子加工管理制度和高素质的种子加工人员，缺乏统一的种子质量标准和加工规范等。

国药种业有限公司由中国中药有限公司和广西华夏本草医药有限公司联合发起，于2015年4月在北京成立，以中药材种子种苗生产经营、技术服务和质量分析检测作为主营业务。其骨干品种——国甘一号，是由中国中药有限公司历时15年研发，由国药种业有限公司扩大繁育、加工包装成商品种子上市销售的甘草种子品牌。国药种业公司以甘草种子为主体，建立的繁育体系、加工体系、质量体系、服务体系已初具形态，可提供全过程质量服务，包括种植技术指导、种植机械、专用农药肥料、地膜、轮作作物、农产品回收等相关服务。

六、促进中药材种业向规范化、品牌化发展

展望中药材种业未来发展趋势，将从以下五个方面创新发展。

1. 中药材种子生产经营和流通秩序不断完善

《中华人民共和国种子法》《农作物种子生产经营许可证管理办法》和《植物新品种保护条例》的相继颁布和实施，将进一步强化对从事中药材种子生产、经营的依法监管。把好种子“源头”质量检验控制关，规范种子市场秩序，对违犯规定者严肃查处，避免伪劣种子坑害药农的事件发生和价格剧烈动荡现象的重复出现，规范并形成良好的市场氛围。

2. 宣贯中药材种子种苗质量标准，推进种子标准化管理

建立中药材种子种苗质量标准，可以使中药材种子种苗的监管不再处于真空状态，更好地维护中药材种子种苗市场流通秩序。明确规定中药材种子特性、优良品质、种子质量、种子生产加工、种子检验方法、种子运输、种子包装、种子贮存等方面标准，制定系列技术标准，为生产、经营、使用、管理提供依据。从种子生产技术规程、种子检验规程、种子质量分级标准、中药材良种标准、种子贮存与加工包装等五个方面全面推进中药材种子种苗标准化建设。只有尽快实现中药材种子种苗的标准化，才能从源头保证中药材的生产质量和品质。

3. 加快中药材优良品种的选育，促进中药材良种化发展

优良品种的育繁推是中药材种业高质量发展的根本。中药材优良品种的选育要借鉴农作物种子的实践经验，积极促进企业与科研机构的合作，加大科研资金和人才的投入；采用先进的育种技术，在中药材品种资源研究和优良品种选育方面实现技术突破，以替代目前生产上使用的混杂群体，结束绝大部分药材生产无优良品种的现状。对于现有的中药材优良品种，建立良种生产示范基地，加强优良品种的繁殖、示范、推广工作，提高良种的覆盖率。

4. 建设中药材良种繁育基地，提升种子生产经营能力

中药材种子种苗是中药材产业链的起点，其质量的优劣在中药材种植中起着举足轻重的作用。因地制宜建立中药材种子种苗繁育基地是解决中药材种子种苗供需矛盾和保证种子种苗质量的有效途径。依靠政府引导、企业出资的方式，合理布局，建立中药材种子种苗生产基地。道地药材和大宗药材坚持常年繁种，保证优质种子的产量，持续满足市场需求，提高对市场波动的抵抗力。道地药材采取提纯复壮的手段以保证种子的纯度和质量。建立中药材种子种苗繁育基地，可以从源头上杜绝不良种子的流通，

从而加快中药材栽培规范化、标准化的发展。

5. 培育中药材种子企业，向规模化、品牌化发展

随着中药材种子法规和监管措施的完善，未来我国中药材种子的生产、经营、销售过程逐渐向农作物种子的管理和经营模式看齐。具有中药材种子生产加工资质的企业生产的不可分装的中药材种子，符合种子法包装要求，彻底告别散装、零售的落后模式。经营者也是企业的代理商、分销商所开设的中药材种子门店，而不是现在市场上无任何资质的地摊销售模式。中药材种子企业经营的产品将是经过精细化加工、能保证质量性能相对均一、运用质量标准完成分级、能够满足客户不同需求、有完整包装和明确售后方案的深度产品。

（赵润怀　杨光　李颖）

第二章　中药材种业发展政策法规环境

本章从“四自一辅”、“四化一供”、市场化转型和种子产业化 4 个阶段简述了种业的发展史以及近十年来种业发展的政策环境，分析了中药材种业发展的政策法规环境，介绍了中药材种子管理相关的法律法规，介绍了《中药材种子管理办法》制定的背景、意义、起草过程和征求意见情况。

近几年农作物种子管理的相关法律和法规得到了逐步完善和修订。2016 年 1 月 1 日颁布了修订后的《种子法》，首次将中药材纳入《种子法》管理，为《中药材种子管理办法》的制定奠定了法律基础。《中药材种子管理办法》的制定不仅是全面落实《种子法》的迫切需要，更是提升中药材产业高质量发展的迫切需要。自 2016 年起国家中医药管理局同农业部协商正式启动了《中药材种子管理办法》的制定工作。在《中药材种子管理办法（草案）》制定过程中，农业农村部种业管理司和国家中医药管理局相关部门会同有关单位做了大量工作，多次开展联合调研，召开专题座谈会，广泛听取有关专家、管理人员、生产经营者意见，反复修改完善。目前，《中药材种子管理办法（草案）》已比较成熟，整体工作取得了阶段性进展，下一步将尽快推进办法出台，实现中药材种子管理有法可依。

第一节　种业发展史

种业是国家战略性、基础性的核心产业，是促进农业长期稳定发展的根本。1949 年中华人民共和国成立以后，在党和政府的重视下，我国种业发展掀开了新的篇章。中国种业的发展经历了“四自一辅”、“四化一供”、市场化转型和种子产业化 4 个阶段，各阶段发展特征如表 2–1 所示。

表 2–1　种业发展阶段

名称	时间段	阶段特征
“四自一辅”阶段	1949—1977 年	1. 新中国成立初期，农业生产加快恢复发展，农民对良种要求迫切，农业部提出“依靠农业生产合作社自繁、自选、自留、自用，辅之以调剂”的种子工作方针，并充实了各级种子机构。 2. 种子经营由粮食和商业部门划归种子部门管理。 3. 全国各地逐步建立起以县良种场为核心、公社良种场为桥梁、生产队种子田为基础的三级良种繁育推广体系。
“四化一供”阶段	1978—1982 年	1. 国务院批准成立中国种子公司，并批准在全国建立省、市、县三级种子公司。 2. 明确种子工作要实行“品种布局区域化、种子生产专业化、加工机械化、质量标准化，以县为单位统一供种”的方针，简称“四化一供”。 3. 以大规模建设各类原（良）种场和种子繁育生产基地为核心，逐步完善了良种繁育推广体系。 4. 通过加强研究开发和消化吸收国外先进技术，初步形成了具有中国特色的种子加工科研生产体系。 5. 颁布实施各类种子管理规定、标准，为各级种子部门强化种子管理提供了法律依据和技术标准，强化了种子市场和种子质量监测。

续表

名称	时间段	阶段特征
市场化转型阶段	1982—1994年	1.市场化转型期的主线是种子市场化催生种子公司企业化，企业化的公司反过来要求更大范围开放市场。 2.农牧渔业部将全国种子站与中国种子公司分设，在中央层面上实行政、事、企分开。 3.推进了种子市场化，种子由种子公司一家经营，开始先由蔬菜种子放开，进而明确“两杂”种子实行许可经营。 4.打破以县为单位的地区封锁，发展全国统一市场。 5.种子公司突破桎梏，部分种子公司探索实行企业经营、企业管理，开拓全国和区域市场。
种子产业化阶段	1995年—至今	1.1995年9月，农业部召开全国种子会议，时任副总理的姜春云同志作了题为“创建种子工程，推动农业上新台阶”的重要讲话，种子工程开始在全国组织实施。 2.2000年，《中华人民共和国种子法》正式颁布，标志着我国种业开始了市场化的探索。 3.2011年国务院出台《关于加快推进现代农作物种业发展的意见》，标志着我国种业进入改革深化期。种业改革的重点从销售、产权向科研、产业转移。 4.国家明确提出了对未来中国种业发展定位和构想的政策，明确了科研机构和种业企业的责任分工，鼓励“育繁推一体化”种子企业构建商业育种体系，并建立健全品种审定机制，加强市场监督。

第二节　种业发展政策环境

近十年来，国家在种业发展方面配套提出了一系列政策。2011年4月，《国务院关于加快推进现代农作物种业发展的意见》中提出构建以产业为主导、企业为主体、基地为依托、产学研相结合、“育繁推一体化”的现代农作物种业体系，全面提升我国农作物种业发展水平。2012年12月，国务院办公厅发布了《全国现代农作物种业发展规划（2012—2020年）》，提出要加大农作物种业投入，整合农作物种业资源，强化基础性公益性研究，推进商业化育种，完善法律法规，严格市场监管，快速提升我国农作物种业科技创新能力、企业竞争能力、供种保障能力和市场监管能力，努力构建与农业生产大国地位相适应、具有国际先进水平的现代农作物种业体系，全面提高我国农作物种业发展水平。2013年12月，《国务院办公厅关于深化种业体制改革、提高创新能力的意见》中提出要充分发挥市场在种业资源配置中的决定性作用，强化企业技术创新主体地位，调动科研人员积极性，加强国家良种重大科研攻关，提高基础性公益性服务能力，加快种子生产基地建设，加强种子市场监管。2016年10月，《国务院关于印发全国农业现代化规划（2016—2020年）》中提出了推进现代种业创新发展，加强种质资源普查、收集、保护与评价利用，深入推进种业领域科研成果权益改革，加快培育一批具有国际竞争力的现代种业企业。

第三节　中药材种子管理相关法律法规

近几年农作物种子管理的相关法律和法规得到了逐步修订和完善。《种子法》于2000年12月发布实施，2004年8月第一次修正，2013年6月第二次修正，2015年11月再次修订。2016年1月1日颁布了修订后的《种子法》，其中第九十三条明确指出：“草种、烟草种、中药材种、食用菌菌种的种质资源管理和选育、生产经营、管理等活动，参照本法执行。”此条目中所描述的草种、烟草种、食用菌种均已经制定相应的管理办法，例如《烟草种子管理办法》《食用菌中管理办法》等。2015年版修订首次将中药材纳入《种子法》管理，为对应中药材种子管理办法的制定奠定了法律基础。除《种子法》外，

表 2–2 中办法或条例也与中药材种子的管理休戚相关。

表 2–2 中药材种子管理相关法律法规

名称	颁布时间	修订	主要内容
《中华人民共和国植物新品种保护条例》	1997 年 3 月	2013 年 1 月对《条例》进行了第一次修订，2014 年进行了第二次修订。2019 年国务院决定进行了第三次修订。目前，尚未正式公布最新版本	加强植物新品种保护，规定了植物新品种相关内容。截止至 2019 年，已公布的第 11 批植物新品种保护名单中包括了 30 余种中药材种属
《农作物种子生产经营许可管理办法》	2001 年 2 月	2004 年 7 月修订，2011 年 8 月再次修订，2015 年 4 月第三次修订，2016 年 8 月 15 日正式颁布最新版本	2011 年版第十二条规定经营农作物种子的，应当依法取得农作物种子经营许可证。2015 年版规定农作物种子的生产、经营实行许可制度，许可证实行分级审批发放制度。此办法为规范中药材种子的市场化经营提供了法律依据
《农作物种子标签和使用说明管理办法》	2016 年 7 月	目前尚无	规范了我国农作物种子标签和使用说明的管理，维护了种子生产经营者、使用者的合法权益，保障了种子质量和农业生产安全。此办法为中药材种子的质量监督管理提供了依据
《非主要农作物品种登记办法》	2017 年 3 月	尚无	标志着我国农作物品种管理向市场化方向迈出重要一步。各省也陆续出台了非主要农作物登记管理办法。中药材属于非主要农作物，中药材种子的管理亦当参照此办法施行品种登记管理

第四节 《中药材种子管理办法》的制定

一、《中药材种子管理办法》制定的背景

中药材种子种苗是中药材生产的源头，优质的中药材种子种苗是实现中药材规范化生产的基础和首要条件。中药材种子介于农与药之间的“边缘地带”，目前，中药材种业发展尚处于起步阶段，大多数品种仍处于自选、自留、自繁阶段，生产主体规模仍较小，生产加工较为粗放。绝大部分中药材种子既无国家标准，也没有制定专门针对中药材种子的管理条例或办法。中药材种子种苗市场监管体系的缺失，导致了药农利益无法保障，质量标准体系空白，在中药材新品种审定或认定方面，没有相应的组织或办法，品种随意使用；植物新品种保护缺失，大部分中药材未列入保护名录，育种者权益难以得到切实保护；没有种子抽检制度和生产许可制度，农户可以自行生产，任意经营，质量无法保证。

从 2018 年开始，国家陆续出台了一系列中药材种业相关政策，但是，有关中药材种子方面的种业政策、税收政策以及财政政策留下的空白仍较大。2018 年 12 月 19 号，由农业农村部、国家药品监督管理局和国家中医药管理局联合发布了《全国道地药材生产基地建设规划（2018—2025）》（以下简称《规划》）。该《规划》注重道地药材种质资源的保护、繁育和质量监管，明确提出“到 2025 年全面加强道地药材质量管理，良种覆盖率达到 50% 以上，绿色防控实现全覆盖”的发展目标，从源头保障道地药材品质提升。这对中药材种业方面来说既是重大机遇也是巨大挑战。2019 年 6 月，农业部认定安徽省霍山县等 8 个县为第二批国家区域性良种繁育基地。2019 年 10 月，中共中央国务院发布了《中共中央国务院关于促进中医药传承创新发展的意见》。该意见强调制定中药材种子种苗管理办法，倡导评定一批国家、省级道地药材良种繁育基地。

目前，中药材未曾有单独制定中药材种质资源的相关管理办法。2016年开始，农业农村部、国家中医药管理局相关司局就中药材品种审定与登记等事宜进行了多次协商并达成共识，联合制定《中药材种子管理办法（草案）》，规范生产经营主体，强化事中事后监管。

二、《中药材种子管理办法》制定的意义

为进一步规范中药材的种质资源管理、选育和生产经营等活动，加快落实2015版《种子法》，国家中医药管理局与农业部种子管理局组织协商并达成一致，展开《中药材种子管理办法》起草工作。此办法旨在规定依法保护和使用中药材种质资源；明确中药材种子的品种登记制度，品种登记制度有利于保护育种者权益，推动中药材种子良种化、标准化进程；明确中药材种子依据《农作物种子生产经营许可管理办法》按照非主要农作物种子实行种子生产经营许可证制度，标签和使用说明的内容、制作和监督管理依据《农作物种子标签和使用说明管理办法》进行，规范中药材生产经营过程，有利于保障和提升中药材种子质量，推动中药材种子市场化、产业化发展；明确全国中药材种子质量监督管理的主体和责任，实现中药材种子生产者、经营户、使用者和监管者均有法可依，从源头保障中药材质量，促进中药材产业健康发展。

三、《中药材种子管理办法（草案）》起草过程及征求意见情况

2016年3月22日，国家中医药管理局与农业部中药材品种审定与登记等事宜协商会顺利召开，明确了两部门联合制定《中药材种子管理办法》（以下简称《办法》），《办法》制定工作正式启动。同年5月29日，农业部相关人员、中药行业相关专家、农业相关专家就《办法》起草召开第一次小组会议，成立了起草专家组，正式开始了《办法》起草工作。至2017年9月期间，起草小组共召开了3次起草工作会议、3次修订会议和1次定稿会，形成了《办法（草案）》上报相关领导部门和征求广泛的意见。起草期间，农业部和国家中医药管理局成立联合调研小组，多次在重点区域和重点品种针对《办法》的可行性、管理名录等展开调研，并根据调研的结果对《办法（草案）》进行了修改。《办法（草案）》起草过程中广泛征求了专家意见。农业农村部种业管理司、国家中医药管理局和林业局领导意见，中药材种子经营和使用者意见，农业和中医药管理系统的意见等。

2016年主要确定了《办法》的起草专家组，并初步完成《办法》草案的起草工作，3月22日时任国家中医药管理局政策法规监督司桑滨生司长、中国中医科学院常务副院长黄璐琦院士及相关人员到农业部，同农业部种子管理局就《办法》制定进行了协商，会议决定由黄璐琦院士牵头成立《办法》起草专家组负责办法制定。同年5月29日，农业部相关人员、中药行业相关专家、农业相关专家就《办法》起草召开第一次小组会议。随后起草小组别于8月、10月召第二次、第三次会议以及多次电话和邮件的沟通，对《办法》的关键问题征求意见和开展讨论。10月15日在中药资源中心召开了起草小组第三次会议，邀请了国家中医药管理局法规司、科技司相关人员参与讨论，形成了《中药材种子管理办法（草案）》（以下简称《办法（草案）》），并呈交农业部。12月23日，起草专家组根据农业部种子管理局反馈的建议，召开讨论会并对《办法（草案）》做了进一步修改。

2017年起草小组就初步形成的《办法（草案）》开展了广泛的调研和修改，两部门联合协调小组进行了多次沟通，基本确定了《办法（草案）》的内容和征求意见、颁布实施的工作流程。2017年2月7日黄璐琦院士组织召开了2017年《办法》制定工作沟通会，农业部种子局张延秋局长和时任国家中医

药管理局王志勇副局长参加会议，充分肯定了《办法》的制定和实施，同时确定《办法》实行目录管理制。随即，农业部和国家中医药管理局成立联合调研小组，在重点区域和重点品种针对《办法》的可行性及管理名录展开调研，并根据调研的结果对《办法（草案）》进行了修改。3 月 21—22 日在农业部与国家中医药管理局相关领导在安国中药材种子种苗市场展开了联合调研，并组织行业专家和安国中药材市场中药材种子种苗经营户开展了座谈会，广泛听取了对《办法（草案）》的意见。4 月 18 日在吉林开展了关于人参列入管理目录参照《办法（草案）》实施管理的必要性及可行性的调研。9 月 20 日，起草定稿会上国家中医药管理局法监司、农业部种子管理局相关领导和起草小组主要专家对《办法（草案）》进行逐条讨论、修改，会议形成的版本分别上报了两部门相关负责领导。11 月 8 日，张延秋局长带领农业部相关领导到国家中医药管理局参加了《办法》制定联合协调领导小组会议，会议指出草案目前已初具样式，修改完善后可开始在行业内部征求意见，并提出由起草小组与林业主管部门进行沟通协调。

2018 年《办法》制定工作进展缓慢。2018 年 2 月，《办法（草案）》起草小组代表到国家林业局就《办法》制定有关事宜进行沟通了解，双方就《办法（草案）》的内容展开了讨论，对加强中药材种子管理的必要性和意义达成共识。2018 年 11 月 27 日，国家中医药管理局科技司、中国中医科学院、农业农村部种业管理司召开了《办法（草案）》专题研讨会。会议充分肯定前期工作成绩，后就《办法》发布、职能分工、管理制度设计等进行了深入讨论，并对下一步工作形成了初步意见，双方议定《办法》的起草由国家中医药管理局、农业农村部种业管理司共同推进，联合发布，《办法》拟由农业农村部办文，会签国家中医药管理局。

2019 年完成了《办法（草案）》在农业和中医药行业内征求意见。2019 年 5 月，农业农村部和国家中医药管理局分别发文在农业农村管理系统和中药材管理系统内征求《办法（草案）》的意见。8 月两部门根据征求意见的情况，组织人员共同修改完善了草案，此次征求意见一共收集整理了来自各省农业农村厅、中医药管理局和行业协会的 120 条意见和建议，经逐一讨论、研判，共采纳了 77 条，进一步完善了《办法（草案）》，并上报了农业农村部和国家中医药管理局相关部门领导。

以上《中药材种子管理办法》制定时间轴可见图 2-1 所示。

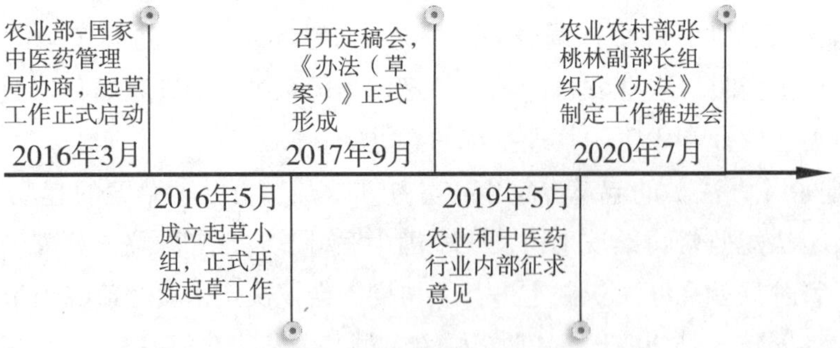

图 2-1 《中药材种子管理办法》制定时间轴

（王升　张冬晓　郭兰萍）

第三章　中药材种质资源收集、保存与评价

中药材种质资源的保护和利用是中药材遗传改良及新品种选育的前提条件，是稳步推进道地药材基地建设的重要保障，是大力推动中药质量提升和产业高质量发展的物质基础。当前中药材种质资源的研究多集中于单一品种或部分区域的保存与评价利用，缺乏系统性研究与体系建设。本章对中药材种质资源的收集、保存与评价等方面的技术方法及现状进行整理，并结合种质资源保护相关法律法规，为建立系统、完善的中药材种质资源收集、保存与评价利用体系提供参考。

第一节　中药材种质资源

中药材种质资源是一种特殊的种质资源类型。中药材种质资源的保护对于中药材品种选育及药用植物生物多样性具有重要的意义。本节对中药材种质资源的概念、分类及保护相关的法律法规进行梳理，为更好地了解和保护中药材种质资源提供依据。

一、中药材种质资源的定义及分类

种质资源是指携带生物遗传信息的载体，且具有实际或潜在利用价值。种质资源泛指一切可遗传的资源，是遗传材料的总称。从资源类别上，种质资源主要分为植物、动物、微生物等类别，其中植物种质资源数量较为丰富，包括农作物、林业、中药材等资源。从资源形式上，种质资源的表现形态主要包括种子、器官、组织、细胞、染色体、基因和DNA片段信息等，材料类型主要包括野生近缘植物、育成品种、地方品种、品系、遗传材料等。

中药材种质资源是指具有实用或潜在实用价值的任何含有遗传功能的材料，可用于中药材保存与利用的一切遗传资源。中药材种质资源的表现形态主要包括活体材料（种子、种苗等繁殖材料）、离体材料（悬浮细胞、原生质体、愈伤组织、分生组织、芽、花粉、胚、器官等）、药材、植物标本、DNA及片段信息、基因及基因组信息等，其中种子、种苗等活体繁殖材料是中药材种质资源的主要表现形态。中药材种质资源材料类型主要包括野生资源、常规栽培品种、驯化种、选育品种、地方品种、品系、特异繁殖材料等。中药材种质资源是中药材新品种选育及道地药材遗传改良的材料来源，是提高中药材质量和生产技术水平的物质基础，是中医药产业的源头，是提高中药产业国际地位、增强国际竞争力的重要战略资源。

二、中药材种质资源保护的意义

中药材种质资源对于中药材良种培育具有重要意义，在中药材的良种培育和推广工作中，优胜劣汰，适者生存，性状差的种质必然要让位于性状优良的种质，这是不可抗拒的。目前全国都在培育适应性强、

质量佳、产量高的中药材新品种。然而在中药材良种培育过程中，如果可供利用的种质资源少，产生的有利变异就少，培育成良种的机会也就减少。在自然环境遭到破坏的过程中，分布极限、生态幅度小的药用植物种类受到较大的损害，当其种群降低到一定数量之后，必然失去一些生态类型，减低物种的遗传多样性，加之改变了自然更新的条件，造成这些种类濒危和绝种，海南细辛、海南裸实、野生人参、石斛、七叶一枝花、薯蓣、暗紫贝母等数十种药用植物已绝种或陷于濒危。我国制定的第一批354种濒危植物目录中，就包含药用植物100余种。栽培中药材的原始种往往来自很少量的野生群体，在育种和引种驯化过程中，为选择专一目标，虽然提高了有效成分含量，有毒或无毒的成分含量减少或消失，药材的产量增大；但是随着药用植物品种改良水平的提高，遗传基础日益狭窄，减少了遗传性状的储备，加速了某些种质的遗失。新育成的品种只能代表亲本群体中遗传因子的一小部分，成为人类所驯化的经济性状优异而遗传质单纯、贫乏、栽培性状和植物性状均一的生态类型，这种生态型所蕴藏的遗传基础极其有限，限制了进一步的改进。这种遗传多样性的大幅度减少，又加剧了病虫害破坏的脆弱性，一旦遇到新的或毁灭性的打击，便要付出极大的代价。有关药用植物育种和驯化的大量研究表明，不同生态型具有各自生产和育种潜力，是培育良种药用植物的基础和前提。因此，只有尽可能多地保存药用植物不同生态类型，才能保存它们在自然条件下遗传性的完善性；只有具有广阔遗传基础的药用植物育种计划，才能丰富和保存育种的种质资源，为育种提供有利变异，充分发挥种质资源优势。

三、中药材种质资源保护的相关法规

自1956年开始，我国已公布的涉及生物资源管理与保护的法规、条例等已有数十项。其中与中药资源保护密切相关的主要有：《森林法》（1984年）、《草原法》（1985年）、《渔业法》（1986年）、《野生动物保护法》（1988年）、《自然保护区条例》（1994年）、《野生植物保护条例》（1996年）、《中华人民共和国种子法》（2000年）、《野生动物保护法》（2004年）、《林木种质资源管理办法》（2007年）等。这些法律法规的实施有效促进了中药资源的保护和培育。如1994年的《自然保护区条例》有效保护了国家重点保护野生动物和珍贵植物的栖息地，对保护野生中药资源起到了重大作用。1996年的《野生植物保护条例》对野生植物资源实行加强保护、积极发展、合理利用的方针，鼓励和支持对野生植物研究、就地保护和迁地保护，有效促进了中药资源的可持续利用。2004年的《野生动物保护法》对野生动物资源保护、驯养繁殖、合理开发利用作出了具体的规定，减少了对野生药用动物资源的滥捕滥猎，尤其是对一些珍稀濒危药用动物，制定了极其严格的保护制度。2007年《林木种质资源管理办法》，明确了林木种质资源的基础材料，明确了林木种质资源的形态及林木种质资源建设的要求，这为林木类中药材的保护及可持续利用提供了重要保障。

同时，我国也逐渐制定了一系列中药种质资源保护的法律法规。如1987年国务院颁布的《野生药材资源保护管理条例》，是我国第一部中药资源保护方面的专业性法规。《条例》对中药资源实行保护、采猎相结合的原则，并创造条件开展人工种养。其正式实施使中药资源保护与管理有法可依，有效遏制了中药资源的破坏，对维护生态平衡、保护和合理利用中药资源、适应人民医疗保健事业，有着重要的意义。

1992年，我国在联合国环境与发展大会上签署了《生物多样性公约》。为了更好履行承诺，我国政府在国内组织和实施了一系列行动和措施。1993年，国务院发布了《关于禁止使用犀牛角和虎骨贸易的通知》，指出：取消犀牛角和虎骨的药用标准，今后不再将犀牛角和虎骨作药用。1994年发布了《中国生物多样性保护行动计划》，规定了亟待保护的植物151种，其中药用植物19种。该计划对我国中药资源保护影响全面而深远，改变了传统中药资源保护的内容和目标，从生物多样性角度加强中药资源的保护，即从中药资源物种多样性、遗传多样性、生态多样性三个方面保护中药资源的可持续利用。

医药卫生法中也制定了多项与中药资源保护相关的法律规范。2001 年修订的《药品管理法》在第三条规定，国家保护野生药材资源，鼓励培育中药材。这是我国首次正式确立的保护中药资源的法律。2002 年原国家药品监督管理局通过了《中药材生产质量管理规范（试行）》（GAP），GAP 的实施一方面有利于保障中药材的安全性和有效性，另一方面使得野生中药资源产量较低及濒危压力得到缓解。2003 年《中医药条例》第二十九条规定国家保护野生中药材资源，扶持濒危动植物中药材人工代用品的研究和开发利用。

2017 年 7 月 1 日起正式实施的《中华人民共和国中医药法》是我国第一部专门为继承和弘扬中医药、保障和促进中医药事业、保护人民健康制定的法律。该法律明确指出“国家保护药用野生动植物资源，对药用野生动植物资源实行动态监测和定期普查，建立药用野生动植物资源种质基因库……支持依法开展珍贵、濒危药用野生动植物的保护、繁育及其相关研究”。

第二节　中药材种质资源收集和保存

中药材种质资源种类多样，其收集和保存方法均因资源类型的不同而不同。本节对中药材种质资源收集和保存的方法进行整理，对中药材种质资源保存机构的信息进行统计，为中药材种质资源更好地收集与保存提供参考。

一、中药材种质资源收集和保存方法

中药材种类复杂多样，目前对于中药材种质资源的研究多集中于单一品种或部分区域的中药材品种，缺乏中药材种质资源收集、保存及评价利用的相关行业标准与技术规范，缺乏相关的理论研究体系，更缺乏相关的法规和制度建设。中药材种质资源的研究、保护与利用需借鉴农作物种质资源管理办法及相应的重点行动，以收集与保存为重点、评价与利用为核心、创新和挖掘为导向，完善各项技术标准与规范，建设中药材种质资源理论研究与评价体系，建立信息共享平台，加强优异种质资源深度挖掘，有计划、有目标地开展中药材种质资源保护与利用研究工作。

2005 年，中国中医科学院黄璐琦研究员团队启动“药用植物种质资源标准化整理、整合及共享试点”国家自然科技资源平台项目，来自全国 20 多个省市自治区 50 多家单位 300 余名科技人员参与该项目的研究。通过项目的实施，获取了丰富的药用植物种质资源，抢救和繁育了大批珍稀濒危资源。在此基础上构建了药用植物种质资源统一描述的标准体系，填补了药用植物种质资源系统收集、整理和数字化表达研究的空白，建立药用植物种质资源共享网络系统，初步实现药用植物种质资源信息与实物共享。

1. 中药材种质资源收集方法

中药材种质资源的收集根据表现形态及材料类型的不同而方法不同。中药材具有道地性的特点，因此中药材种质资源的收集与中药材资源分布密切相关。中药材种质资源收集方法包括资源样本初步整理与种质资源信息收集等。中药材种质资源收集形式以实地收集为主，可根据实际条件情况选择委托收集等形式。

中药材种质资源收集以加强种质资源保护、促进种质资源合理利用为根本原则，收集数量应当以不影响原始居群的遗传完整性及其正常生长为标准。中药材种质资源每个收集点收集的数量和类型应具有代表性。中药材应根据物种的特点选择适合的表现形态及材料类型进行种质资源收集。禁止大量收集列入国家重点保护野生植物名录的野生种、濒危稀有种和保护区、保护地等的种质资源。针对具有特殊价值（如生态价值）的种质资源应根据当地该居群的生物量等条件综合考虑后进行收集工作。

中药材种质资源的收集根据表现形态与材料类型分类不同而收集数量、时间及要求各不相同，详细收集数量与要求见表 3-1。

表 3-1　中药材种质资源收集数量及要求

资源类型	分类明细	收集种类与数量		收集时间	收集要求
表现形态分类	种子	小粒种子（千粒质量低于 20g）	100g 以上	种子成熟后	一般按千粒重的大小确定种子收集数量，珍稀名贵等特殊特色物种根据实际情况确定收集量
		中粒种子（千粒质量 20~100g）	12000 粒以上		
		大粒种子（千粒质量 100~400g）	5000 粒以上		
	种苗等无性繁殖活体材料	50~100 株		适宜移栽成活的生长期	注意保土保湿措施以保证成活率
	离体材料	少量，以含顶端分生组织的器官培养物以及胚性培养物为首选		全生育期	收集遗传稳定性强、再生能力强、成活率高的组织材料
	药材样本	500g		药材采收期	特殊药材适量减少收集量
	植物标本	3~5 份		花、果跨度期	保证植物各部位完整
	DNA 样本	5~10g		营养生长期	茎叶类样本为首先，DNA 提取浓度大于 50ng/μl，纯（OD260/280 比值）介于 1.8~2.0
	基因及基因组	DNA 片段、基因组 Reference 文件、注释 Gff 文件、功能注释文件等		全生育期	注意数据准确性与完整性
材料类型分类	野生资源	根据资源分布与资源量确定收集数量，一般山区不同收集点相距 50km 以上，草原不同收集点相距 100km 以上		适宜移栽成活的生长期	多以县为收集单位，收集时需考虑居群代表性
	常规栽培种	50~100 株		适宜移栽成活的生长期	以产地为收集单位
	驯化种、选育品种、品系及特异繁殖材料	50~100 株		适宜移栽成活的生长期	以品种品系为收集单位，特异繁殖材料以性状等特异特征而定

中药材种质资源收集后，需对每一份种质资源的信息进行收集与登记。建立悬挂或张贴标识，以及详细的资源信息表格，对收集的种质资源进行信息收集。信息收集主要包括资源编号、药材名称、植物名称、采集时间、采集地点（详细到村，含 GPS 信息）、采集数量、采集人等，对采集地的气候及土壤条件等信息进行简单记录，并对资源及生境进行多方位拍照。中药材种质资源实行统一的编号制度，同一收集点的不同类型种质资源代码不同以作区分，国家中药材产业技术体系遗传改良研究室种质资源收集与评价岗位对种质资源的编号规则为：药材首字母缩写＋收集省份首字母缩写＋收集时

间（年月日）+ 资源数量编号 + 种质资源类型代码进行编号，其中省份首字母缩写海南为 HI，河北为 HE，河南为 HA，陕西为 SN，澳门为 MO，香港为 HK；样本类型代码中活体资源为 HT，腊叶标本为 LY，种子样本为 ZZ，药材样本为 YC，茎叶部位标本为 JY。如甘肃收集的甘草种子样本，可编号为 GCGS20191220001ZZ。

2. 中药材种质资源保存方法

中药材种质资源的保存也根据表现形态及材料类型的不同而条件不同。中药材种质资源的保存策略主要分为就地保存、异地保存及信息库建设三种形式。

（1）就地保存　就地保存是指不改变中药材原有的生态环境，建立自然保护地，对中药材种质资源进行原地保存，也叫原生境保存。就地保护的主要形式为建立自然保护区、森林公园、风景区、湿地公园等。中药材自然保护区有利于长期保存珍稀、濒危、特色的中药材野生种质资源，且适宜保存生长多年才结种子，种子寿命较短的种质资源。每个自然保护区分为核心区、缓冲区和实验区，以便开展相应的研究活动。据《中国生态环境状况公报（2018 年）》统计数据显示，中国已建设不同类型自然保护区 2750 个，主要的中药材自然保护区包括长白山、大兴安岭、峨眉山、西藏、神农架等自然保护区。但就地保护也受到人力、物力等因素的限制，只能保存相对有限的物种，而且由于缺少人为干预，其保存的物种仍面临灭绝的风险。

（2）异地保存　异地保存是指将中药材种质资源迁移至自然生长环境之外进行保存与保护。异地保存的主要形式分为种质资源圃、药用植物园、种子低温保存库、离体库（包括试管苗保存等）、药材库、植物标本、DNA 库等。

①种质资源圃与药用植物园　中药材种质资源圃及药用植物园是保存种苗等无性繁殖材料的保存形式。种质资源圃多为研究单位或公司建设单品种或多类型物种的活体资源保存形式，是进行单品种研究或满足公司业务发展需求的重要实验材料。药用植物园综合考虑种质资源保存以及观赏等需求，对于园区的设计与合理布局要求较高。种质资源圃及药用植物园应建设在与保存对象原始生境相同或相似的地区，重点考虑经纬度及积温等生态气候因子数据。同时，为了长期保存种质资源，应定期对种质资源圃及药用植物园内种质资源进行无性繁殖扩繁或补充收集，以保证种质资源的数量与特征特性。

②低温保存库　中药材种质资源低温保存库主要保存种子类资源。根据保存期限及贮藏环境分为超长期库、长期库、中期库、短期库、普通种子库等，其中超长期库、长期库、中期库、短期库需配备制冷除湿设备，详见表 3-2。中药材种子资源按要求收集后，入库前对种子样本的净度及发芽率等进行测定，并按需求存入相应的保存库内。

表 3-2　中药材种质资源低温保存库类型

保存库	温度 /℃	相对湿度 /%	贮藏期 / 年
普通库	常温	常湿	0.25~0.5
短期库	10~15	50~60	1~3
中期库	0~5	30~40	15
长期库	−10 以下	30~40	30 以上
超长期库	−18	40	50

国家级植物低温种子库建设较为完善。自美国国家种子贮藏实验室率先建立世界上第一座国家级现代化低温种子库以来，英国的千年种子库、挪威斯瓦尔巴全球种子库相继建立。我国 1986 年建成的国

家种质库，以及2002年建成“国家农作物种质保存中心”，也是属于低温种子保存库。中药材低温种子库建设大多借鉴植物及农作物保存库的建设，但中药材具有道地性强、栽培种类及品系繁多、资源分散等特点，因此其种子库建设任务及难度更大，专业性更强。同时，在种质资源保存过程中，对中药材种质资源安全保存期、生活力丧失、遗传变化等问题也需要针对性的基础与应用研究，相关标准制定工作也需配套建设。

低温保存库建设选址应考虑地理及环境气候条件，应选择交通便利、地质条件好、气温稳定、湿度低的区域。保存库内均需配备专业的制冷除湿设备，并配备温湿度监控系统、运行保护系统及自动化电气控制系统。种子资源需采用密封不透气的锡箔袋进行包装，并根据种子大小分类设计不同的锡箔袋包装及放置架，提高有效贮藏体积且方便提取使用。中药材种子资源应根据各物种生理学特点定期进行样本发芽率及生活力等因素测定，及时了解种子资源的状态，以确定资源更新周期。

③离体库　中药材离体种质资源的保存主要是通过无菌操作，使得植物体的组织或器官在人为控制的环境条件下进行离体培养与保存的一套技术与方法，主要包括组织培养保存法（试管苗保存法）以及超低温保存法。

组织培养保存法是指对离体材料每隔一段时间（常规时间为1~2个月）进行继代培养以保存种质资源，同时可通过调节培养条件（包括降低培养温度、提高渗透压、添加生长调节物质、营养控制、调节培养光照等），尽可能延长继代培养的时间，以达到长期保存种质的目的。组织培养保存法存在遗传材料变异的风险，这些困难和风险都是今后需要研究和解决的迫切难题。

超低温保存法是指在–150℃到–190℃的低温下保存种质资源。相对于组织培养保存法，超低温保存法的优势在于引起的遗传变异较小，不需要继代培养，节省人力物力，且保存的时间较长。目前植物种质超低温保存技术成功冷冻保存的离体材料类型包括有种子、原生质体、芽、花粉、茎段、茎尖（根尖）分生组织、悬浮细胞、愈伤组织、体细胞胚、合子胚、花粉胚等。超低温保存法应用于中药材种质资源保存还相对较少，关于预处理、冷冻及解冻相关的条件还需要不断研究与摸索。

④药材库　中药材种质资源药材库主要用于种质资源鉴别与评价。药材种质资源可作为提取样本DNA的原材料，也可用于后期种质资源的品质评价。药材资源样本一般低温干燥保存即可，部分含糖类较高的药材种类需进行低温保存，防止生虫或霉变。药材资源样本应定期进行检查，观察是否有发霉或生虫等状况，并定期检测药材指标性成分含量，以确定更新周期。

⑤标本库　中药材种质资源标本库是对作为种质资源形态学鉴别与考证所需的植物标本进行保存。标本库按照植物的科属进行分类保存，保存时定期检查标本情况，防止害虫、菌类及鼠类等的侵害，做好防潮、防虫、杀菌等防护措施。

⑥DNA库　中药材种质资源DNA库主要冷冻保存中药材DNA样本。DNA样本保存主要分为短期和长期两种保存形式，短期保存为–20℃，可保存2~3年，长期保存为–80℃以下，可长期保存。因反复冻融容易导致DNA样本降解等，建议每种DNA样本分为两份，一份保存于–80℃以下，用于长期保存；另一份保存于–20℃，方便进行种质资源鉴定及评价等相关工作取用。

（3）种质资源信息库　中药材种质资源信息库对于中药产业的可持续发展与利用具有重要意义。植物及农作物等种质资源信息管理系统在国内外各个国家已建设较为完备，国内一些单一品种、区域性及综合性的种质资源信息系统也相继建立与完善。刘伟等对中药种质资源信息系统的设计与技术方案进行构建，涵盖种质资源信息库、文献库、基因库3个数据库，13个功能模块，可实现数据管理及分析统计等功能。当前中药材种质资源信息库建设重在前期数据的收集，包括种质资源收集时样本信息、基因及基因组等数据信息以及相关的图片等类型信息，同时涉及数据标准化及相关的描述规范与标准。黄璐琦等借鉴农作物成功的经验，提出药用植物核心种质库构建的理论依据及研究方法，为加强和实现种质资源的有效管理及开发利用提供十分便利的条件和途径。

①中药材种质资源数据库　中药材种质资源数据库主要包括种质资源收集时采集的样本信息以及照片等信息。中药材种质资源数据库建设首先将资源收集时填写的表格等数据电子化，与照片等信息进行分类管理；其次设立系统、完善的数据指标信息；最后建立数据库框架，将各类信息进行整合，并建立相应的查询与检索机制。中药材种质资源数据库以统一的样本编号与实体样本相对应。

②基因及基因组数据库　中药材种质资源基因及基因组数据库主要是指用于种质资源鉴定与评价的基因片段信息、功能基因及转录组、基因组等信息。在信息整理与保存的同时，应对相关信息进行验证，特别是用于资源鉴定的基因片段信息。

二、中药材种质资源保存机构

种质资源的保存是利用天然或人工创造的适宜条件，使种质资源延续和不流失的人为方式，包括对植株、种子、花粉、营养体、分生组织和基因等遗传载体的保存，其主要目的是防止资源流失，便于研究和利用。常用的中药材种质资源异地保存方式是种质资源库。

种质资源库是指利用仪器设备控制贮藏环境，长期贮存植物种质的仓库，又称基因库。发掘和收集各种植物物种的种子，科学地加以贮藏，使种质在几十年、甚至数百年之后仍具有原有的遗传特性和很高的发芽力，对于品种改良，培育高产、优质、抗逆性强的新品种，并为生物学的理论研究提供丰富的种质和研究材料，都具有重要意义。

（一）硬件的基本要求

中药材种质资源保存机构硬件的基本要求有以下几个方面。

1. 库址的选择

为了让种质资源库发挥出其应有的作用，满足种植资源长期安全、稳定贮藏的需要，种质资源库的选址需要满足以下几点条件。

（1）邻近科研单位，并有适量的耕地，以便进行育种；

（2）交通方便，水电供应可靠，位于污染源的上游或上风向；

（3）远离强电场、强磁场、强震源，以保障计算机运行安全可靠；

（4）选择地质条件好，地下水位低，且易排除雨水的地区；

（5）选择气温稳定、湿度低、绿化条件好的地区，有利于节省建设投资和运行费用。

2. 种质资源库面积、布局及建筑设计要求

（1）面积　种质库面积大小根据保存种子的份数而定，同时也要考虑现有的允许建设条件。根据预保存份数，避免种质库过大而在使用的过程中浪费资源，或建成种质库过小而保存空间不足。结合现有条件，根据实地面积建设，充分利用土地资源，也可避免种质库过大而后期经费不足难于运转。

冷库平面宜设计成方形，每间面积宜控制在20~50m^2。面积过大，温、湿度不易控制，面积过小，则人体的散热也会引起温、湿度变化。

（2）布局和建筑设计要求　种质资源库由辅助用房和冷库组成。

辅助用房包括临时库、精选库、干燥间和干燥工作室、发芽室、卡片间等。辅助用房建筑中的干燥间和干燥工作室以及发芽室在建筑上也有特殊要求。种子在贮藏前，需要在干燥间进行干燥处理，以降

低种子含水量，干燥室内同时进行种子包装作业，可防止已经干燥的种子吸湿回潮。根据不同的干燥种子的处理方式，干燥间和干燥工作室以及发芽室在建筑上要求也不相同。常用的种子干燥方式有自然干燥和人工机械干燥两种，其对建筑的要求如下。

自然干燥：干燥间温度 +15℃左右、相对湿 15% 左右，此种干燥方法对种子破坏程度极小。

人工机械干燥：在采用干燥箱烘干种子时可不设干燥间，而将干燥箱布置在干燥工作室内。干燥工作室的温度一般为 20℃，相对湿度为 30% 左右，其围护结构应采取绝热和隔气措施。为检查种子的发芽力，每隔 5~10 年要将种子在发芽室进行发芽试验。恒温发芽温度为 20℃；变温发芽即在一昼夜内采用不同温度处理，一般是在 20℃下处理 16~18 小时，30℃下处理 6~8 小时，温度的转变应在 15~20 分钟内完成。发芽室内的空气湿度宜控制在 90%~95%。墙壁和顶棚应是一个封闭的防潮层，防止室内的高湿气体渗入围护结构。

冷库总体布局应确保种子处理流程合理。一般种质资源库采用长期库、中期库和短期库相结合的布局，并设计有干燥库和缓冲间。其中，为使开门时库内温湿度变化小，长期库套在中期库内，中期库与短期库库门都与缓冲间相连。这样开启长期库库门时，长期库内温湿度只是与中期库进行交换，相比与缓冲间进行温湿度交换而言，长期库内温湿度变化会比较小，从而保证长期库的温湿度稳定。

3. 种质库温湿度设置及控制

（1）辅助用房　低温干燥库依据双十五干燥系统的设计参数，设置其温度与短期库相同，为 15℃。设计要求与库房相同，经常保持 0~5℃，相对湿度 40%~50%。

干燥间通常设置恒温、恒湿制冷除湿机组，温、湿度一般控制在 +15℃、相对湿度 15% 左右。干燥工作室的温度一般为 20℃，相对湿度为 30% 左右，该室除设置自动控制装置外，还应随时检查种子干燥过程中温度的变化，以防温度自动控制装置发生故障而影响干燥，损伤种子。

发芽室常采用柜式恒温、恒湿机组，该机组置于发芽室隔壁的小间内，通过管道处理室内空气条件以满足种子发芽的要求。

（2）冷库　冷库的温湿度设计参照 FAO/IPGRI 的《基因库标准》，长期库温度 −18℃ ±2℃，RH＜60%；中期库 −4℃ ±2℃，RH＜60%；短期库（临时库）15℃ ±3℃，在湿度上又加以控制，限制在 50% 以内，也参照了卢新雄曾指出的中期库的贮藏温度在设计上应选择 −4℃ ±2℃或 4℃ ±2℃，不要设计 0℃ ±2℃，即不要使种子处于结冰与化冰的状态，这是因为此项对延长种子的贮藏寿命不利。冷库温度均匀度 ±2℃。

4. 保温防潮结构

（1）围护结构　冷库的围护结构（地面、墙体、顶棚）应设置隔气层和绝热层，并使两者紧密连接，防止出现冷桥。目前建造的冷库在建筑物外墙内用双面彩钢板内夹聚氨酯泡沫塑料搭建贮藏库的墙体。库体材料需要达到防火等级 A 级，钢板达到耐火极限。施工时现场拼装，板与板之间锁钩禁锢，接缝处用密封胶密封，注重整体结构的坚固性与密封性。

参照 FAO/IPGRI 的《基因库标准》中对围护结构设计的要求为库板采用聚氨酯保温库板，长期库库板厚 150~200mm，中期库库板厚 100~120mm，短期库库板厚 60~80mm。芯材为聚氨酯，其容重为 45~55kg/m^3，导热系数≤ 0.022W/（m·k），抗压强度≥ 1.5×105MPa，防火自熄；两面材料为 0.75mm 厚的不锈钢板或彩钢板。

（2）地坪处理　当贮藏室温度低于 0℃、地基上为冻胀性土时，土壤中的水分冻结会产生冻胀破坏力，严重时能使墙、柱的基础抬起，造成结构破坏。为此，应在地坪下设置绝热层和隔气层，并需采用通风加热或通热油管加热等方法，提高土温，防止土壤冻胀。

（3）库门　土建地坪一般不设门槛，可设置提升式冷藏门，门下设橡胶密封条，库门应安装漏冷漏湿感应元件，确保密封。

5. 设备

（1）压缩机与制冷机　根据各库耗冷量计算，缓冲间、短期库、低温干燥库各设 1 台设备主机和 1 套低温除湿机。中期库、长期库采用 2 套低温除湿系统，库外机安装在一个外壳内，节省空间，双主机双系统可分别控制。设备主机为两台，一用一备，确保运行。

（2）机组制冷方式　机组制冷方式主要有两种，即风冷及水冷。但是，水冷式制冷机组投资大。种质库冷负荷小，风冷制冷机组安装方便，造价低。因此，种质库制冷机组基本都采用风冷式。

（3）除湿技术　种质库所采用的除湿技术有电加热除湿技术、冷冻电加热化霜除湿技术、氯化锂溶液除湿技术、热氟回收技术等。冷冻除湿技术与温湿度联合控制，占地面积小，可靠性高，使用寿命长，耗能低，维护费用低。

6. 控制系统

（1）电气控制系统　制冷运行、除湿运行、化霜运行全自动控制，同时配备手动控制。当库内温度高于设定值时，制冷系统自动工作降温到要求值。此时库内相对湿度如满足设计，则不开启除湿系统，设备处于停机状态；如库内相对湿度高于设计值则自动开启除湿程序，由于除湿加热作用库内温度升高，再次启动制冷循环，在制冷循环及除湿循环的交替工作下最终使库内温湿度都达到要求，控制系统使设备停止工作。

（2）温湿度检测系统　每台机器设一套温湿度控制系统，温度控制器传感器精度为 ±1%，湿度控制器精度缓冲间、中期库、短期库为 ±2%，长期库为 ±1.5%。每间库设有库内温度、相对湿度电子显示控制屏。远程监控系统可对所有库温、湿度实时监测，并贮存数据。可以在计算机上设定或修改参数，实现计算机控制。

（3）运行保护系统　各种工况运行都有相应的指示灯显示，自动以及手动程序都具备电源缺相、设备过流超压、超低及化霜温度过高、库门未关严等故障保护装置，发生故障状态有指示灯显示和蜂鸣器报警。

7. 种子干燥系统

种子的干燥方法主要有空气或太阳干燥、冷冻干燥法、吸收类型干燥法、热空气干燥法等。目前大多数种质库普遍采用鼓风空气干燥箱进行干燥，其最佳干燥温度在 10℃左右。IPGRI 推荐采用“双 15”干燥系统，建立 RH ＜ 20%，温度 15℃ ±2℃的干燥间，由带有制冷作用的空气除湿机减低温度和带走水汽。

根据贮藏和干燥种子的规模，可选择的干燥系统及适用情况如表 3–3 所示。

表 3–3　种子干燥系统所需场所及设备等信息

	所需场所及设备	费用	适用条件
第一种干燥系统	控制环境条件为“双 15”的干燥间	费用最高	资金充足，长期需要干燥大批量种子
第二种干燥系统	配备有预冷除湿系统和多个植物培养箱的干燥间，湿度为 7% ± 2%	费用中等	介于第一种和第三种情况之间
第三种干燥系统	具有较好密封和保温效果且无制冷除湿装置的干燥间，配备有干燥箱，环境条件控制在 25~40℃，RH ≤ 40%	费用最少	长期使用，少量多次干燥种子

8. 种子架

种质资源库种子架有固定式和活动式两种。固定式不能移动，架之间留走廊，以便工作人员存取种子通过，走廊占用面积大大降低了种质库的有效库容。移动架可充分发挥库房的有效容积且使用方便。

9. 种子包装

为防止种子在贮藏过程中因吸湿而导致活力下降，必须将干燥后的种子装入密封的容器中。包装材料和方法根据贮藏条件和贮存期长短不同，中长期保存必须采用不透气的密封包装。铝箔袋因为具有防潮、造价低、节省空间、使用方便、质量轻、搬运和管理方便等优点，在世界上应用最广泛。

（二）中药材种质资源保存机构介绍

中药材种质资源保存机构主要是指药用植物园、低温保存库、标本馆等比较系统、常见的异地保存机构。

1. 药用植物园

据统计，我国已建设13个国家级专业药用植物园，约35家综合性植物园内设有药用植物园，其中高校及研究单位所属的药用植物园约20所，部分医药企业及高校已建设或计划建设一批药用植物园或特色草药园。代表性的药用植物园有北京药用植物园、西双版纳南药园、广西药用植物园、重庆药用植物园、海南兴隆南药园、贵阳药用植物园等。药用植物园现几乎分布于全国各省及自治区，逐步构建药用植物种质迁地保护技术体系，建立覆盖热带、亚热带及温带的全国乃至世界规模最大、体系最完整的药用植物种质迁地保护平台。全国主要的专业性药用植物园见表3-4所示。

表3-4 全国专业性药用植物园信息表（截止2017年不完全统计数据）

名称	物种数	占比/%	药用物种数	药用占比/%	单一保护物种数
广西药用植物园	3035	50.95	2478	81.65	166
北京药用植物园	1843	30.94	1528	82.91	120
海南南药园	1568	26.32	1185	75.57	58
云南南药园	1385	23.25	918	66.28	26
贵阳药用植物园	1131	18.99	1090	96.37	84
华中药用植物园	957	16.07	802	83.80	73
重庆药用植物园	761	12.77	645	84.76	24
华东药用植物园	338	5.67	282	83.43	4
中国药科大学药用植物园	229	3.84	213	93.01	1
长江药用植物园	221	3.71	192	86.88	1
第二军医大学药用植物园	211	3.54	181	85.78	0
成都中医药大学药用植物园	206	3.46	189	91.75	5
广州中医药大学药用植物园	195	3.27	185	94.87	0
辽宁农业科学院药用植物园	128	2.15	109	85.16	4
河南农业大学药用植物园	91	1.53	88	96.70	0
甘肃中医药大学	85	1.43	84	98.82	10
内蒙古医科大学药用植物园	65	1.09	62	95.38	1
福建农科院药用植物园	58	0.97	57	98.28	1
新疆药用植物园	20	0.34	18	90.00	0
合计	5957	100	4267	71.63	578

2. 中药材种质资源低温保存库

自1958年美国国家种子贮藏实验室率先建立世界上第一座国家级现代化低温种子库以来，目前全世界已建成各类种质库1700余座，收集了植物种质资源740多万份（含各国重复保存部分），其中约90%是以种子体的形式保存于全球上千座低温种质资源库中。随后英国的千年种子库、挪威斯瓦尔巴全球种子库相继建立。

1993年，我国第一座药用植物种质库由浙江省中药研究所建成，净面积200m^2，可贮藏5万份种质。2004年，广州中医药大学建立华南药用植物种质资源库，冷藏库可保存800种华南珍稀、濒危和道地药用种质资源。2006年中国医学科学院药用植物研究所建设并运行国家药用植物种质资源库，设置1个长期库（保存年限45~50年）、2个中期库（保存年限25~30年），可保存10万份药用植物种质资源，截止2016年底已入库登记193个科1017个属共计2万余份材料，收集种质资源12112份。2014年，国家基本药物所需中药材种质资源库（国家南药基因资源库）在海南依托中国医学科学院药用植物研究所海南分所建成并投入使用，是我国唯一国家级顽拗型药用植物专业种质库，具有液氮罐、超低温保存室等可保存20万份顽拗性药用植物种子、植物离体材料、DNA材料的先进设施。2017年12月，国家中药种质资源库（四川）建设完成，主要保存第四次全国中药资源普查及西南地区道地药材种质资源样本，形成由长期库、中期库、短期库、种质圃、离体库及DNA库有机融合的多维种质资源保存体系，库容可收集20万份中药种质资源，保存期限50年，是目前国内规模最大的中药种质资源保存中心。江苏泰州正在建设国家中药材种质资源库，负责重点收集长江中下游地区的重要中药材种质资源以及泰州市的特色中药品种。下面对重要的大型药用植物种质库进行介绍。

（1）国家药用植物种质资源库　国家药用植物种质资源库是我国首座现代化的国家药用植物种质资源库，位于内。它是我国也是全世界收集和保存药用植物种质资源最多的专业种质库，标志着我国药用植物资源保护框架体系建设完成。

2006年开始兴建的国家药用植物种质资源库总投资达1200万元，设有1个保存年限45~50年的长期库、两个保存年限25~30年的中期库，可保存10万份药用植物种质。此外，为实现各地野生濒危药用植物种质资源保护、种质资源更新及中药材新品种选育，该资源库还在云南、海南、广西、新疆、湖北和宁夏6个地区建设了药用植物种质资源圃。国家药用植物种质资源库建成后，已面向全国开展野生、栽培、珍稀濒危药用植物种质资源收集、保存工作，目前已入库药用植物离体种质约两万份，实现了对193个科1017个属种子的长期保存，保存期为50年。该种质库为开放性平台，面向全国开展药用植物种质资源的收集、保存工作。

同时，中国医学科学院药用植物研究所还创建了药用植物种质资源保护的技术体系，建立了大量种质资源快捷、标准的生活力检测方法以及种质入库干燥的技术；设计完成了国家药用植物种质资源库种质信息管理系统。

（2）成都中医药大学国家中药种质资源库　2015年1月，由成都中医药大学承担的“国家中药材种质资源库（四川）建设”项目是全国中药资源普查重点项目。核心库体建筑面积达1640m^2，包括短期库、中期库、长期库和干燥库，主要用于各类种质资源的短期、中期及长期保存，库容量可达20万份；配套实验室的建筑面积达1245m^2，包括种子繁育室、种子生理生化室等。同时，完成了人工气候室和温室建设，药用植物种植园圃一期和二期建设，核对整理并完善了基于第四次全国中药资源普查收集的第一批种质资源（8省5182份种子）的数据信息。

成都中医药大学国家中药种质资源库是全国规模最大、唯一设在高等院校的中药种质保存库，系我国中药种质资源战略储备库，其致力于建立我国中药种质资源保藏的完整体系、建成具有国际影响的中药种质资源保护设施和科学研究中心，形成中药种质资源分类鉴定评价、中药种质保存研究和中药种质资源持续利用三大技术体系和科研平台，将为中国切实地履行国际公约，实现药用生物多样性的有效保护，实施药用生物资源可持续发展战略奠定物质基础。

（3）华南药用植物种质资源库　广东丰富的天然植物中包含丰富的中药资源，但由于生态环境恶化等因素，出现了中药资源不断匮乏、品种退化甚至枯竭的现象。针对这种状况，广东省科技厅2004年2月批准在广州中医药大学建立华南药用植物种质资源库项目，同年10月，这一项目被纳入广东省科技计划项目管理。目前，这一资源库主要建设了中药资源生产性保护基地、中药资源迁地保护基地、中药资源的室内保存和种质资源数据库。其中，在室内的种质资源冷藏库里可保存800种华南珍稀、濒危和道地药用种质资源，并进一步研发。

（4）国家南药基因资源库（国家基本药物所需中药材种质资源库）　国家南药基因资源库（国家基本药物所需中药材种质资源库），是我国唯一的、收集保存顽拗性药用植物种质资源的国家级综合性种质资源库，位于海南省海口市国家高新区，由国家中医药管理局立项，依托中国医学科学院药用植物研究所海南分所建设和运行。国家南药基因资源库是在结合我国生态环境和中药资源特点的基础上，对我国南部热带和亚热带地区中药资源普查工作收集的种质资源进行收集保存，与国家药用植物种质资源库（北京）–低温低湿种质资源库相配套，结合药用植物种质资源圃，形成完整的中药种质资源保护体系，对我国中药种质资源形成完善有力的保护。

国家南药基因资源库包括液氮库、南药种质库及种子检测实验室和种质交换使用服务中心等科研与服务体系，拥有保存20万份顽拗性药用植物种子、植物离体材料、DNA材料的先进设施，对顽拗性药用植物种质进行了超低温保存技术研究，形成药用植物种子超低温保存技术体系，建立了保存技术规范。国家南药基因资源库建成了集种子收集、鉴定、检测和保存为一体的技术体系和科研平台，具备强大的顽拗性药用植物种质资源收集与保藏能力。其中南药种质及种子检测实验室是我国首个获得CMA资质认定的药用植物种子检测机构。

（5）浙江省药用种质资源库　浙江省建有我国第一座国家级药用植物种质资源库，总面积为210m^2，分长期库、中期库、短期库和缓冲室。长期库、中期库、短期库和缓冲室的库体面积（m^2）分别为30.4、79.2、79.2和9.8。长期库的温湿度设置为–10℃ ±1℃和30%±5%，中期库的设置为0℃ ±1℃和30%±5%，而短期库的温度设置为17℃，温差上下浮动1℃，湿度设置为30%，上下浮动5%。设计容量为200种5万份。

（6）在建设或计划建设的中药种质资源库　广西为我国四大中药地道药材主产区之一，共有5000余种中药材资源品种，51.4%的药用植物均可在广西找到。基于广西的生态优势以及国内顶尖科研机构的发展方向，广西科技厅、广西卫计生委共同主办，广西药用植物园、深圳国家基因库、华大基因、澳门大学、北京计算中心和云南农业大学共同在广西药用植物园2017年共同发布了“药用植物4.0计划”。“药用植物4.0计划”将在未来3年内完成1000种潜在药用植物资源的收集；完成5000种药用植物遗传资源的多组学解析，建立全世界最庞大和最丰富的药用植物多组学数据库；建立全世界最高通量的药用植物基因组辅助育种平台，建立一套跨组学、大数据集成的药用植物有效成分精准筛选、功能验证平台。

2016年，甘肃省兰州市积极支持甘肃中医药大学规划建设中药材种质资源库，力争建成集药用植物种质资源保存与开发利用、中药材生产实践教学、中药材新品种新技术研究与推广、中医药文化传播等功能为一体的综合基地。

全国主要中药材资源低温保存库信息见表 3–5 所示。

表 3–5　全国主要中药材资源低温保存库信息表（据不完全统计）

名称	建设年限	库体设置	库体容量	现有保存数量	联系单位	地址
国家药用植物种质资源库	2006 年	1 个保存年限 45~50 年的长期库、两个保存年限 25~30 年的中期库	10 万份	3599 种 3 万份（2016 年统计数据）	中国医学科学院药用植物研究所	北京市海淀区马连洼北路 151 号
成都中医药大学国家中药种质资源库	2015 年	短期库、中期库、长期库和干燥库	20 万份	5182 份（不完全统计）	成都中医药大学	中国四川省成都市温江区柳台大道 1166 号
华南药用植物种质资源库	2004 年	中药资源生产性保护基地、中药资源迁地保护基地、中药资源的室内保存和种质资源数据库	800 种（室内的种质资源冷藏库）	149 科 591 属 700 种（2009 年统计数据）	广州中医药大学、广东省中药研究所	广州市番禺区广州大学城外环东路 232 号 / 广州市天河区高唐路 229 号 4 栋
国家南药基因资源库	2012 年	液氮库、南药种质库、种子检测实验室和种质交换使用服务中心	20 万份	152 科 500 属 749 种 10000 份（2020 年统计数据）	中国医学科学院药用植物研究所海南分所	海南省海口市秀英区药谷四路 4 号
浙江省药用种质资源库	1984 年	长期库、中期库、短期库和缓冲室	200 种 5 万份	无（由于费用过大已不再运行）	浙江省中药研究所有限公司	浙江省杭州市西湖区西溪路 553 号

3. **中药材种质资源标本馆**

中药材种质资源的另一种重要保存方式是通过标本馆保存，标本馆可以有效地保存动植物的形态，同时，兼顾对野生种子的保存。标本馆分布于全国各大高校和科研院所，中国科学院植物研究所植物标本馆保存植物标本约 260 余万份，种子标本 8 万份，包括有药用植物腊叶标本、中药材标本、药用动物及矿物标本等。中国中医科学院中药资源中心标本馆，基于第四次中药资源普查工作专门收集药用植物腊叶标本和药材标本，馆藏腊叶标本已达 20 万份，药材标本已达 4.2 万份，还有大量的种子标本。

第三节　中药材种质资源评价

一、中药材种质资源特性鉴定

中药材种质资源鉴定是资源评价和利用的前提。种质资源鉴定方法可参考药用植物、中药材及饮片等的鉴别方法，包括传统的形态学鉴别、显微鉴别、薄层鉴别、理化鉴别，以及现代分子鉴定技术，如蛋白质电泳以及各种分子标记技术。随着分子生物学技术的发展，目前中药材物种间的鉴别基本可以实现，但同一物种不同地域或来源的种内鉴别仍是技术难点与研究热点。

二、中药材种质资源评价体系

当前中药材种质资源评价体系研究仍处于初级阶段。农作物种质资源评价指标相对较少，其指标信息规范处理、数据标准制定及评价体系等基本完善。中药材种质资源评价指标类型复杂多样，主要包括表型性状指标（包含外观性状、抗性性状等）、内在指标（包括药材质量、遗传特性等）及外部环境因素等部分（表 3–6）。

表 3–6　中药材种质资源评价体系指标信息

指标类型	指标分类	指标因素	测定方法
表型性状	外观性状	株高、株幅、叶长、叶宽、叶型、叶序、分枝数、茎叶颜色、茎杆形状、根长、根直径、根型、根颜色、花序、花色、果实颜色、果实形状大小、种子颜色、种子形状、种子大小等农艺性状	目测 / 测量
	抗性性状	抗逆（抗旱、抗涝、抗寒、耐盐、耐瘠等）、抗病、抗虫等	目测 / 测量
	物候期	萌芽期、花期、成熟期、采收期等	目测
	生活周期	一年生、两年生、多年生	目测
药材质量	药材性状	药材大小、形状、颜色、表皮特征、质地、断面特征、断面颜色等	目测 / 测量
	成分含量	指标性成分含量	HPLC 等
	经济性状	药材产量、种子产量、千粒重、发芽率等	数据统计
遗传特性	遗传差异	基因差异、表观遗传差异等	分子标记及基因组、转录组分析
环境因素	生态气候因子	温度、湿度、光照、降水量、风速等	数据统计
	地理因素	地理位置、地形、地势、居群生境、植被等	数据统计
	土壤因素	土壤类型、微量元素含量、pH 等	数据统计

（一）中药材种质资源外观指标评价

中药材种质资源外观指标评价主要是指对外观形态性状、物候期、生长周期以及药材性状等指标进行观察记录与比较分析。

外观形态性状包括株高、株幅、叶长、叶宽、叶型、叶序、分枝数、茎叶颜色、茎杆形状、根长、根直径、根型、根颜色、花序、花色、果实颜色、果实形状大小、种子颜色、种子形状、种子大小等特征，药材性状主要包括药材形状、长宽、直径、表皮颜色、表皮特征、质地、断面特征、断面颜色等特征。可根据物种的生态学特性，建立外在指标信息表，统一观察记录不同时期的外在指标数据，并通过统计学分析不同中药材种质资源的外在指标差异性。

（二）中药材种质资源内在指标评价

中药材种质资源内在指标评价主要是对种质资源的指标性成分的含量、药材产量等经济性状以及遗传差异进行比较分析。

指标性成分的含量指标分析是针对同一采收期的种质资源的药材样本进行分析，成分类型可参考《中国药典》规定的指标成分，或增加已发表文献中记载的化学成分。指标性成分的含量分析需建立在相同年限或相同处理条件情况之下，才具有统计学比较的意义。

药材产量以及种子的产量、千粒重、发芽率等经济性状指标分析也是内在指标评价的重要组成部分。药材产量等经济性状指标的比较也是需要建立在相同年限或相同生长条件下来进行分析。

遗传差异指标分析可通过 ISSR、SCOT、RAPD 等分子标记技术，或基因组、转录组、叶绿体基因组等数据对中药材种质资源进行分析，比较不同种质资源的遗传差异。

（三）中药材种质资源外部环境指标评价

中药材种质资源外部环境指标评价主要包括种质资源所在的生长环境条件、气候条件、地理因素及土壤因素等。生态气候因子数据可通过中国气象站下载数据进行分析，土壤条件可通过取样测定土壤中的微量元素含量或者微生物菌落分布等情况，即对中药材种质资源所处的外部环境因子数据进行提取与比较分析。

通过对中药材种质资源的表型性状、药材质量、遗传特性及环境因素等数据进行汇总，同时进行数据标准化与结构化，建立系统的数据分析模型与评价模式，综合分析各指标数据的差异性与相关性，建立系统科学的中药材种质资源评价体系。

（王继永　郑司浩　曾燕　刘美娟　尚兴朴　阙灵　李晓琳　肖承鸿　周涛）

第四章　中药材品种选育技术

中药材品种选育是农学与中药学的交叉学科，既具有作物育种学的共性，又具有中药学的特殊性。近十年来，中药材品种选育工作在国家大力扶持下已经积累了一定基础。在选育的中药材数量和质量、选育的技术水平等方面取得了一定的成绩。本章节将重点梳理三个五年计划中我国中药材新品种选育技术、方法现状和取得成果，并提出今后中药材新品种选育技术的建议和努力方向。

第一节　中药材品种选育技术现状

本节将从三个方面分析中药材品种选育技术现状：①中药材育种技术的发展阶段；②中药材品种选育中应用的育种技术方法；③不同药用部位中药材选育技术。

一、中药材育种技术的发展阶段

作物育种按照育种技术模式，大体可以分为三个阶段：传统育种、商业化育种、现代商业育种（图4–1）。第一阶段：传统经验育种。这种育种模式的典型特征就是依据表型性状凭经验进行选系，注重产量的提升。第二阶段：商业化育种。这是跨国公司从20世纪70年代后期以来发展起来的育种模式，典型特征就是依据杂优模式，主要选择高配合力材料组配，侧重于特殊配合力和优秀杂交种的选择，成系之后再选优组配开始新一轮循环，这样形成了商业育种的技术链。第三阶段：现代商业育种阶段。目前几大跨国公司都已经处于这个阶段，典型特征是在成熟的商业育种基础平台上，融入单倍体育种、分子育种、转基因育种等现代先进生物技术，同时平衡品种抗性和品质提升，从而极大地提高了育种的效率。目前，以基因编辑为代表的新育种技术正蓬勃发展，在全球范围内引发讨论，是否归类为转基因仍是最大争议点。

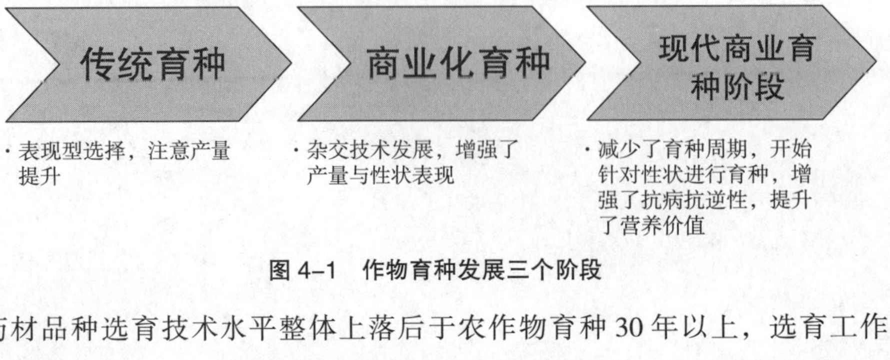

图4–1　作物育种发展三个阶段

目前，中药材品种选育技术水平整体上落后于农作物育种30年以上，选育工作仍处于第一阶段，即传统育种阶段。因此，在育种目标上主要针对表现型的选择，注重产量性状的选择。如四川省

2006—2016年期间在已审定的46个中药材品种中，以高产为目标的品种占到42个，高产、高成分含量(《中国药典》指标成分）并重的品种只有4个。这主要是由于中药材人工种植的品种种类繁多，大约有300余种，大部分的药用植物是从20世纪70年代逐渐实现了野生变家种，人工种植年限短，导致大部分中药材仅限于栽培技术的研究，对其生物学性状、产量性状和品质性状的形成规律的研究是极其缺乏的，限制了选育技术向更高水平的提升。

二、中药材传统育种阶段中应用的育种技术方法

据不完全统计，从2005—2019年期间，已育出新品种的药材种类从20世纪90年代的10种左右，到目前已有北柴胡、丹参、薏苡、青蒿、荆芥、桔梗等116种药材选育出537个品种（表4–1），其中包括千斤拔、云芝、川银花等地方中药材品种10种。采用的选育技术方法包括引种驯化（2.0%）、选择育种（78.4%）、无性系（11.9%）、杂交育种（5.0%）、化学或辐射诱变育种（3.4%）、优势育种（1.4%）、倍性育种（3.0%）等。下面依次介绍应用不同选育技术方法取得的研究成果。

表4–1　2005—2019年选育出品种的中药材

序号	药材名	育成数量	序号	药材名	育成数量	序号	药材名	育成数量
1	石斛	46	40	枳壳	4	79	栀子	2
2	枸杞子	25	41	莪术、郁金（蓬莪术\广西莪术）	4	80	续断	2
3	金银花	18	42	牡丹皮	4	81	白术	1
4	罗汉果	18	43	白芷	3	82	苍术	1
5	瓜蒌	17	44	百合	3	83	川牛膝	1
6	丹参	17	45	板蓝根	3	84	川银花 *	1
7	灵芝	16	46	川贝母	3	85	刺五加	1
8	桔梗	13	47	川芎	3	86	大青叶	1
9	杜仲	13	48	黄芩	3	87	防风	1
10	黄精	13	49	麦冬	3	88	佛手	1
11	紫苏籽、紫苏叶、紫苏梗	12	50	魔芋	3	89	覆盆子	1
12	灯盏花	12	51	秦艽	3	90	藁本	1
13	青蒿	12	52	蛇足石杉	3	91	黑果枸杞 *	1
14	重楼	11	53	水飞蓟	3	92	金荞麦	1
15	三七	11	54	乌头	3	93	雷公藤	1
16	当归	9	55	五味子	3	94	莲子	1
17	人参	9	56	玄参	3	95	迷迭香 *	1
18	柴胡	8	57	益母草	3	96	平贝母	1
19	薏苡仁	8	58	地黄	3	97	蒲公英	1
20	菊花	7	59	玉竹	3	98	前胡	1
21	红花	7	60	薄荷	2	99	射干	1
22	山银花	7	61	沉香	2	100	石菖蒲	1

续表

序号	药材名	育成数量	序号	药材名	育成数量	序号	药材名	育成数量
23	千斤拔 *	7	62	姜黄、郁金（姜黄）	2	101	石蒜	1
24	黄芪	6	63	郁金、片姜黄、莪术（温郁金）	2	102	西红花	1
25	半夏	6	64	粉葛	2	103	细辛	1
26	太子参	6	65	茯苓	2	104	仙草 *	1
27	白及	9	66	赶黄草 *	2	105	延胡索	1
28	草果	5	67	钩藤	2	106	益智	1
29	附子	5	68	何首乌	2	107	皂荚	1
30	绞股蓝	5	69	厚朴	2	108	知母	1
31	山药	5	70	黄姜	2	109	木瓜	1
32	天麻	5	71	黄连	2	110	竹节参	1
33	党参	4	72	荆芥	2	111	白芍	1
34	鱼腥草	4	73	苦参	2	112	黑老虎 *	1
35	甘草	4	74	木香	2	113	牛大力 *	1
36	葛根	4	75	西洋参	2	114	百部	1
37	龙胆	4	76	远志	2	115	三叶青 *	1
38	山茱萸	4	77	云芝 *	2	116	艾叶	1
39	天冬	4	78	浙贝母	2			

注 *：地方中药材品种。

（一）引种驯化

引种驯化就是把外国和外地药用物种、新作物、新品种或品系，以及研究用的遗传材料或本地的药用野生种，用人为的方法引到本地和对本地的药用野生种变家种或家养，经过三年以上的自然选择和人工选择，使这些物种适应本地的自然环境和栽培与饲养条件，成为满足生产需要的本地种或品种，这个过程就称为引种驯化。2016 年实施的新《种子法》附则第九十二条特别指出：品种是指经过人工选育或者发现并经过改良，形态特征和生物学特性一致，遗传性状相对稳定的植物群体。这里“经过人工发现并经过改良的”叙述，是指对野生植物或农家品种进行引种、筛选、栽培和改良出来的与原种具有植物形态学上差异性的品种。要求改良后的植物一定要“优于”野生植物或农家品种。这大大拓展了中药材新品种选育的途径。如从野生灵芝中培育出紫芝“武芝 2 号”。此外还可以将育成品种引种到不同生态区域种植，由于生态条件改变而表现出新的性状，经过选择育成适合本地区推广种植的新品种。如北柴胡“中柴 2 号”和狭叶柴胡“中红柴 1 号”从温带季风性季风性气候地区引种到亚热带季风气候的四川省，经过引种驯化培育出“川北柴 1 号”（川审药 2015004）和“川红柴 1 号”（川审药 2015003）。

（二）选择育种

选择育种是最基本的育种方法，其育种安全性高，也较符合中药材的道地性，因此被药用植物育种工作者广泛采用。目前大多数的药用植物品种（系）都是通过选择育种法育成的。该方法又分为系统选育、混合选育、集团选育等，分别占总比例的 73.8%、2.2%、2.4%，系统选育是目前中药材选育中应用最多的技术方法。如四川省三个五年计划中共选育的 46 个中药材品种中，除 2 个采用引种驯化外，均为系统选育获得。

选择育种是根据不同药材所预定的育种目标，利用现有的遗传群体内选择有益的变异个体，每个个体的后代形成一个系统（株系或穗系）或由相对一致的个体分别组成多个群体，通过试验比较鉴定，选优去劣，培育出新品种。如通过近30年的选育，经选择、纯化、淘汰和品系比较等过程，培育出了边条人参新品种"新开河1号"，其形态优美，抗逆性、产量和总皂苷含量均比对照有大幅度的提高。何先元等（2005）发现单株头状花序的数量是构成白菊花产量的主要因素，优选出栽培性状优良且产量、品质较高的"红心菊"和"小白菊"两个品种。魏建和等（2010）利用集团选育方法从野生柴胡种质中选育出种子萌发率高、生长快、产量高、药材根形好的品种"中柴1号"，并在此基础上通过系统选育方法以形态性状、农艺性状和品质性状为指标筛选优良种质，选育出整齐度高，深色根比率分别达83.2%和89.9%，柴胡皂苷含量分别达到1.3%和1.0%的柴胡新品种"中柴2号"和"中柴3号"。通过选择顶穗性状可以有效简化荆芥育种程序，选育出有效成分高、"密码"大穗的新品种"中荆1号"。其他如人参、枸杞、红花、山姜黄、黄芪、当归、地黄、瓜蒌、金银花、杜仲、三七、栀子、月见草、西洋参、金荞麦、山茱萸、益母草、附子、薯蓣、太子参等100多种药材育成了近400个品种（详见附录1）。

（三）无性系

无性系是以单株营养体为材料，采用无性繁殖法繁殖的品种（品系）称无性系品种（品系），简称无性系。该方法缩短了良种选育周期。传统的植物遗传改良技术是建立在种群群体改良的基础上，所需时间较长且方法相对单一。无性系良种选育以个体改良为主，改良方法丰富，特别是芽变选育、杂交育种技术、倍性育种技术和生物育种技术的运用，大大缩短了良种的选育进程，特别在藤本、木本类中药材的品种选育中广泛应用。如杜仲、金银花、山银花、厚朴等药材选育出一批优良新品种，此外可以无性繁殖的丹参、菊花、石斛、白及等草本药材也有应用（表4-2）。

表4-2　利用无性系选育的部分药材品种

药材	品种名（证书号或选育年份）	药材	品种名（证书号或选育年份）
丹参	北丹1号（京品鉴药2009008）	菊花	滁菊1号（皖品鉴登字第1306003）
金银花	舜帝1号忍冬（湘S-SV-LJ-005-2015） 丰蕾（品种权号20180257）	厚朴	洪塘营10号凹叶厚朴（湘S-SC-MO-002-2012） 洪塘营7号凹叶厚朴（湘S-SC-MO-001-2012）
山银花	金翠蕾（国S-SV-LM-003-2005） 银翠蕾（国S-SV-LM-004-2005） 白云（国R-SV-LM-009-2005） 花瑶晚熟（湘S-SV-LM-007-2014）	石斛	龙紫1号（云S-SC-DD-003-2018） 桂斛1号（桂审药2012001）
莲子	寸三莲1号（XPD002-2016）	白及	秦白1号（陕S-SC-BQ-012-2017） 秦黄1号（陕S-SC-BQH-013-2017）

（四）杂交育种

杂交育种是通过人工杂交把两个或两个以上亲本的优良性状综合于一个个体，继而从分离的后代群体中经过人工选择、培育，创造新品种的育种方法。当前杂交育种已广泛应用于有性繁殖类药用植物的育种中，通常采用有性杂交，优选单株，无性扩繁固定优势性状的方法。根据参与杂交亲本的亲缘关系，杂交育种可分为品种间杂交育种和远缘杂交育种两大类。

1. 品种间杂交育种

品种间杂交育种是指同一物种内不同品种或品系间进行的杂交育种。该方法已选育出瓜蒌、太子参、绞股蓝、黄姜、枸杞、红花、石斛、地黄、葛根、地黄、丹参、罗汉果等 12 种药材 24 个品种（表 4–3）。马小军等（2008、2009）以“龙江青皮果”为母本，“冬瓜果”为父本进行杂交，经单株优选、组培繁育而育成果实大、果形整齐美观、丰产性好、抗逆性强的优良雌性无性系品种“永青 1 号”；以“青皮 3 号”为母本，“冬瓜果”为父本进行杂交，从其 F1 代实生变异优株中选择，经组培繁育而育成果实大、果形整齐美观、丰产性好、抗逆性强的雌性无性系品种“普丰青皮”。太子参选育出抗病毒高产品种“抗毒 1 号”；黄姜高产、高含量、抗性强品种“湘云 1 号”和高产、稳产、高皂素含量品种“湘益 2 号”；选育出的葛根品种“湘葛 1 号”，具有抗寒、抗旱、抗病、耐肥能力强、丰产性好的优点。金银花高产、抗逆性强的新品种“树型鲁平金银花王”。

表 4–3　利用杂交育种方法选育的部分药材品种

药材	品种名（证书号或选育年份）	药材	品种名（证书号或选育年份）
瓜蒌	皖蒌 7 号（皖品鉴登字第 1306009） 皖蒌 8 号（皖品鉴登字第 1306010） 皖蒌 9 号（皖品鉴登字第 1406005） 皖蒌 16 号（皖品鉴登字第 1606008） 皖蒌 17 号（皖品鉴登字第 1606009） 皖蒌 19 号（皖品鉴登字第 1706011） 皖蒌 20 号（皖品鉴登字第 1706012）	石斛	仙斛 2 号（浙（非）审药 2011001） 双晖 1 号（粤审药 2013001） 晶品 1 号（浙 R–SV–D0–015–2014） 雁吹雪 3 号（粤审药 2015002） 仙斛 3 号（浙（非）审药 2015001） 福斛 1 号（闽认药 2016001）
太子参	抗毒 1 号（2008）	地黄	地黄金九（豫认药植 2011001）
绞股蓝	福音（陕 2016）	葛根	湘葛 1 号（XPD009–2005）
黄姜	湘云 1 号（2003） 湘益 2 号（2003）	地黄	金九（2011）
枸杞	宁杞 10 号（宁 R–SC–LB–001–2017） 农宁杞 1 号（品种权号 20140107）	丹参	丹杂 1 号（冀 S–SV–SM–030–2014） 丹杂 2 号（冀 S–SV–SM–031–2014）
罗汉果	永青 1 号（桂审药 2007001）	甜叶菊	中山 5 号（苏鉴甜菊 201401）
	普丰青皮（桂登药 2008010）	红花	新红花 7 号（2007）

2. 远缘杂交育种

远缘杂交育种是对植物分类学上属于不同种、属，甚至亲缘关系更远的科属间植物进行的杂交，对长期栽培导致种质退化有实用价值。王锦秀等（2005）采用枸杞与番茄进行属间远缘杂交育种试验，配置 21 个杂交组合，从中筛选出 7 个杂交组合，培养出 16 个杂交后代株系，其中 2 个的株系可开花结果，验证了某些茄科植物不同属间进行杂交是可行的，为培育大果粒枸杞新品种奠定了理论基础。吴才祥等（2007）采用天麻远缘杂交，通过对湖南家栽红杆猪屎麻、湘黔野生乌杆卵形麻、锥形麻、湖北家栽红杆脚板麻、本地野生乌杆姆指麻等几个品种之间的单交、回交、三杂交、双杂交等杂交育种试验，培育出在产量和质量上均具有杂交优势的 y1，y2，y3 杂交后代。阮汉利等（2004）以川贝母（Fritillaria lichuanensis）为父本、以湖北贝母（F. hupehensis）为母本杂交而成的杂交贝母具有结实率高、种子饱满、发芽率高、病虫害少等特点。目前，采用该方法选育的新品种只有牡丹新品种“秾苑彩凤”（证书号：国家林业和草原局 20190068）。

（五）优势育种

杂种优势（heterosis）是指两个亲本杂交产生的杂种，在生长势、生活力、繁殖力、适应性，以及产量、品质等性状方面超过其双亲的现象。该方法共选育出桔梗和丹参 7 个品种（表 4–4）。其中中国医学科学院药用植物研究所首次利用细胞质雄性不育系培育桔梗和丹参一代杂交品种 6 个，包括高产、晚熟、抗病、高有效成分含量的“中梗 1、2、3、9 号”桔梗系列品种，“中丹药植 1 号、2 号”丹参系列品种。杂种一代品种可以通过一整套的制种技术完成良种生产，这对于实现药用植物良种的产业化具有重要的开拓性意义。

表 4–4　利用杂种优势育种方法选育的部分药材品种

药材	品种名（证书号）	药材	品种名（证书号）
丹参	中丹药植 1 号（京品鉴药 2014030） 中丹药植 2 号（京品鉴药 2014031） 天丹 2 号（陕鉴药材 2011002 号）	桔梗	中梗 1 号（京品鉴药 2009001） 中梗 2 号（京品鉴药 2009002） 中梗 3 号（京品鉴药 2009003） 中梗 9 号（皖品鉴登字第 1106005）

（六）诱变育种

诱变育种是人为地利用物理诱变因素（如 X 射线、γ 射线、中子、激光、离子束和宇宙射线等）及化学诱变剂，对植物的种子、器官、细胞以及 DNA 等进行诱变处理，诱发基因突变和遗传变异，在较短时间内获得有利用价值的突变体，诱变育种可以提高变异频率，加速育种进程，大幅度地改良某些性状，但难以控制突变方向，无法将多个优良性状组合。在药用植物方面，国内外学者以颠茄、薏苡、宁夏枸杞、菊花、牛膝、雷公藤、桔梗、藿香等为材料，经诱变处理筛选出一些优质、高产的突变体，但选育出新品种的仍在少数。通过辐照诱变、化学诱变等选育了当归、党参、黄芪、薏苡仁、茯苓、枸杞、青蒿等 13 种药材 17 个新品种（表 4–5）。如“岷归 3 号”是通过采用重离子束辐照甘肃当归 90–01 干种子选育而成，产量较对照品种增加 15%（颉红梅等，2008）。

表 4–5　利用诱变育种方法选育的部分药材品种

药材	品种名（证书号）	方法	药材	品种名（证书号）	方法
当归	岷归 2 号（甘认药 2008001） 岷归 4 号（甘认药 2011001） 岷归 6 号（甘认药 2016006）	辐照诱变	枸杞子	青杞 1 号（青 S–SV–LBQ–008–2013）	杂交 + 诱变选育 + 无性系
大青叶	抗毒 1 号（甘认药 2016007）	辐照诱变	金银花	华金 6 号（品种权号：20170109）	诱变 + 系统选育
党参	渭党 3 号（京品鉴药 2009001） 渭党 4 号（京品鉴药 2009002）	辐照诱变	菊花	怀菊 1 号（豫中药品鉴 2016001） 怀菊 2 号（豫中药品鉴 2016002）	诱变 + 系统选育
薏苡仁	浙薏 2 号（浙（非）审药 2014004）	辐照诱变	茯苓	闽苓 A5（闽认菌 2013001）	原生质体紫外诱变选育
黄芪	陇芪 3 号（甘认药 2013001）	辐照诱变	青蒿	药客佳蒿 1 号（渝品审鉴 2015016）	诱变育种
山药	晋山药 1 号（2014–（R）–50）	化学诱变	地黄	怀地 81（豫鉴中药材 2014001）	杂交 + 诱变系统选育
山药	铁棍 1 号（豫鉴中药材 2014002）	诱变 + 系统选育			

（七）多倍体育种

多倍体育种是指通过人工的方法将植物染色体组进行加倍，或是直接从自然界中选育染色体组加倍的突变体，从而获得新品种的方法。自然界普遍存在着多倍体物种，最常见的是四倍体和六倍体。多倍体育种采用的加倍试剂主要为秋水仙素，加倍用的器官与组织主要为分生组织、愈伤组织、种子等，绝大多数获得了再生植株，加倍率高达80%，获得的多倍体大多数为四倍体，个别为八倍体。目前，我国染色体加倍也已在伞形科、菊科、唇形科、百合科等13个科20多个属的药用植物中获得成功，包括黄花蒿、鬼针草、菊花脑、牛蒡、白术、芫荽、当归、川白芷、杭白芷、黄芩、丹参、南丹参、桔梗、芦荟、库拉索芦荟、药用百合、川贝母、黄花菜、红千层、生姜、芜菁、刺果甘草、黄芪、枸杞、金荞麦、苦荞麦、盾叶薯蓣、莲、党参、向日葵、三叉蝶豆、杂交碧冬茄、莫若、胜红蓟、具苞罂粟、筒蒿、鹰嘴豆、飞燕草、菘蓝等40多种。药用植物多倍体植株与普通植株相比，通常具有生物产量提高、某些药用活性成分提高、抗逆性增强等特点（表4–6）。如丹参、怀牛膝、紫锥菊、库叶薄荷、盾叶薯蓣、黄芩、菘蓝等加倍的植物均不同程度地出现器官变大的现象。利用该选育方法已选育出5种药材共14个新品种，包括太子参“柘参3号”（四倍体），紫苏“多紫1、2、3号”系列品种，杜仲“京仲1、2、3、4、5、6、7、8号”系列三倍体品种，千斤拔“新丰千斤拔”，罗汉果“亦元生无籽罗汉果”（三倍体）。

表4–6　多倍体对植物有效成分含量的影响

植物名称	染色体倍性	与原植物相比有效成分含量变化	资料来源
蒲公英	四倍体	黄酮、异黄酮、维生素C、可溶性糖分别增加46%、38%、54%、50%	田永生等，2007
丹参	四倍体	隐丹参酮、丹参酮 I_A、丹参酮 II_A 分别增加203.3%、70.5%、53.2%	朱丹妮等，2001
盾叶薯蓣	四倍体	皂苷含量增加20%	刘选明等，2004
白芷	四倍体	欧前胡素含量增加104.4%	彭菲等，2002
多花黄精	四倍体	1年生总皂苷含量增加108.3%，多糖含量增加9.4%	喻祖文等，2011
茴香	多倍体	反式–茴香脑、莰烯、柠檬烯含量分别增加179%、157%、138%	任安祥等，2010
金银花	四倍体	花中绿原酸含量增加30.0%	李黎等，2012
杜仲	四倍体	幼苗中绿原酸含量增加17.8%	王跃华，2006

（八）分子辅助标记育种

分子标记辅助育种能有效提高选择的效率与预见性。分子辅助选择是利用分子生物学手段在传统育种程序中直接对目标基因或与目标基因紧密连锁的分子标记的基因型进行分子选择。或在回交、多重回交程序中，对多个目标基因型进行分子选择，实现基因聚合、基因渗入。通过前景选择和背景选择，获得目标基因型纯合、遗传背景一致、综合农艺性状优良的品系。该技术在药用植物上的研究才刚起步。目前，国内已开展了桑树、黄花蒿、罗汉果、北柴胡、长春花、丹参、石斛和菊花等8种药用植物连锁图谱研究，以及丹参、柴胡、龙血树、白木香、长春花、三七、人参、博落回、红景天、黄芩、甘草等中药材的全基因组测序，将大幅加快相关药材的新品种选育进程；目前，三七抗病品种“苗乡抗七1号”和紫苏品种“中研肥苏1号”“中研油苏2号”均利用SNP分子标记辅助鉴定指导品种选育。

三、不同药用部位中药材的选育技术

植物类中药材按不同入药部位可分为根与根茎类、茎木类、皮类、叶类、花类、果实与种子类、全草类、树脂类和菌类等。由表4–7可知，已选育出新品种的116种药材中以根与根茎类药材比例最大，其次是果实类与全草类药材，花类、茎木类、菌类、皮类和叶类等小于10%。我们选取较为典型的药材品种重点介绍根与根茎类、果实类、全草类、花类药材的品种选育技术。

表4–7 2005—2019年116种育成品种的药材按药用部位统计表

药用部位		药材名称	药材种类/个	合计/个	占比/%
根类和根茎类	根类	白芷、板蓝根、柴胡、川牛膝、续断、丹参、当归、党参、防风、粉葛、附子、甘草、藁本、葛根、黄芪、黄芩、桔梗、苦参、龙胆、木香、千斤拔、前胡、秦艽、人参、三七、太子参、乌头、西洋参、细辛、玄参、远志、竹节参、雷公藤、白芍、黑老虎、千斤拔、牛大力	36	68	58.6
	根茎类	金荞麦、白术、苍术、川芎、刺五加、莪术、郁金、片姜黄、黄姜、黄精、黄连、山药、射干、石菖蒲、玉竹、知母、重楼	17		
	块根	地黄、何首乌、麦冬、天冬、百部	5		
	块茎	白芨、半夏、魔芋、天麻、延胡索	5		
	鳞茎	百合、川贝母、平贝母、石蒜、浙贝母	5		
果实类	果实	草果、佛手、覆盆子、枸杞子、黑果枸杞、莲子、罗汉果、水飞蓟、五味子、益智、薏苡仁、皂荚、栀子、枳壳、皱皮木瓜	15	17	14.6
	果肉	山茱萸	1		
	果皮	瓜蒌	1		
全草类	全草类	紫苏（籽、叶、梗）、艾叶、薄荷、灯盏花、赶黄草、绞股蓝、荆芥、迷迭香、青蒿、蛇足石杉、石斛、仙草、益母草、鱼腥草	15	15	12.9
花类	花类	川银花、红花、金银花、菊花、山银花、西红花	6	6	5.2
菌类	子实体	灵芝、云芝	2	3	2.6
	菌核	茯苓	1		
皮类	树皮	杜仲、厚朴	2	3	2.6
	根皮	牡丹皮	1		
叶类	叶	大青叶、三叶青	2	2	1.7
茎木类	茎类	钩藤	1	2	1.7
	木类	沉香	1		

（一）根及根茎类中药材品种选育技术——麦冬为例

根及根茎类药材选育技术包括选择育种（包括系统选育、集团选育和混合选育等）、杂交育种、杂种优势育种、无性系等所有传统育种方法。浙江省中药研究所有限公司王志安研究员团队育成“浙麦冬1号”采用的是系统选育。该品种首先广泛收集麦冬资源，并在淳安枫树岭建立了资源圃，进行了资源评价和筛选。然后对各麦冬种质资源，通过观察叶片、茎、根和块根等主要器官的生长、发育情况，并进行各指标的比较，评价各种质对当地生态环境的适应性；观察浙麦冬和川麦冬各种质资源在农艺性状（生长周期、地上部单丛叶片数、块根数、块根重、叶长、叶宽等）、有效成分（黄酮类、多糖类和皂苷类等）含量和块根产量的差异情况，从中筛选出分蘖能力强、丛大、高产的麦冬优良品系1个。该品系经 2013—2016 年区域试验，较农家品种增产 15.4%，比原始混合群增产 12.0%，于 2017 年通过了浙江农作物品种认定。

（二）果实类中药材品种技术——瓜蒌为例

果实类药材选育方法主要以系统选育为主，杂交育种为辅。安徽省农业科学院园艺研究所董玲研究员团队选育出瓜蒌“皖蒌系列”“海市栝楼”“短脖 1 号”等 20 余个品种或农家品种。例如栝楼系列新品种，“皖蒌 1 号”通过选择育种方法育成，其属于中熟偏迟品种，抗病性较强，2005 年通过安徽省非主要农作物品种鉴定登记并命名；“皖蒌 17 号”为抗病高产的栝楼新品种。母本“皖蒌 6 号”为晚熟品种，果大，籽粒大，高抗细菌性角斑病和枯萎病。父本“2 号雄株”分枝较多，花期较长，6 月初到 8 月底开花，根系发达。其选育过程：2010 年杂交，当年收获种子；2011 年播种，通过考察实生苗生物学特性、抗性、产量、商品性等性状，筛选并标记优异单株；区域试验、生产试验；其中编号为 GL13-7-11 株系表现稳定，中晚熟，产量高，抗病性强；2017 年 1 月份通过安徽省非主要农作物品种鉴定登记并命名。

（三）全草类中药材品种选育技术——紫苏为例

全草类药材选育方法包括选择育种（包括系统选育、混合选育、集团选育等）、倍性育种、杂交育种、脱毒复壮等，培育中药材新品种十余个，河北省农林科学院经济作物研究所温春秀研究员团队选育了紫苏新品种 5 个：“冀紫 1 号、冀紫 2 号、多紫 1 号、多紫 2 号、冀紫 3 号”紫苏新品种。“冀紫 1 号”和“冀紫 2 号”是经过系统选育获得的紫苏新品种。选育过程：2003—2004 年在全国范围内系统收集紫苏种质资源；2005—2012 年对植物学特征、农艺性状和药用成分等进行比较试验，选育获得高产、高油类型种质“安国紫苏”，以及叶片口感好、挥发油含量高的药用类型种质“平叶纯紫紫苏”；2013—2015 年经过 3 年的区域生产试验，田间表现性状稳定，植株生长整齐一致，能正常开花结果，生产性能良好；2016 年 2 月通过河北省林木品种审定委员会审定命名为“冀紫 1 号”和“冀紫 2 号”。通过倍性育种育成“多紫 1 号”“多紫 2 号”“多紫 3 号”，该品种是利用秋水仙溶液素点滴处理紫苏幼苗茎尖生长点的方法，通过植物形态学鉴定、细胞学鉴定、流式细胞仪倍性鉴定、染色体鉴定等系统鉴定，获得了紫苏同源四倍体，再通过农艺性状比较，药用成分分析，营养成分分析比较，最终选育获得了性状稳定，植株表现一致，繁殖力正常，生产性能良好的品种。

（四）花类中药材品种选育技术——红花为例

花类中药材选育方法包括选择育种、杂交育种、诱变育种、无性系等。河南省农业科学院芝麻研究中心梁慧珍研究员团队选育出“豫红花 1 号”“豫红花 2 号”“豫红花 3 号”“怀菊花 3 号”“怀菊花 4 号”“密银花 1 号”等品种。以“豫红花 1 号”为例，以多年引进、收集、鉴定、评价及创制红花种质的基础上，在 1000 多份国内外红花种质资源中，优选出 286 份试验材料，在原阳试验基地进行植物学特征特性田间调查、抗性鉴定和品质测试化验等程序，依据育种目标：无刺、盛花期花冠橘红色或红色、生育期适中、株高适中、生长势强、整齐度好、抗病抗逆性强、含油量 28% 以上或亚油酸含量 80% 以上和花丝药材、籽实产量较高且稳产，适应河南省生态区域种植的药油两用红花新品种（系），采用混合选择法和单株选择法结合的改良混合选择法，根据所确定的育种目标进行定向选择，优选出了试验材料 ZHH03（原代号为 ZYW309），最终选育出了符合育种目标的红花新品种。

第二节 中药材品种选育技术的问题与展望

经过十余年的发展，药用植物育种取得一定成果，但药用植物种类繁多，药用部位、生长年限、栽培环境、用途等均各不相同，造成中药材品种选育周期长，总体数量不足，繁育和推广难度大。据统计三个五年计划期间共培育 537 个新品种，年平均只有 35.8 个，平均到 116 种药材，每种药材为 4.6 个品种，其中 72.4%（84 种）药材低于该平均值。另一方面，由于药材生产的道地性，决定品种适种区域有限，以及品种更新换代（每 10 年更新一次）的要求，决定了除石斛、枸杞、金银花、杜仲等少数药材品种可满足生产用种外，绝大多数药材生产上无良种可用。此外，中药材品种选育技术仍处于传统育种阶段，决定了当前中药材生产中以高产品种为主，具有高度整齐度、高产、高抗、可满足特定需求的专化型品种并不多，远不能定向满足用于医药、保健、食品、兽用饲料等细分领域的需求。因此，针对目前存在的问题，需从以下几个方面入手，推动中药材品种选育技术向高效、精准、定向的方向转变，培育出更多优良的新品种。

一、以选择育种为主，辅助其他选育方法，尽快选育出可推广的优良品种

中药材人工种植品种已有 300 余种，尚有 200 余种人工栽培的药用植物没有优良品种。应尽快建立在种质评价的基础之上，以“选择育种”为主要育种手段，以培育常规品种为主。争取每种药材在十年内培育出 2~3 个可以在生产上大规模推广应用的优良品种，尽快提高中药材良种覆盖度。

二、加强定向选育，培育品质高、抗性强、可满足不同需求的专化型品种

目前，中药材应用越来越广泛，针对不同产品需求，定向选育满足用于特定用途需求的专化型品种，已成为新品种实现商品化的发展方向。例如，中药材在兽药及添加剂中的应用日益广泛。根据《全国遏制动物源细菌耐药行动计划（2017—2020 年）》部署，自 2020 年 1 月 1 日起，退出除中药外的所有促生长类药物饲料添加剂品种，而植物提取物类会归入饲料添加剂范畴，仍可在饲料中使用。这势必增加对中药材的特定品质药材的需求，如黄芪多糖可有效增强动物抗病力和抵抗力，定向选育多糖含量高的黄芪品种将十分有前景。另一方面，中药材种植正从劳动密集型向机械化生产转型，选育适于机械采收、清洗和加工的品种也是当务之急。如白术块根不规则比例很高，“鸡腿形”比例低，给加工切制带来不便，需要对根形进行定向选育。目前，大部分中药材主产区在药材病虫害发生程度和频次上的问题日益严重，抗病虫研究的基础十分薄弱。虽然在中药材抗性育种方面已取得一定成绩，但总体数量不多，如西洋参品种“三抗 1 号”（抗旱）和太子参品种“抗毒 1 号”（抗花叶病毒病），浙贝母品种“浙贝 2 号”（抗灰霉病和干腐病），三七品种“苗乡抗七 1 号”（抗根腐病），瓜蒌品种“皖蒌 17 号”（抗细菌性角斑病和枯萎病）。随着我国农药减施工作的推进，以及《中国药典》2020 年版增修订药材和饮片检定通则中加强了对药材农残和重金属限量标准的推行，开展农业综合防治实现科学施药，以及加强中药材抗病虫育种研究选育高抗品种，从根本上减少农药的施用量，实现中药材绿色生产已显得尤为重要。

三、谨慎开展中药材倍性育种、远缘杂交育种等研究

目前，药用植物多倍体育种已取得较多研究成果，但真正在生产上广泛应用的并不多，除了其本身存在繁殖水平、不育、稳定性等问题外，作为药材使用将面临两个根本性问题。一是人工加倍的多倍体在产量、有效成分含量、适应环境能力的优势可能改变药材道地性的问题。药用植物多倍体植株与普通植株相比，通常具有抗逆性增强等特点。例如，非洲西北部沙漠中有一种画眉草属植物，该属自然存在3个种：一年生二倍体种分布在多水的湖区边缘；多年生四倍体种分布在较干燥地区；多年生八倍体种则表现了极强的耐旱能力，分布在极端干旱的沙丘地带。人工加倍获得的四倍体颠茄可以抵抗莫斯科的极度严寒，而二倍体颠茄在我国北方是无法正常过冬的，主要分布在南方，因此多倍体品种很可能打破原道地药材的种植范围，加之其产量的优势，对原道地药材会产生严重的挤压和替代效应。二是人工加倍的多倍体药材给中医药临床安全用药带来隐患。一方面人工诱导的多倍体改变了次生代谢物的成分组成，某些有效成分含量得到大幅度地提高，如果多倍体与正常药材混用必然给中药饮片安全用药量造成混乱。另一方面多倍体产生新的次生代谢产物可能带来安全隐患。如同源四倍体紫苏品系“多紫2号”叶片挥发油的组分与二倍体亲本相比，缺乏紫苏醛，但产生了含量较高的新组分——柠檬烯（6.32%）（胡彦等，2010）；目前已大规模推广种植的四倍体菘蓝根中发现一种新的化合物——4-（1，2，3-三羟基丙基）-2，6-二甲氧基苯-1-*O*-*β*-D-葡萄糖苷，并且还发现了3种新的生物碱化合物。

远缘杂交是不同种间、属间甚至亲缘关系更远的物种之间的杂交。由此选育的杂交后代在物种基源上有无法确定的问题。如2005年版《中国药典》基于多来源的药材所含成分差别较大，按照世界通行的“一物一名”管理原则，将金银花分列为金银花和山银花，造成后来金银花和山银花杂交后获得的改良品种无法推广应用的原因就是基于此点。

生物技术应用于药用植物研究的时间并不长，但已经显露出广泛的理论意义和良好的发展前景。目前，青篙、黄芪、丹参、红豆杉、决明、大黄和栝楼等十多种药用植物实现器官毛状根诱导成功，并建立了外源基因导入培养体系。现阶段生物工程育种（分子设计育种）已成为常规育种方法的重要补充。分子设计与基因工程成为提高育种效率、拓展遗传背景、导入外源基因的重要手段之一。但转基因品种带来的安全性问题对中药材而言更值得关注，更需要系统的评价，特别是作为饮片供中医药临床用的中药材更需慎重对待。

因此，无论是多倍体品种、远缘杂交、还是转基因育种等要应用于生产并作为药材使用时，出于对中医药临床用药安全的考虑必须引起高度重视，均需要经过严格的质量和安全性评价，在获得相关的许可后，明确作为药材使用的途径和种植范围等才可以在药材生产上应用。从用药安全性考虑，国家市场监督管理总局在2019年发布的《中药材生产质量管理规范（修订草案征求意见稿）》明确提出对于种间杂交品种原则上禁止的，除非是作为提取单体成分的原料开展的育种。对于转基因和人工诱变加倍等育种技术选育的中药材品种，禁止用作饮片，但可以作为提取单体成分的原料药。该指导原则将进一步规范相关品种的选育和推广工作。

四、中药材育种方法有待进一步创新和提高

虽然药用植物育种取得一定成果，但药用植物种类繁多，生物学特性、生长习性各异，种植的年限、种质纯化的程度、品种选育的基础等均各不相同。摆在品种选育面前的一个重大问题就是：如何将传统

育种技术与现代生物、分子技术有机结合起来，迅速培育一批大宗常用药材的优质品种，并应用于生产。纵观国内外植物品种选育的历史，其技术发展的基本道路为：农家品种鉴定利用→常规品种选育→杂交品种选育→分子辅助标记育种、分子设计与基因工程。中医药的临床疗效、中药材品质的稳定和提高，又迫切需要有优良品种在生产上推广应用。一方面要针对药材的不同用途开展外观品质、有效成分、药效强度等不同层面的品质性状的遗传规律开展研究，特别是药用植物资源中化学成分的类型、质量、数量、时间、空间等基本属性及其变化规律，选择适合的选育技术和方法，培育有效成分稳定，适于道地产区种植的栽培品种。同时，应充分利用现代植物生物化学和分子生物学在次生代谢产物合成途径方面的研究成果，结合分子标记辅助选择育种、分子设计育种等新技术、新手段提高品种选育效率。目前，三七、丹参、人参、博落回、红景天、白木香、黄芩、甘草等药用植物全基因组图谱已成功绘制。丹参、青蒿等药用植物的次生代谢途径研究也较为清晰，可开展性状的分子标记、遗传图谱构建、品质性状遗传定位等研究，通过挖掘与药效成分合成调控密切相关的功能基因，评价不同种质的比较转录组和代谢组研究，创造有重大应用前景的新种质，为进一步开展品种设计育种奠定基础。

（杨成民　魏建和　史玉宝　刘美娟）

第五章　中药材种子种苗基地建设

种子，不仅是中药材生产的繁殖材料，也是重要的生产资料，在保证产品质量、提高生产水平、增加药农收入方面有着举足轻重的作用。随着对优质种子种苗的需求上升，中药材种子种苗繁育基地的建设尤为重要。通过第四次全国中药资源普查，先后在全国20个省区布局建设了28个中药材种子种苗繁育基地，以保障药用种质资源的繁育与供应。农业农村部组织开展的第二批国家区域性良种繁育基地认定，八个中药材繁育基地入选。近年来，各地也积极开展中药材良种繁育基地建设，提升地方中药材种子种苗繁育生产水平。未来应继续推动优质繁育基地建设，进一步加强过程管理与人才培养，加大科技创新投入，以市场化经营运作方式提升繁育基地建设与可持续发展水平。

一、建设背景

中药材是中医药事业发展的物质和基础，是关系到国计民生的战略性的资源。中药现代化战略实施20年以来，中医药事业取得了长足的进步，特别是2017年《中医药法》正式颁布实施，中医药行业迎来了振兴发展的大好机遇。在快速发展的过程中，不能忽视中药材产业的安全发展和规范发展问题。全国第三次中药资源普查表明，我国蕴藏有药用植物11146种，我国常用中药材600种左右，50余种濒危野生中药材实现了种植养殖或替代，300种左右实现人工栽培，300种左右依赖野生采集。2007年全国中药材种植面积2325万亩，约占全国农作物种植面积的百分之一；2016年达到5350万亩，2017年种植面积急剧增加达到6799.17万亩，2018年迫近一亿亩。按照目前的发展趋势，药农和药企对中药材种子种苗的需求量增长量将超过40%，其中对优质种子种苗的需求量将出现“供不应求”的局面。

由于野生原料药材的资源数量有限，中药材人工繁育就成了解决中药资源濒危状况、保证中药材质量、保护中药资源原生环境的必由之路。中药材种子种苗是中药材生产的物质基础，优良品种及优质的种子种苗是实现中药材规范化生产的基础和首要条件，是从源头把握好中药材、中药饮片及中药产品质量的重要保障。中药材质量稳定需要中药材生产的规范化，中药材生产规范化需要中药材种子种苗生产的标准化。《中药材保护和发展规划（2015—2020年）》提出实施优质中药材生产工程，其中的重点之一即建设“中药材良种繁育基地”，由此可见中药材种子种苗繁育基地建设的必要性与重要性。

二、建设进展情况

（一）第四次全国中药资源普查中药材种子种苗繁育基地

中药材种子种苗繁育基地建设在全国中药资源普查工作开展之初即纳为四项重点任务之一。为了加强道地药材、珍稀濒危品种的保护和繁育研究，并在药用野生物资源集中分布区建立一批繁育基地，以促进基本药物中药原料生产、供应和中药资源的保护和利用，确立中药材种子种苗繁育基地“种植保存、科研攻关、标准制定、人才培养”的建设目标，应实行以下措施：①对中药资源普查中收集的种子种苗进行更新，建成种子种苗的繁育生产基地；②科学选定区域内的中药材品种进行繁育生产；③制定种子种苗生产技术标准、技术规程，形成相关技术规范和标准；④开展中药材种子种苗检测服务，成为科技研究与人才培训的平台；⑤为行业、社会提供专业服务与人才培养平台。根据建设目标，确定中药材种子种苗繁育基地的建设任务，主要为以下5项：①建成种子种苗繁育生产基地，要求基地建设总规模不少于2000亩（1亩≈667m^2），主体基地面积不少于200亩，土地所有权清晰稳定；②对规定地区中药资源普查中收集的种子种苗进行有效的保存；③对5种以上省域内道地的、常用的或稀缺的药材进行繁育生产，药材种的选择不局限于植物类药材；④建成中药材种子种苗检测实验室，开展中药材种子种苗检测服务，制定种子种苗生产技术标准、技术规程，形成相关技术规范和标准；⑤建立产学研用合作与运行机制，具有提供种子种苗服务的辐射能力，提供社会化、专业化的服务，成为科技研究与人才培训的平台。

依托普查工作，联合科研院校、业内企业等140余家建设单位，先后在全国20个省区布局建设了28个中药材种子种苗繁育基地（附录2），在我国西北、西南、中部、东北、东南等地区均有分布，子基地合计近180个，涉及中药材种子种苗近160种，推广种植面积超过3万亩。各基地结合自身区域地理环境特点，每个基地对5种以上省域内道地的或稀缺的药材品种进行繁育生产。在充分考虑药材道地性、地区药材生产特点的基础上，2012年、2013年，分两批在吉林等12个省区建设的中药材种子种苗繁育基地，基地繁育的药材种以大宗常用药材种为主；2015年，在河北等11个省区建设的中药材种子种苗繁育基地，基地繁育的药材种侧重考虑药材本身或相对市场需求的稀缺性，多方面保障药用种质资源的繁育与供应。

三批中药材种子种苗繁育基地已经完成项目验收工作，各基地按照国家基本药物所需中药材种子种苗繁育基地建设要求完成了相应建设任务，建立了运行管理制度，通过验收以来，继续发挥繁育生产功能，积极开展社会化服务，国家中医药管理局已组织全国中药资源普查专家组论证基地挂牌等事宜，为繁育基地未来发展提供一定的指导。繁育基地的未来发展，首先能够生产销售优质的种子种苗，另一方面着手打造优质中药材种子种苗（繁育）基地的溯源体系，由此作为繁育基地未来建设的有力抓手，提升繁育生产质量与交易规模。

为了保证繁育基地繁育品种质量，发挥繁育基地对中药材产业发展支持作用，2019年9月组织召开了繁育基地选育品种评议会，掌握繁育基地选育品种情况，为中药材种业发展提供技术支撑。2019年10月，全国中药材产业大会召开之时，结合繁育基地建设工作与经验，组织召开了中药材种业发展研讨会，就中药材种业发展提出三点建议：一是参考农业选育新品种的方式，围绕目标定向培育新品种，同时采用定点种植的方式开展道地药材种植，避免异地引种破坏种质的道地性；二是根据中药材的特殊性，制定中药材种子DUS测试通则，布局中药材种子DUS测试站；三是从第三方角度构建中药材种质评价体系，建立优质中药材种子遴选推广机制。

（二）农业农村部第二批国家区域性良种繁育基地

2017年1月，农业农村部组织专家评审并拟认定第一批区域性良种繁育基地，但不含中药材。为了进一步落实《国民经济和社会发展第十三个五年规划纲要》和《全国现代农作物种业发展规划》等文件要求，2019 年 5 月，农业农村部组织开展了第二批国家区域性良种繁育基地认定工作。此次评审并认定的基地包括安徽省霍山县、福建省邵武市、山东省平邑县、湖北省英山县、湖南省邵东县、甘肃省陇西县、贵州省大方县、云南省云县等八个中药材繁育基地。繁育基地的认定工作将有利于优质和规模化中药材繁育基地的扩大建设和品牌塑造，起到了示范引领作用。

（三）地方良种繁育基地调研

除以上由国家统筹建设的繁育基地以外，近年来，各地也积极开展中药材良种繁育基地建设，提升地方中药材种子种苗繁育生产水平。2019 年 4 月初，国家中药材产业技术体系组织体系内各岗位科学家、试验站团队，进行中药材繁育基地信息调研，并将信息进行汇总和分析。发现从 2016—2018 年整体上看，可统计到的中药材良种繁育核心（示范）基地呈现快速增长趋势，分别为 155.98 万亩、175.66 万亩和 200.35 万亩；可统计到的种子产量（不限于良种繁育核心 / 示范基地）分别为 9547.32 万千克、8121.78 万千克和 7944.74 万千克，种苗产量分别为 579432.82 万株、852245.4 万株和 1093010.95 万株；各省（区、市）种子种苗自繁自用的比例约为 63.86%，跨区 / 省调运的比例约为 36.14%。其中核心繁育（示范）基地面积前 5 位的是肉苁蓉、白木香、银柴胡、菟丝子和蕲艾等品种，面积分别达到了 73、12.4、10、10 和 10 万亩；其种子种苗产量分别达到了 3.65 万千克、1344 万株、100 万千克、400 万千克和 200000 万株。各省（区、市）繁育基地的调研概况如下。

1. 河北省

2018 年，河北省中药材种植面积达到 128 万亩（不含山楂、山杏），形成了燕山、太行山产业带和冀中、冀南平原、坝上高原产区“两带三区”产业发展格局，各地区纷纷建设中药材种植示范园区和种植基地，规模化程度逐渐提高。已形成十大道地中药材产业大县，包括：涉县柴胡连翘，巨鹿县金银花，邢台县酸枣仁，内丘县酸枣仁、王不留行，安国市八大祁药，隆化县北苍术、桔梗，围场满族蒙古族自治县桔梗、黄芪，滦平县黄芩、桔梗，青龙满族自治县北苍术和蔚县知母、防风，产业区域布局规模和优势凸显。形成的核心良种繁育示范基地品种有金银花、柴胡、连翘、黄芩、黄芪、射干、苍术等，面积约 1 万亩。其中金银花供苗量超过 3000 万株，柴胡种子 3 万千克，连翘种苗 500 万株、黄芩种子 10.6 万千克、黄芪 12 万千克、射干 3 万千克、北苍术种苗 2400 万株 / 种子 1.4 万千克。河北省现已审定的中药材品种包括丹参、紫苏、板蓝根、金银花、酸枣、柴胡等中药材新品种，其中有“冀丹 1 号”丹参、“冀丹 2 号”丹参、“冀丹 3 号”丹参、“丹杂 1 号”丹参、“丹杂 2 号”丹参、“冀蓝 1 号”菘蓝、“河北香菊”菊花、“冀紫 1 号”紫苏、“冀紫 2 号”紫苏、“巨花 1 号”金银花、“久和 1 号”酸枣、“冀柴 1 号”柴胡等新品种。

2. 山西省

山西省具有得天独厚的中药资源，其中许多道地或大宗中药材如北黄芪、潞党参、苦参、远志、柴胡、黄芩、连翘等，还有些特有的中药品种因种种原因处于资源濒危状态，如九节菖蒲、太白贝母、红豆杉等。但长期以来，这些优势资源品种的种苗繁育技术研究和种苗繁育基地的建设工作没有引起重视，投入较少。从 2013 年开始，借助第四次全国中药资源普查“国家中药材繁育基地建设”的契机，确定了建设浑源黄芪、五寨迷迭香、五寨胡麻、榆社黄芩、和顺黄芩、武乡苦参、永和远志、绛县北柴胡、陵川潞党参、沁水濒危野生中药材等 10 个中药材种子种苗繁育基地。2016 年，山西省种子种苗繁育基地建设项目基本完成，各基地按计划完成了相应的建设任务，具备了相应的种子种苗生产能力。目前，山西省中药材种子种苗繁育基地共建设 7642 亩。各基地在上述管理框架内，完成了各自的《种子种苗繁育基地建设管理制度》《种子种苗繁育基地建设规范》《种子种苗繁育基地建设操作手册》等文件，建立了《种子种苗繁育基地技术档案》，依据技术规范开展了种子种苗工作，并逐步承担了相应的中药材种子种苗繁育基地的生产和科研能力。各基地年生产种子 16.4 万千克，年生产黄芪种苗 3000 万株，年生产迷迭香种苗 100 万株，年生产党参种苗 40 万千克。山西省中药材种子种苗繁育基地建设完成，为山西正规化、规范化进行中药材种子种苗繁育开辟了新道路，取得了一定成果。

3. 内蒙古自治区

内蒙古自治区重点中药材良种及种苗繁育核心示范基地涉及的品种主要有蒙古黄芪、赤芍、苍术、桔梗、北沙参、肉苁蓉、白鲜皮等，蒙古黄芪种子种苗基地主要分布在固阳县、武川县、乌拉特前旗、赤峰等县市，育苗基地将近 1 万亩，年产良种种苗 600 万千克，种子基地 6000 亩左右，年产良种 45 万千克；肉苁蓉种子基地主要分布在阿拉善盟，面积达到 74 万亩之多，年产良种 3.7 万千克；桔梗和北沙参种子基地主要在赤峰市喀喇沁旗，桔梗种子基地为 0.4 万亩左右，年产种量 10 万千克，种子种苗调出量 4 万千克左右，不足一半；北沙参种子基地 0.1 万亩，年产种量 13 万千克，种子种苗调出量 2 千克左右。另外，多伦县种植中草药总面积达 40000 亩，其中种植多伦赤芍 5000 亩，含多伦赤芍育苗 150 亩，2019 年可出圃种苗 1500 万株，当年预计种植面积 5000 亩，多伦赤芍种植总面积可达 10000 亩。黄芪、肉苁蓉良种繁育面积较稳定，枸杞药材种植面积在内蒙逐渐减少，种子种苗通常从宁夏购买。另外，内蒙古良种生产的特点基本表现为自产自用模式为主，调出种子种苗占比较低。内蒙古目前中药材种子种苗繁育尚无明晰的政策，但自治区有关部门多有关注，内蒙古科技厅、卫健委、农牧业厅、财政厅等部门每年均有项目支持。

4. 辽宁省

据统计 2016—2018 年，辽宁省中药材种子种苗繁制种面积逐渐增大。2016—2018 年全省中药材种子繁制种面积分别为 2.26 万亩、2.93 万亩、3.4 万亩。其中涵盖龙胆草、北苍术、西洋参、辽细辛、人参、辽五味、玉竹、辽藁本 8 个品种。各县繁制种面积如下：清原县，品种以龙胆草和北苍术为主，2016 年，繁制种面积 0.4 万亩，2017 年 0.6 万亩，2018 年 1 万亩；新宾县，主栽品种为西洋参、辽细辛，2016—2018 年繁制种面积分别为 0.45 万亩、0.7 万亩、0.7 万亩；桓仁县以繁制人参、辽五味种子种苗为主，三年来繁制种面积分别为 1.03 万亩、1.28 万亩、1.2 万亩；宽甸县 2016—2018 年繁制种面积分别为 0.3 万亩、0.2 万亩、0.25 万亩，品种以人参、玉竹为主；辽阳县以发展辽藁本、辽五味种子种苗繁育为主，2016—2018 年繁制种面积分别为 0.08 万亩、0.15 万亩、0.25 万亩。2016—2018 年全省中药材种子、种苗繁制种产量逐年增加。2016—2018 年，种子繁制种产量分别为 36.95 万千克、39.25 万千克、48 万千克。种苗制种产量，2016 年辽五味 2400 万株、玉竹 400 万千克；2017 年辽五味种苗产量 5400 万株，玉竹 200 万千克；2018 年辽五味种苗产量 7500 万株，玉竹 300 万千克。从地域上看，清原、新宾以种子繁育为主，桓仁、宽甸、辽阳县种植种苗繁育都有，种苗繁育量较大。从品种上看，辽五味种苗繁育增量明显。2016—2018 年全省中药材种子调出量分别为 6.4 万千克、8.35 万千克、12.15 万千克。其中西洋参种子调出量为零。种苗调出量，2016 年辽五味 1500 万株、玉竹 100 万千克；2017 年辽五味种苗调出量 4500 万株，玉竹调出量仅 35 万千克；2018 年辽五味种苗产量 7000 万株，玉竹 45 万千克。辽五味近三年来种苗调出量较大，北苍术种子调出量在 2018 年激增，年调出量是 2017 年的 5.5 倍，这与近年来辽五味和北苍术市场行情上涨有关。

5. **吉林省**

吉林省目前中药材良种繁育基地主要有人参、西洋参、五味子、细辛、水飞蓟等，主要分布在吉林省东部长白山区的抚松、集安、通化、临江等县市。近三年，累计中药材良种繁育基地面积近 6 万亩，其中，人参与西洋参面积最大，分别在 2 万亩左右，占中药材良种繁育面积的 71.3%。累计生产人参良种种子 52.26 万千克，西洋参良种种子 48.97 万千克，细辛良种种子 11 万千克；累计生产人参良种种苗 897.75 万株，五味子良种种苗 2300 万株，细辛良种种苗 32.3 亿株；累计调出人参良种种苗 1537.29 万株，西洋参良种种苗 729.56 万株，五味子良种种苗 950 万株，细辛良种种苗 20 亿株。人参、西洋参良种繁育面积较稳定，但有下行趋势，这与近年来人参、西洋参市场价格下行有关。另外，吉林省人参、西洋参良种生产的特点基本表现为自产自用模式为主，调出种子占比较低，但种苗调出量较多。吉林省目前中药材种子种苗繁育尚无明晰的政策，但省内科技支撑层面一直给予一定支持，特别是人参、西洋参每年吉林省科技厅项目指南均将其列为重点领域。

6. **黑龙江省**

黑龙江省是全国唯一一个有部分处于寒温带的省份，较大的中药材品种包括防风、龙胆、刺五加、白鲜皮、五味子、升麻、赤芍、人参、满山红、桔梗、平贝等均为道地药材，目前有中药材种植专业合作社 983 家。现有中药材种植面积近 130 万亩，涉及 30 余个品种。繁育生产面积最大的为板蓝根和水飞蓟，总面积均超过 10 万亩，道地药材繁育生产面积超过 500 亩的品种有 30 余种。在 2015 年开始建设良种繁育基地，2016 年正式开展繁育生产工作，五个基地分别建于大兴安岭呼玛县、加格达奇区、黑河市、鹤岗市、伊春市，总面积约 3.2 万亩，主要繁育生产的品种有五味子、白鲜皮、刺五加、赤芍、防风、升麻、人参、金莲花、黄芪、龙胆、苍术、水飞蓟等。黑龙江省中药材良种繁育工作起步较晚，很多品种都在摸索中进行繁育生产，除去良种繁育基地的 12 个品种外，还在积极开展返魂草、白芍、牛膝等品种的繁育生产实验，但规模尚小，技术还未达到大规模繁育生产的能力，没有形成规模。

7. **江苏省**

江苏省目前中药材种子种苗基地主要有菊花、浙贝母、元胡、芡实、黄蜀葵等，中药材良种繁育基地主要分布在江苏省中北部的射阳县、海安市、高邮市等县市。近三年，累计中药材良种繁育基地面积近 6.5 万亩，其中，菊花和浙贝母种苗繁育面积最大，均在（2.3~2.4）万亩，占中药材良种繁育面积的 72.3%。累计生产菊花良种种苗 23.5 亿株；浙贝母良种种苗 1700 万千克，元胡良种种苗 640 万千克。从近三年总的发展趋势上看，菊花、芡实、黄蜀葵良种繁育面积较稳定，呈现逐步上升趋势，这与近年来原料药材市场需求增加有关；但受药材价格下跌影响，浙贝母和元胡种苗呈减少趋势，但总体相对较为稳定。另外，江苏省菊花良种生产的特点基本表现为自产自用模式为主，本地栽培比例超过 80%，调出种苗占比较低。浙贝母、元胡、芡实、黄蜀葵调出比例较高，其中浙贝母、元胡等种苗较大比例被销往浙江金华等地，小部分在省内南通、泰州等地栽培；芡实良种销往省外安徽、江西等地，种子数量与本省金湖县、宝应县、淮安区等数量接近；黄蜀葵几乎全部外拨，为苏中药业黄蜀葵基地供应良种。江苏省目前中药材种子种苗繁育尚无明晰的政策，基本处于自由发展阶段，无专门的中药材新品种认定机构。黄蜀葵、芡实等品种已申请中华中医药学会种子团体标准。其他品种标准研究工作相对滞后。

8. **浙江省**

浙江省中药资源较为丰富，拥有白术、白芍、浙贝母、杭白菊、元胡、玄参、笕麦冬、温郁金“浙八味”

道地药材。“浙八味”中杭白菊种苗几乎为浙江省垄断，江苏、安徽等地引种杭白菊的面积也逐年增长，2018 年年产菊苗 1.8 亿株。延胡索在浙江东阳、磐安等繁育基地近 1.2 万亩，与生产需求基本持平。浙江浙贝母产量占全国总产量 90%，但由于大部分种源从江苏引进，因此浙贝母面积虽逐年拉升，但繁育基地在主产区宁波和磐安仍非常少，在 2018 年近 2000 亩，很难满足省内生产用种。其他 5 味药材，面积相对缩减，繁育基地面积也锐减。新“浙八味”中铁皮石斛的种苗占全国 60%，大量供给云南等地。2018 年乐清市繁育种苗达 6 亿株，另外磐安、金华、杭州等地也有近 3 亿株种苗出售。覆盆子产业近年效益增长快，种苗繁育也逐年递增，2018 年淳安县生产种苗 500 万株，丽水、磐安等地出苗也超 200 万株，淳安临岐镇被评为覆盆子之乡。三叶青种苗繁殖超 1000 万株，主要产地为遂昌、临安等。临安中泽公司三叶青新品种“泽青 1 号”2018 年通过认定，中央电视 7 套进行了宣传。“泽青 1 号”种苗售价比其他三叶青品种高 100%，体现了优质优价。新兴中药材品种如白及、黄精等种苗产量也随行情逐年升温，特别是白及种苗超 5 亿株。

9. 安徽省

安徽省是中药材资源分布大省，拥有霍山石斛、灵芝、亳白芍、黄精、茯苓、宣木瓜、菊花、丹皮、断血流、桔梗等“十大皖药”。其中霍山石斛、灵芝、黄精、茯苓、断血流主要分布在皖西大别山区，亳白芍、菊花、丹皮、桔梗主要分布在皖北地区，宣木瓜主要分布在皖南，菊花、黄精在皖东、皖南也有分布。从 2016 年到 2018 年调研数据来看，霍山石斛种植面积达 5000 余亩，种源圃面积基本维持在 200 亩左右，每年通过种子的组培种苗繁育达到 10000 万株左右，主要用于霍山、金寨本地的种植面积，种苗调出量极少。由于霍山石斛的栽植面积已经相对稳定，增加的面积有限，种苗繁制量逐年减少，预计 2019 年种苗繁制出苗约在 400 万株；灵芝、茯苓主要分布在大别山区的金寨、霍山，种植面积分别稳定在 8500 亩、10000 亩左右，菌种繁育基地稳定，具有年产栽培菌棒（400~600）万棒的能力；黄精主要分布在皖西大别山区以及皖南山区，种植面积达 25000 余亩，具有良种繁育基地 2 家，良种繁育基地面积由 300 亩增加到 500 余亩，每年的种子繁育种苗由 3000 万株增加到 5000 万株；宣木瓜栽植面积达到 8000 亩左右，种苗繁育基地基本没变化，每年生产优质种苗约 10 万株；断血流是大别山区特色中药材，回音壁集团安徽制药有限公司建有栽植基地 1000 余亩，种子繁育基地稳定在 50 余亩；菊花有亳菊、滁菊、黄山贡菊等，2018 年的栽植面积达到 30 余万亩，繁育基地主要在亳州、滁州、黄山的歙县等地，面积由 2016 年的 620 亩增加到 2018 年的 3000 余亩，年繁育种苗达到 9 亿株；亳白芍主要分布在亳州的蕉城区，2019 年的种植面积达到 6 万亩，其种苗繁育基地将由 2016 年的 300 亩增加到 2018 年的 1200 亩，出苗量达到 1900 万株；传统收取丹皮的药用牡丹，其种植主要在安徽亳州、铜陵及其临近的南陵一带，其中安徽亳州的种植面积最大，达到 12 万亩，其他总计约 8 万亩，主要依靠种子繁殖，其种苗繁殖基地由 2016 年的 1200 亩扩大到 2018 年的 3600 亩，年出苗量达到 7.2 亿株；桔梗在安徽的主产地是太和县，2018 年的种植面积达到 22 万亩，没有建立专门的繁育基地，其繁殖用种子主要来源于内蒙古。

10. 福建省

福建省目前比较核心的中药材种子种苗繁育示范基地主要有太子参、薏苡、金线莲和建莲等，主要分布在柘荣、蒲城、仙游、南靖、永安和建宁等县市。近三年，累计中药材良种繁育基地面积近 2 万亩。其中，太子参与建莲面积最大，分别在 0.6 万亩和 0.75 万亩左右，占中药材良种繁育面积的 75% 左右。近年来，多花黄精、重楼（七叶一枝花）、穿心莲和巴戟天等药材的繁育工作在福建省也有零星分布。近三年，太子参繁制种参达 229.5 万千克，金线莲繁制种苗 60000 万株，薏苡繁制种子 85 万千克，建莲繁制种藕 1125 万株。从近三年总的发展趋势来看，金线莲和薏苡的良种繁育面积稳步提升，而建莲和薏苡的良种繁育面积相对稳定。另外，太子参的种参繁育主要以药农自家留种、自繁自用为主，部分企业开展了太子参新品种的选育和良种繁育工作，但目前仍处于起步阶段；薏苡和建莲的良种繁育主要采取公司 + 农户的形式；金线莲的良种繁育主要以公司或合作社为主。中药材种子种苗技术标准和繁育生产、经营方面尚无明晰的政策，基本处于自由发展阶段。

11. 江西省

江西省中药材良种繁育基地主要集中在宜春、吉安、上饶县、市。江西省针对各地的优势和环境差异，通过对不同中药材良种进行繁育和驯化栽培，建立了不同的中药材良种试验示范基地。通过第四次全国中药资源普查工作，分别在宜春的樟树市、吉安的峡江县和井冈山市、九江的修水县、庐山市和德安县、抚州临川区、鹰潭余江区和上饶德兴市等地建有栀子、草珊瑚、广东紫珠、龙脑樟、延胡索、车前子、白木通、枳壳、吴茱萸、掌叶覆盆子、夏天无、夏枯草、曼地亚红豆杉和金银花等 14 个品种的种子种苗繁育基地。江西省通过资源普查建立的中药材种子种苗繁育基地，枳壳良种繁育基地主要集中在樟树市和新干县，面积 200 多亩，每年可繁育约 230 万株枳壳苗（枳壳实生苗和嫁接苗）；吴茱萸良种繁育基地主要集中在樟树市、新干县和鄱阳县，面积约 260 亩，每年能繁育约 170 万株；铁皮石斛良种繁育基地主要集中在鹰潭市和余江县，面积约 2000 亩，每年能繁育约 4000 万株；掌叶覆盆子良种繁育基地主要在德兴市，面积约 200 亩，每年能繁育约 200 万株。

12. 山东省

山东省内中药材大品种包括金银花、丹参、西洋参、黄芩、玫瑰、牡丹、桔梗、白芍及栝楼等。2014 年，山东省出台了《山东省中药材产业发展规划（2014—2020）》，旨在加强中药材科技示范园与规范化生产基地建设，包括建立山东省中药材种子种苗繁育工程技术中心等。2016—2018 年，山东省中药材种子种苗繁制种面积逐渐增大。各县繁制种面积如下：平邑县，品种以金银花和丹参为主，2016 年，繁制种面积 0.063 万亩，2017 年 0.105 万亩，2018 年 0.114 万亩；文登区，主栽品种为西洋参，2016—2018 年繁制种面积分别为 0.05 万亩、0.06 万亩、0.07 万亩；莒县以黄芩种子种苗基地为主，三年来繁制种面积均在 100 亩以内，有轻微减少趋势；平阴县 2016—2018 年玫瑰繁制种面积由 0.05 万亩稳步提升到 0.09 万亩，栝楼繁制种面积则由 2016 的不到百亩迅速减少；菏泽以牡丹区为例，种子种苗繁育基地主要为牡丹，2016—2018 年繁制种面积分别为 0.06 万亩、0.11 万亩、0.16 万亩，涨幅明显。2016—2018 年全省中药材种子、种苗繁制种产量逐年增加。其中以金银花、玫瑰、牡丹、西洋参最为突出。2016—2018 年，金银花繁制种产量由 2100 万株提高到 3800 万株，牡丹繁制种产量则由 1000 万株提高到 2000 万株，玫瑰繁制种产量则有 800 万株提高到 1200 万株，西洋参繁制种产量则有 7 万千克增长到 12 万千克。另外，西洋参、栝楼无大面积种子种苗调出，其中栝楼种子种苗基本靠从外省购买，西洋参种子则是在自己生产的基础上从东北地区购买种子作为补充，黄芩、白芍种子种苗调出量减少，牡丹、玫瑰种苗调出量则保持稳定增长，平邑县丹参与莱芜区丹参种子种苗调出量都稳步增加，金银花调出量则明显增加，增幅近 200%。

13. 河南省

河南省地处我国中东部，是中药材资源分布大省，目前中药材的产量、人工栽培种植面积均居全国前三位。豫北黄河平原地区主要以四大怀药（怀山药、怀牛膝、怀地黄、怀菊花）种植为主。从 2016 年到 2018 年调研数据来看，怀菊花种苗繁育基地面积变化不大，每年大概在 220 亩左右，种苗繁育量大约1400万株左右，种苗调出量大约600万株左右。铁棍山药和怀地黄种苗繁育基地逐年增加。豫北地区金银花，主要分布在新乡封丘县，面积目前稳定在10万亩。从2017年开始，封丘育苗金银花面积大幅度增加，2018年金银花育苗面积达到800亩，出圃苗木达到480万株，预计2019年出圃苗木会接近700万株。河南豫西山区嵩县和渑池县丹参育苗基地2016年的只有220亩，到2018年增加到了1100亩，丹参种苗繁育量达到23000万株。豫西山区连翘种苗繁育基地2016年100亩，到2018年翻了一翻，种苗繁育量达到了400万株。方城县裕丹参种苗繁育基地从2016年的500亩，2018年增加到了1000亩，丹参亩有效种苗量由20万株达到30万株左右。

14. 湖北省

湖北省历来是我国中药材主要产区之一。黄连、蕲艾、苍术、半夏、玄参、独活等湖北道地品种良种繁育处于稳步发展阶段；湖北贝母、竹节参、白及等湖北特色中药材品种处于急速发展阶段，生产量和需求量都快速增长；半夏、独活、天麻等种苗外销型品种生产基地发展稳定，但育苗基地发展较快，种苗大部分销往省内外其他地区，特别是半夏80%以上的种苗销往省外甘肃等地。近三年，累计生产黄连种苗50亿株，蕲艾种苗38亿株，湖北贝母种苗2.6亿株，苍术种苗1700万公斤，玄参种苗1100万公斤，独活种苗4亿株，半夏种苗870万公斤，白术种苗10亿株，党参种子6.15万公斤，天麻种苗400万公斤，大黄种苗4500万株，白及种苗1.6亿株，黄精种苗2275万株，竹节参种苗4.6亿株，白前种苗1350万公斤，百合种苗2000万株，夏枯草种苗30万公斤；累计调出黄连种苗15.5亿株，蕲艾种苗9亿株，湖北贝母种苗0.85亿株，苍术种苗350万公斤，玄参种苗390万公斤，独活种苗1.15亿株，半夏种苗650万公斤，白术种苗3亿株，党参种子1.65万公斤，天麻种苗310万公斤，大黄种苗2300万株，白及种苗1.29亿株，黄精种苗800万株，竹节参种苗1.6亿株，白前种苗800万公斤，百合种苗400万株，夏枯草种苗11万公斤。同时湖北省科技部门自2016年以来将中药材品种选育和良种繁育列入专项支持,现已审定的中药材品种有“双河紫油厚朴”“鄂竹节参1号”“鄂半夏1号”“鄂半夏2号”“恩玄参1号”“鄂青蒿1号”“宜优红1号”“鄂当归1号”“恩七叶甜”“恩五叶甜”“平利四倍体绞股蓝”等11个。

15. 湖南省

湖南省目前中药材种子种苗基地主要有百合、玉竹、山银花、茯苓、白芨、黄精、博落回、白术、枳壳、栀子等，中药材良种繁育基地主要分布在湖南省武陵山区和雪峰山区的龙山、慈利、靖州、洪江、隆回、新邵、安化等以及罗霄山的平江、安仁等县市。近三年，累计中药材良种繁育基地面积12.6万亩，其中，百合繁育面积最大，达3.5万亩左右，占中药材良种繁育面积的27.8%。累计生产百合良种种苗5500万株，玉竹良种种苗9700万株，山银花良种种苗4000万株，茯苓良种种苗3600万包，白及良种种苗1亿多株；累计调出百合良种种苗1675万株，山银花良种种苗14.3万株，茯苓良种种苗1500万包，白及良种种苗1390万株。湖南省中药材良种繁育面积稳定上升，这与近年来湖南省中药材栽培面积增大以及良种选用有关。但湖南省中药材良种除茯苓、百合调出率稍高之外，其他良种调出率均较低，生产的特点基本表现为自产自用模式为主。湖南省政府比较关注中药材良种繁育，先后出台《湖南省中药材保护和发展规划（2016—2025年）》和《2017年湖南省技术创新引导计划中药材全产业链发展科技创新专题项目申报指南》等政策，通过政策倾斜和资金扶持，促进了道地中药材原种繁育、优良种子种苗繁育基地建设的发展，并在湘潭、邵阳、怀化、常德、张家界、益阳、娄底、株洲等的中药材生产适宜区，集中建成道地中药材湘莲、茯苓、百合、黄精、杜仲、厚朴、博落回等原种繁育生产基地。

16. 广东省

广东省地处热带－南亚热带地区，森林覆盖率达到60%以上，药用植物种类繁多，主要的道地药材有广金钱草、肉桂、广佛手、何首乌、化橘红、广阳春砂仁等。其中，化橘红、广阳春砂仁等8种南药精华、“地理标志产品”成为首批广东立法保护岭南中药材品种。广金钱草种植面积较大的区域在平远县，每亩产种子30~35斤左右，每年种植面积500亩左右，每年产种子1.5万斤，主要满足基地用种需求，少部分销售市场。肉桂种植集中在广东罗定市、肇庆市、德庆市、郁南县、罗定县等地，通常采用种子繁殖方式，每年育种面积约400亩，亩产种苗2.5万株左右，种苗除供基地需求外还供农户山地种植。广佛手种植集中在肇庆市、罗定市、郁南县等地，大部分为分散栽培，主要采用扦插方式繁殖，育苗地面积约50亩，产苗量120万株，通常一半供基地自用，一半销售。何首乌主要集中在德庆县、广宁县、罗定市等地，通常采用扦插繁殖方式，全省种植面积较大，约0.3万亩，育苗地面积约200亩，产苗量1300万株，以满足基地种植需求。穿心莲主要集中在遂溪县、英德市种植。采用种子繁殖，育种地面积约100亩，每亩产种子约20斤，遂溪种子基地约0.008万亩，英德种子基地约0.002万亩，合计生产种子0.2万斤，种子主要满足基地需求，少量外销。广藿香主要在阳江市、茂名市、湛江市、肇庆市高要种植，采用扦插繁殖方法，总种植面积约2万亩，育苗地约0.3万亩，产苗量共（2000~2300）万株苗，通常生产基地自用。巴戟天主要种植在德庆市、高要、郁南县、罗定县，采用插条繁殖，种植面积约6万亩，育苗地面积约0.2万亩，产苗量约11000万株，通常生产基地自产自用。阳春砂主要集中在阳春、高州、信宜、广宁、封开等地，种植面积约2.5万亩，种子繁殖，产干果量约13万斤，其中3万斤作为育苗用种，用于市场流通。化橘红主要集中在化州，种植面积约8万亩，采用嫁接繁殖方式（柚做砧木），2016年育苗地近0.5万亩，逐年递减，2017年0.3万亩，2018年0.2万亩，2016产苗量15000万株，2017年9000万株，2018年6000万株。可见，化橘红、何首乌、巴戟天、肉桂等久负盛名的道地药材的种植面积较大，苗木需求量也较大。

17. 广西壮族自治区

广西壮族自治区中药材种子种苗基地主要有山豆根、三七、穿心莲、鸡骨草、金钱草、两面针、鸡血藤、钩藤、草珊瑚、天冬、牛大力、广西莪术、姜黄、砂仁、白及、五指毛桃、诃子、百部等，中药材良种繁育基地主要分布在河池、百色、玉林、钦州、柳州等地。累计中药材良种繁育基地面积14.12万亩，其中三七繁育面积最大，达3万亩，占中药材良种繁育面积的21.2%。累计生产山豆根种子16万千克、三七种子60万千克、穿心莲种子12万千克、鸡骨草种子3万千克、金钱草种子3万千克、两面针种苗900万株、鸡血藤种苗300万株、钩藤种苗600万株、草珊瑚种苗1500万株、天冬种苗300万株、牛大力种苗600万株、广西莪术种苗1200万株、姜黄种苗600万株、砂仁种苗1050万株、白及种苗120万株、五指毛桃种苗300万株、诃子种苗30万株、百部种苗30万株。从总的发展趋势上看，广西中药材良种繁育面积基本处于平稳状态，这与近年来广西大宗中药材栽培面积和栽培品种基本保持不变有关。广西生产的中药材良种主要为自产自销，调出率约为50%，调出目的地包括云南、贵州、广东、湖南等周边省区。近年来，广西壮族自治区人民政府比较关注中药材良种繁育和种植基地建设，先后出台了《广西壮族自治区壮瑶医药振兴计划（2011—2020年）》《广西生物医药产业跨越发展实施方案》《关于促进中医药壮瑶医药传承创新发展的实施意见》等政策文件，通过政策倾斜和资金扶持，支持壮瑶药发展，加快重点品种构建合理的产业体系，推动建设原料药材基地。

18. 海南省

海南省代表性中药材良种繁育基地涉及的品种主要有沉香、槟榔、益智、高良姜、石斛、胆木、裸花紫珠、牛大力、莪术、砂仁等，中药材良种繁育基地主要分布在海南省海口、五指山、儋州、琼中、白沙、琼海、屯昌、保亭、乐东、万宁、澄迈、东方等市县。累计中药材良种繁育基地面积15.4万亩，其中，槟榔繁育面积最大，达12.5万亩左右，占中药材良种繁育面积的81.1%。近三年，累计生产沉香良种种苗2460万株、槟榔良种种苗7250万株、益智良种种苗1880万株、高良姜良种464万千克、石斛良种种苗2640万株、胆木良种种苗1312万株、裸花紫珠良种种苗15600万株、牛大力良种种苗390万株；累计调出沉香良种种苗760万株、槟榔良种种苗2150万株、益智良种种苗680万株、高良姜良种151万千克。从发展趋势上看，海南省中药材良种繁育面积趋于稳定，这与近年来海南省中药材栽培面积相对稳定以及良种选用有关，其中近年选育的沉香优良品种“热科1号”（Aquilaria sinensis “Reke1”）和“热科2号”（Aquilaria sinensis “Reke2”）与益智良种“琼中1号”将是今后该品种推广的首选良种。海南省中药材良种除沉香、槟榔、益智调出率稍高之外，其他良种调出率均较低，生产的特点基本表现为以自产自用模式为主。海南省政府近年比较关注中药材良种繁育，出台《海南省中药材保护与发展实施意见（2015—2020年）》以及实施海南绿色中药材种植基地项目，通过政策倾斜和资金扶持，促进了道地中药材原种繁育、优良种子种苗繁育基地建设的发展，到2020年，将建设5~10个种子种苗专业化、规模化繁育基地。

19. 重庆市

重庆市积极开展中药材品种选育工作，选育了一批中药材良种。重庆市中药研究院是中药材品种选育主要单位，率先培育、自行完成品种区域试验并过审（认定、鉴定）的新品种有7个，引进新品种2个，新品种有“渝青1号”（2009）、“渝青2号”（2015）青蒿新品种、“渝蕾1号”秀山金银花新品种、“地金2号”及“苕葛1号”粉葛新品种、枳壳“渝枳1号”、玄参“渝玄参1号”已经通过新品种鉴定。引进驯化并成功推广槐米“双季米金槐”（引种）、青蒿“药客佳1号”（引种）、“巫溪太白贝母”（鉴定为优良种源）。另有丰都县农业种子站2010年鉴定了“丰苏1号”（渝品审鉴2010008，种子油用），西南大学2012年鉴定3个紫苏品种（“渝苏1号”“渝苏2号”“渝苏3号”油用紫苏子,非药用）等。目前，青蒿良种自2004年累计推广面积在100万亩以上，秀山金银花新品种累计10万亩以上，粉葛新品种累计推广10万亩以上，新增中药材产值20亿元以上。目前采用良种生产种子种苗的主要有秀山银花（山银花）、青蒿、枳壳、紫苏、佛手、金槐米等，但粉葛、金槐米近年生产萎缩，良种繁育推广工作有待加强。据粗略统计，2018年有7390亩良种、种子种苗繁育基地，实际种子种苗繁育基地面积在5万亩以上。

20. 四川省

四川有道地中药材品种49个，据统计2018年种植面积近400万亩（三木药材除外），种植面积10万亩以上（除木本药材）的有黄连、川芎、川明参、丹参、金银花（细毡毛忍冬 Lonicera similis）5个品种。四川建设较具规模和标准化的中药材种子种苗基地有雅安、广安2个国家基本药物所需中药材种子种苗繁育基地。雅安基地年生产桔梗种子1000千克，玄参种子300千克，鱼腥草种苗2.7公顷，保存黄连1万株，繁育重楼0.1公顷，白及0.1公顷。2015年繁育品种增至26种。“单品种基地”10个：青川附子、三台麦冬、松潘川贝母、彭州川芎、双流姜黄、简阳红花、资中栀子、沙湾黄连、大邑黄柏、泸县赶黄草等药材种子种苗基地。松潘川贝母基地，建成川贝母种苗繁育大棚7000平方米，年产种苗数7000万株以上。三台麦冬种苗基地，年产麦冬种苗40亿株。彭州川芎基地，年产川芎苓种4000万株。资中栀子基地，年产栀子种子120千克，繁育栀子种苗2.7公顷。简阳红花基地，年完成23公顷红花播种。沙湾黄连基地，生产黄连繁育种子300千克，约300万株。泸县赶黄草基地，年生产赶黄草种子1000千克。双流郁金基地，2015年种植姜黄（郁金）4公顷。大邑黄柏基地，年繁育黄柏种苗7公顷。青川附子基地年提供附子种根约210吨。经过多年发展，四川已建成40余种药材规范化种植科技示范区，通过GAP认证的有川芎、麦冬、川贝母、附子、丹参、姜黄、天麻、鱼腥草、白芷9个品种，19个基地。与之配套的区域内种子种苗繁育基地涉及10余个道地药材和珍稀名贵品种，涵盖四川盆地成都平原区、盆周山区、川西北高原区和攀西亚热带区，总面积超过130公顷。目前已通过四川省农作物新品种审定委员会审定、具有自主知识产权的有麦冬、川芎、附子、郁金、红花、天麻、丹参、石斛、白及等多个药材的新品种。

21. 贵州省

贵州省中药材种子种苗种植主要分布在毕节－遵义－黔东南－黔西南－黔南州，其中基地面积增长速度最快的是黔南州，其次是铜仁市。2017—2018年，全省中药材种子种苗基地面积12万亩，其中毕节地区繁育面积最大，占全省中药材种子种苗基地总面积的39.1%，其次是遵义地区和黔东南州，分别占14.8%和12.1%。2017—2018年，贵州省中药材种子种苗面积千亩以上的有太子参、山银花、白及、天麻等。繁育面积万亩以上的品种有太子参（2.33万亩），山银花（2.05万亩），白及（1.81万亩），天麻（1.19万亩），金钗石斛（1.09万亩）。中药材种子种苗销售收入1000万以上的品种有天麻、白及、钩藤、太子参等；其中种子种苗销售收入1亿元以上的品种4个，分别是天麻（6.10亿元）、钩藤（4.82亿元）、白及（4.54亿元）、太子参（2.86亿元），销售收入（5000~10000）万元之间的品种5个。2018年，贵州省中药材种子种苗繁育生产年产值13.66亿元，毕节市占全省中药材种子种苗总产值的34.3%，其次是黔东南州、黔南州和铜仁市，占全省中药材种子种苗总产值的比例分别为15.0%、11.9%、11.9%。

22. 云南省

云南省中药材资源有6559种，占全国51.2%，资源和品种居全国第一。三七、重楼、石斛、天麻、灯盏花、黄精、滇龙胆、当归、砂仁等中药材生产种植具备一定规模。2017年云南省中药材种植面积达747万亩，2018年达756万亩，种植规模居全国第一。从2018年起云南省通过实施中药材产业三年行动计划，重点推进了中药材绿色、有机、GAP基地建设，支持建设道地药材良种选育、良种繁育基地建设工作。全省中药材种植面积稳定在800万亩左右、产量100万吨左右，良种繁育基地将围绕三七、重楼、石斛、天麻、灯盏花等中药材大品种，以黄精、滇龙胆、当归、砂仁、草果等中药材骨干品种为重点，开展药用植物新品种繁育与良种繁育，到2018年良种繁育基地有昆明、曲靖、楚雄、红河、文山和西双版纳6个，中药材GAP标准化种植基地面积达6.18万亩，绿色、有机认证面积6万亩左右。据统计2016—2018年，云南三七繁制种面积为26万亩，繁制种产量5200万千克，种子种苗调出量4000万千克。

23. 陕西省

陕西省中药材良种繁育基地主要以种植企业建设为主，涉及的品种主要有丹参、柴胡、连翘和皂角刺等。2018年，陕西省洛南县繁制连翘种苗500万株，其中种苗调出量300万株；陕西省长安区繁制皂角刺种苗20万株；陕西省宝鸡市陈仓区繁制柴胡种子产量1万千克；陕西省商洛市繁制丹参种苗面积1000亩，种苗产量15000万株。涉及的中药种植企业主要有：宝鸡博仁药业有限公司、陕西天士力植物药有限公司等。其余中药材种子的生产方式主要以农户自繁自用为主，种子种苗繁制区域零散、面积小、集约化程度较低，需要进一步规范优良种子种苗的繁育。《陕西省中药材保护和发展实施方案（2016—2020年）》明确提出："重点建设30种中药材种子种苗专业化、规模化繁育基地，为产业化发展奠定基础"，涉及品种有丹参、黄芩、柴胡、远志、连翘、酸枣仁等大宗中药材为省内中药材种子种苗产业化发展提供政策支持。

24. 甘肃省

甘肃省当归、黄芪、党参、黄芩、大黄、半夏等中药材种植历史悠久，并形成规模。甘肃省陆续出台《关于支持陇药产业发展的意见》《关于加强中药材质量安全管理工作的意见》《关于加快陇药制药企业技术创新工作的意见》和《关于推进陇药标准化种植基地建设的意见》等扶持政策及措施。通过政策引导和资金扶持，在适宜生态区建设相对集中、稳定中药材种子种苗生产基地，实现种子种苗生产集约化、规模化，增强种子种苗生产能力。其中，定西市以打造"中国药都"和创建国家中医药产业发展综合试验区核心区为目标，2015年全市中药材种子种苗基地面积就已达到8.65万亩，岷县、陇西、渭源、漳县4个县建立了自己的良种繁育基地，占全市中药材种子种苗基地总面积的80%以上，主要进行当归、黄芪、党参等中药材的良种繁育，占全省中药材种子种苗基地总面积的40%左右。岷县、漳县以中药材当归、黄芪、党参为主要的繁育品种。陇西、渭源以黄芪、党参、黄芩为主要的繁育品种。陇南市2015年全市中药材种子种苗基地面积达到0.342万亩，在全市9个县区中，有5个县建立了自己的良种繁育基地，宕昌县中药材种子种苗繁育面积最大，占全市中药材种子种苗基地总面积的46.2%，主要进行党参、当归、大黄、黄芪等中药材的良种繁育，其次是武都区和文县，分别占全省中药材种子种苗基地总面积的19.88%和18.13%，武都区以中药材红芪和党参为主要的繁育品种。文县以纹党参为主要的繁育品种。礼县是陇南大黄的主产区，以大黄和党参为主要的繁育品种，西和县是全国的半夏之乡，以半夏为繁育品种。另外，国药种业有限公司在甘肃民勤、武威地区建设有4000亩良种繁育基地，年供种/苗达到了全省的30%以上。

25. 宁夏回族自治区

宁夏的重点中药材繁育基地包括甘草、银柴胡、麻黄、黄芪、小茴香、菟丝子、柴胡、葫芦巴、肉苁蓉、秦艽、大黄、板蓝根、黄芩、党参、当归等三丨余种。其中银柴胡、黄芪、小茴香、菟丝子有比较稳定的种子种苗生产基地。盐池县、灵武市、红寺堡等及其周边区域是我国乌拉尔甘草核心分布区域，当地主要有盐池田丰甘草种植合作社、荣峰甘草产业合作社、宁夏拓明农业开发有限公司等单位繁育甘草种苗，每年生产面积不到1000亩。同心县是银柴胡主要种植区域之一，每年留床面积16.3万亩以上，年产银柴胡种子500~1000吨。全区黄芪种子生产田不足1万亩，主要分布在盐池拓明公司、同心县下马关镇、预旺镇、原州区、隆德县等，年产量50~100吨。全区黄芩种植面积约5000亩，每年可产种20吨。板蓝根年种植面积约3.5万亩，种子亩产量约10公斤/亩，年总产量约350吨，可以实现自给有余。海原县是小茴香主要种植区域之一，年种植面积约3万亩，年产量约3000吨。平罗及银北引黄灌区是我国菟丝子的重点地道产区之一，每年种植面积约15万亩，年产量种子约6000吨。

26. 新疆维吾尔自治区

新疆的阿尔泰山区、天山山脉、阿尔金山－昆仑山区以及伊犁河谷、准噶尔盆地、塔里木河流域的高原、森林、草原、荒漠等区域分布着大量原生的特色药材，如新疆紫草、天山雪莲、伊犁贝母、阜康阿魏、新疆藁本、甘草、红景天、肉苁蓉、锁阳、罗布麻等。新疆特殊的地理、气候环境，也适宜栽培多种药材。

目前已有60多种药材实现人工种植养殖，20多种大宗药材实现了规模化种植养殖，如甘草、红花、肉苁蓉、枸杞、罗布麻、一枝蒿等大宗药材已经种植近百万亩。但目前新疆大多数中药材种植仍依赖野生种源，或由内地其他中药材产区调拨种子种苗，或使用进口种源。本土中药材育种育苗甚少，仅有甘草、罗布麻、枸杞、黄芪等大规模品种有育苗，2018年年产甘草种苗80万千克、黄芪种苗70万千克、枸杞种苗400万株。育苗多以自用为主，并非专业的中药材种子种苗育苗单位。除甘草有调拨出省外，其余均在新疆内销。

以上各省区中药材良种繁育基地情况汇总见表5–1。

表5–1　部分省区中药材良种繁育基地情况汇总表

省份	原种繁制种面积/（万亩）			类型	繁制种产量/（万千克、万株）			类型	种子种苗调出量/（万千克、万株）		
	2016年	2017年	2018年		2016年	2017年	2018年		2016年	2017年	2018年
河北省	0.72	0.78	1.11	种苗	2142.18	3111.90	5912.20	种苗	1110.10	1505.60	3655.90
				种子	16.49	18.62	24.92	种子	6.90	6.88	7.67
山西省	2.04	2.31	3.46	种苗	7.29	8.85	12.70	种苗	2.62	3.88	3.79
				种子	90.18	104.40	98.43	种子	73.34	85.69	77.07
内蒙古自治区	58.08	65.39	75.63	种苗	1215万株+6.3万千克	2217万株+7.35万千克	5088万株+9.47万千克	种苗	149.40	284.27	456.28
				种子	24.86	28.96	37.18	种子	6.05	6.04	6.12
辽宁省	2.26	2.93	3.40	种苗	2800.00	5600.00	7800.00	种苗	1600.00	4535.00	7045.00
				种子	26.95	39.25	48.00	种子	6.40	8.35	12.15
吉林省	2.11	1.74	1.86	种苗	175979.25	225078.25	275228.25	种苗	201197.71	276006.84	276013.79
				种子	41.10	35.60	38.92	种子	6.76	8.22	7.00
黑龙江	1.61	1.00	3.19	种苗	571.50	4800.00	11078.00	种苗	0.00	500.00	2930.40
				种子	4625.00	2156.60	1331.40	种子	2961.00	965.00	564.33
浙江省	2.70	3.30	3.29	种苗	47210万株+4897万千克	83950万株+5312万千克	131100万株+5292万千克	种苗	12050万株+2465万千克	37280万株+2420万千克	73080万株+2410万千克
安徽省	0.04	0.10	0.08	种苗	9700.00	17420.00	12600.00	种苗	0.00	3200.00	2200.00
福建省	0.47	0.68	0.83	种苗	12375.00	19875.00	28875.00	种苗	460.00	780.00	1030.00
				种子	70.40	110.35	134.75	种子	14.50	26.50	22.50
江西省	0.52	0.95	1.44	种苗	4826.10	6858.35	11071.42	种苗	219.15	884.00	2010.70
				种子	12240.00	11390.00	9800.00	种子	0.00	0.00	0.00
山东省	1.25	1.49	1.59	种苗	4103万株+15.1万千克	6700万株+20.4万千克	7260万株+25.1万千克	种苗	1120万株+4万千克	1675万株+6.5万千克	2288万株+9万千克
				种子	18.00	19.60	19.55	种子	3.20	3.65	3.72
河南省	0.87	1.26	2.46	种苗	18317万株+1162.8万千克	25607.25万株+1689.8万千克	63468万株+2334.5万千克	种苗	2012万株+966.5万千克	2905万株+1237.5万千克	9960万株+1922万千克
				种子	7.52	2.62	3.04	种子	1.00	0.00	0.00

续表

省份	原种繁制种面积 /（万亩）			类型	繁制种产量 /（万千克、万株）			类型	种子种苗调出量 /（万千克、万株）		
	2016 年	2017 年	2018 年		2016 年	2017 年	2018 年		2016 年	2017 年	2018 年
湖北省	7.99	14.30	23.61	种苗	241900 万株 +1980 万千克	383050 万株 +6740 万千克	480825 万株 +12700 万千克	种苗	64800 万株 +1290 万千克	113600 万株 +4810 万千克	136100 万株 +9300 万千克
				种子	6.80	11.95	17.40	种子	2.30	4.45	5.90
湖南省	3.18	4.07	5.36	种苗	9850 万株 +1200 万包 +802 万千克	14400 万株 +1200 万包 +1505 万千克	25450 万株 +1200 万包 +3208 万千克	种苗	91 万株 +500 万包 +700 万千克	150.3 万株 +500 万包 +800 万千克	2072 万株 +500 万包 +1675 万千克
				种子	1.75	2.05	2.75	种子		0.20	1.40
广东省	3.80	3.60	3.50	种苗	29720.00	23720.00	20720.00	种苗	29660.00	23660.00	20660.00
				种子	14.70	14.70	14.70	种子	4.70	4.70	4.70
海南省	18.10	20.50	19.40	种苗	1924.00	1994.00	1424.00	种苗	1001.00	974.00	626.00
重庆市	0.66	1.08	0.77	种苗	60630 万株 +146 万千克	61168 万株 +295 万千克	60780 万株 +194 万千克	种苗	320 万株 +30 万千克	750 万株 +30 万千克	350 万株 +30 万千克
				种子	1.01	2.01	2.01	种子	0.80	1.20	1.50
四川省	5.15	5.70	6.38	种苗	6800 万株 +1291.3 万千克	8148 万株 +1589.6 万千克	9713 万株 +2090.5 万千克	种苗	320 万株 +1057.5 万千克	1057.5 万株 +1155 万千克	1595 万株 +1548.5 万千克
				种子	1.90	2.35	4.60	种子	0.12	0.31	0.41
贵州省	4.94	5.27	5.89	种苗	25000 万株 +4392 万千克	28000 万株 +6021.5 万千克	32000 万株 +7565 万千克	种苗	1500.25 万千克	3600.25 万千克	4000.4 万千克
陕西省			0.10	种苗			15520.00	种苗			300.00
				种子			1.00	种子			
甘肃省			9.36	种苗			3655.4 万千克				
				种子			85.90				
宁夏回族自治区	24.10	24.15	24.40	种苗	810.00	845.00	1000.00	种苗	570.00	590.00	740.00
				种子	950.00	950.00	950.00	种子	675.00	675.00	675.00
新疆维吾尔族自治区	1.61	2.19	2.17	种苗	250.00	350.00	400.00	种苗	120.00	160.00	200.00
				种子	100.02	165.01	150.01	种子	0.00	35.00	60.00

三、中药材种子种苗繁育基地发展重点措施

中医药在我国本就有着悠久的应用历史和文化传承，随着人们生活水平的提高、康养意识的提升，对于中药资源的需求和重视随之而来。随着世界范围内的天然药物热潮，中医药在世界范围内得到逐步

认同和接受，使中药应用市场不断扩大。临床上对于中药的需求，更需要中药材的供应保障，源头支撑就是中药材种子种苗。中药材种子种苗繁育基地的建设是保障中药材稳定供应的重要抓手。

（一）推动优质种子种苗基地培育建设

能够生产销售优质的种子种苗是种子种苗基地的根本。加快完善中药材种子种苗适宜性区划，合理布局中药材种子种苗生产基地；加大政策倾斜力度，加大资金投入，增加对道地大宗中药材种子种苗繁育的补贴标准；因地制宜的通过“政府＋企业＋科研院所＋农户”“企业＋农户”“合作社＋农户”等多种模式，在适宜区建立大宗/道地药材的种子种苗繁育基地，扩大种子种苗基地规模；制作种子种苗繁育培训教程，鼓励引导扶持企业和药农坚持繁育良种；在优质/道地种子种苗产区，建设形成更多的品牌基地。评定一批国家、省级（区域性）良种繁育基地，使良种繁育基地成为“科研的支撑，标准的主导，示范的典型，服务的窗口”。设置国家级区域性良种繁育基地建设奖励资金，用于扶持重点龙头企业的基础设施及种子苗市场建设，防止地方政府整合使用或以撒胡椒面的形式发放给众多企业，加大资金的审计力度，确保资金支持落到实地。

（二）强化繁育基地建设过程管理与质量监督

繁育基地建设要从种源质量把控、施入品管理、采收、贮运等关键环节入手，做好质量监管工作。加快中药材种子的质量标准制定，为我国中药材标准成为国际化标准做准备；做好化肥农药、激素等的使用管理问题；对繁育基地依托企业/合作社进行有效管理，尽量杜绝杂种、假种进入市场。通过建立专业市场，加大市场监管。在不同区域建设一批标准化、专业化的中药材种子种苗市场，加强物流体系的建设，扩大交易规模，做到质量有保障、供种有市场、管理有制度。各地种子管理部门也应加大中药材种子交易的监管力度，对不具备经营条件甚至坑农害农的摊贩坚决取缔，从而使中药材种业市场逐步迈入正轨，保障中药材种子种苗质量。

（三）加强多层次人才培养

在中药材种子种苗繁育基地建设过程中，部分基地发展受制于专业技术人员缺乏，科研力量薄弱，或难以将标准规程科学发布推广，或难以提高种子种苗服务的辐射能力。因此，需有针对性地开展种子种苗基地建设方面的培训，尤其加强基层中药材生产流通从业人员培训，提升业务素质和专业水平；科研院校加强高层次和国际化专业技术人才培养，鼓励科技创业，推动中药材技术创新和成果转化。由此，培养一支强有力的中药材种子种苗资源保护、繁育、鉴定技术和信息服务队伍，以优质的人才资源支撑种子种苗的繁育工作。

（四）加大科技创新投入

一要加强育种工作，新品种选育是提升产业优势和种子种苗市场化、品牌化的基础，加强各省、区依托特色资源的优势，加强中药材育种工作，对正在进行或即将开启中药材育种工作的，给予政策上的支持和倾斜，根据不同品种的适应性，建立良种种子生产基地，把品种区域试验、示范、审定、繁殖和推广等环节紧密地连接起来，加强品种选育、引种驯化、区域试验等工作，为中药材新品种的培育提供有利的条件，对已经培育出的优良品种，加大宣传推广力度，提高良种基地建设的积极性和效率。二是提升标准水平，依托中药材种子种苗基地建设，对不同特征特性的中药材种子种苗，在其生产加工、质量、检验方法及包装、运输、贮存等方面应做出科学明确的技术规定，并制定一系列可行的繁育规程，积极申报，让从田间凝练出的标准、规程为中药材农业、中药材生产发挥其应有价值。三是对于关键技术、技术装备升级等开展重点攻关，着力突破技术瓶颈与种植关键技术装备的升级，并注重新技术与新方法的推广与更新，发挥科技创新的持续助推力。

（五）推进市场化经营运作方式

中药材种子种苗基地的建设除了基地自身，还能有效联动科研、企业、市场，推行“企业 + 科研 + 基地”的市场化发展模式，明确中药材种业价值链增值关键节点，或能更好地推进规范化、规模化的繁育基地的长远发展。根据市场准则，在企业之间、企业与农户之间、种子种苗企业与药材种植企业之间，通过经济约束或协议，把种子种苗生产经营过程的各个环节纳入同一经营共同体，形成风险共担、利益共享、互惠互利、共同发展的经济利益共同体。中药材种子种苗企业发展方兴未艾，现代企业管理和科技的注入能够从产业发展角度共同推动中药材种子种苗繁育基地的发展，提升中药材种子种苗繁育生产的科技含量和规范化程度。抓住机遇，培养龙头企业，并依靠龙头企业带动中药材种子种苗基地的良性发展。基于繁育基地主体，与新一代移动通讯技术、区块链技术融合，着手打造优质中药材种子种苗（繁育）基地的溯源体系，在线上、线下建立针对中药材种子种苗的交易、交流平台，提升繁育生产质量与交易规模。

（李颖　杨光　王继永　曾燕）

第六章　新品种与技术推广应用

育成的新品种保护、推广等工作是中药材新品种选育工作的必经之路，是实现规范化种植的基础。近十年来，中药材品种选育工作在国家大力扶持下已经积累了一定基础，然而品种的推广应用路既远且阻。本章节将重点梳理中药材新品种的作用和地位；全国各省份的新品种保护、登记以及目前育成品种推广应用情况和应用中存在的问题，希望能为今后中药材育种提出新的思路，为新品种推广应用提出新的方向。

第一节　中药材新品种在健康产业高质量发展中的作用与地位

一、中药材新品种是实现规范化种植的基础

种子种苗是中药材生产的源头，种子种苗的品种（种质）真实性、纯真性是确保中药材质量的前提。当前，中药材领域同物异名、同名异物及一药多基、一基多药等现象还较为普遍，中药材生产中品种混乱、品质不纯等问题还未得到有效解决，极大地影响了中药材的质量安全。中药材新品种是广大科技工作者和育种者经过长期优选、纯化培育而成，其基原的真实性和品种的纯真性能得到充分的保障，为中药材生产实现规范化、产业化种植提供了物质（种质）基础，更是中药材质量从源头实现控制的重要保障。药材好，药才好。

如栽培人参是从野山参驯化而来的混杂群体，经过上百年人工与自然选择，人参群体不断发生遗传变异和分化，形成了一些表现性状稳定的变异类型。生产中使用的种子比较混杂，可分为大马牙、二马牙、长脖、圆膀圆芦等不同类型。由于人参不同类型间的植株形态、发育生长进程等存在明显差异，这给人参生产的田间管理的规范化造成了很大困扰。人参新品种“新开河 1 号”具有的遗传性状稳定、生长整齐、产品优质、抗性较强等优点，可有效满足人参生产上缺乏可推广优良品种的需求，也为人参生产实现规范化种植、集约化经营提供了可行的种质基础。

二、中药材新品种是实现药材稳定均一的前提

中药材作为中医药发展的基础物质，其质量的稳定、可控是确保中医临床和中成药疗效一致的根本。要实现药材生产稳定均一，关键要从源头控起。中药材质量优劣和药材稳定性决定于品种（种质）和生长环境，相同的品种（种质）在不同的生境，其药效物质种类和含量的积累会存在明显差异（中药

材道地性）；而不同品种之间药效物质种类和含量的积累也同样存在差异，两者均对中医临床疗效的稳定性带来较大的管控风险。中药材新品种具有基原的高度真实性和品种的纯真性，不仅田间生长表现整齐，更重要的是药效物质积累相对稳定，为中药材实现稳定均一的生产和确保中医临床疗效提供了充分的保障。

如浙贝母在野生变家种的数百年演变过程中，形成了细叶、宽叶、三籽、多籽等不同类型的浙贝母生产用种。由于浙贝母不同类型间，不仅植株形态、生长进程等方面存在差异，更重要的是其药用成分含量也存在较大差异（贝母素甲、乙总量差异达 40%），严重影响了临床用量和中成药加工投量的稳定性。随着浙贝母新品种“浙贝 1 号”“浙贝 3 号”的成功选育和推广应用，药材质量的稳定性、一致性全面提升，为浙贝母生产的创新发展创造了良好条件。

三、中药材新品种是实现中药材种子种苗标准化的关键

中药材种子种苗的质量等级不仅直接影响中药材质量和产量，而且劣质种子种苗极大地增加了中药材生产基地生产中药材的收益风险，因此要从中药材生产源头管控中药材质量，关键在于对中药材种子种苗质量的管控。新品种只有与种子种苗质量等级相结合，才能充分体现中药材新品种优良种性（良种），才能发挥其最大的增产保质效能。中药材种子种苗质量等级如果失去新品种的支撑，种子种苗就会因一致性不够，而失去标准化的意义。种子种苗标准化包括良种与种子种苗生产、种子种苗质量分级、检验规程、种子包装及运输贮存等一系列内容，其中良种生产和种子种苗质量分级是标准化的核心内容，两者相互依存。

如浙贝母田间长势不仅与浙贝母类型有关，而且与种用鳞茎大小密不可分。种用鳞茎大，植株出苗迟，但开花主杆明显；种用鳞茎小，植株出苗早，但开花主杆不明显。在浙贝母早期生产中，虽然种用鳞茎按大小（直径或重量）进行分级，并分别种植，但由于类型混杂较为严重，田间长势参差不齐，种用鳞茎分级也就失去了意义。目前，随着浙贝母新品种“浙贝 1 号”“浙贝 3 号”的推广应用，并结合种用鳞茎的分级、分档种植，田间植株出苗一致、开花整齐，较好地体现了新品种（良种）的优质性，也真实地反映了良种是实现种子种苗标准化的关键。

第二节　新品种保护与登记

一、新品种保护

1997 年颁布的《中华人民共和国植物新品种保护条例》（简称《条例》），标志我国在植物新品种培育领域的知识产权保护制度正式建立。根据条例规定同时具备新颖性、特异性、一致性、稳定性 4 个方面实质性条件的中药植物药材，可划入农业植物新品种和林业植物新品种范围。2015 年《种子法》第三次修法最大的变化，是新增植物新品种保护的规定并将其单独列为一章“新品种保护”。新品种保护的正确理解：依据第三次修法后的《种子法》和《中华人民共和国植物新品种保护条例》及其相关部门规章，向植物新品种保护办公室和植物新品种复审委员会申请受理、审查和授权对新育成的品种或发现

的野生植物加以开发而形成的品种进行保护。

原农业部颁布的《中华人民共和国农业植物新品种保护名录》从1999年的第一批到2016年的第十批，涉及大田作物20个属（或种）、蔬菜38个属（或种）、花卉32个属（或种）、果树20个属（或种）、中草药8个属（或种）、牧草等其他作物20个属（或种），共计138个属（或种）范围。

在最新的2019年《中华人民共和国农业植物新品种保护名录》第十一批中，涵盖中草药11个属（或种），从保护名录中中草药种属的增加，以及国家科技支撑计划项目、中医药行业专项、中药材产业技术体系等方面都可以看到国家支持中药材育种及新品种保护的决心。但目前大部分药材如甘草、黄芩、半夏等没有制定DUS测试指南，没法纳入到保护名录，因此要加大对中药材DUS指南的研制。特别是县级以上的农业主管部门设立的农业植物新品种保护行政执法机构应加强对中药材品种权的行政执法，司法机构也应加强建立对中药材新品种权的司法保护体系，或加快将中药材新品种权保护纳入植物新品种权保护体系。

目前，在中药材新品种审查、认定和保护方面，我国还没有形成健全的机制，对于如何获得、行使和保护植物新品种权的认知远不如对（工业）专利的认知那样普及。品种随意使用、植物新品种保护缺位、大部分草本药材未列入保护名录、育种者权益难以得到切实保护、没有种子抽检制度和生产许可制度、农户可以自行生产、任意经营、质量无法保证等问题存在比较普遍，我们在今后的工作及推广中要善用中药材新品种权，解决我国植物药药源问题，推进知识产权全面保护。

二、新品种登记

我国农作物品种始于20世纪60~70年代，首先在广东、黑龙江、辽宁、山西、河北等部分省份开展，随后才逐渐上升到国家层面的品种审定，但在开始阶段的这二十来年时间里，没有出台品种审定的相关法律规范。我国原国家农牧渔业部1982年5月22日发布《全国农作物品种审定试行条例》，标志着品种审定制度在全国正式建立实施；1989年3月13日国务院发布《中华人民共和国种子管理条例》，以行政法规的形式确立了农作物品种审定制度；2000年7月8日颁发的《中华人民共和国种子法》，第一次以法律的形式确定了主要农作物品种审定制度。原农业部2001年2月26日发布《主要农作物品种审定办法》，2007年、2013年农业部对其进行了两次修订。一直以来，品种审定的实施以《主要农作物品种审定办法》为主要法律依据。《种子法》第三次修法后，取消了原农业部及各省对主要农作物种类的确定权力，减少品种审定农作物的数量，由28种主要农作物减少到5种主要农作物，增加品种审定需具备特异性、一致性、稳定性（DUS）的规定，同时创建了品种登记制度。

目前，现行植物新品种由农业和林业两个部门分别管理，中药材新品种国家级登记须遵循农业农村部《非主要农作物品种登记办法》审定体系或申报国家林业和草原局林木品种审定委员会；部分省市纳入非主要农作物进行新品种的“认定、鉴定或登记”，认定或鉴定的标准基本与农作物相类似，没有突出药材特色。

农业农村部《非主要农作物品种登记办法》新品种登记流程：育种者自行或委托代理机构向品种保护办公室提交申请文件及网上填报，文件内容包括植物新品种权请求书、说明书和照片。符合规定的品种权申请给予申请日、申请号。申请之日起6个月内，合格的予以公告；不合格的通知申请人在3个月内修正，逾期或仍不合格的，驳回。申请人需提供必要的资料和该植物新品种的繁殖材料。符合的，授予品种权，颁布品种权证书，登记及公告，有效期为授权之日起15或20年。不符合的驳回。

国家林业和草原局国家级林木品种审定工作流程：申请人须填写《国家林业和草原局林木品种审定委员会主要林木品种审定申请书》并附以选育报告，区域试验证明表，林木品种特征标准图谱等，特异性、一致性、稳定性报告，优良种源应有明确的采种地点、林分面积证明等材料，现场查定。符合的，授予品种权，颁布品种权证书，登记及公告。不符合的驳回。

目前我国各省（区、市）中药材新品种登记管理相关机构及现状，见表6–1所示。

表6–1　我国各省（区、市）中药材新品种登记管理相关机构及现状

行政区域	审批管理部门	中药材品种审批依据归类	专门委员会	现状
北京市	北京市种子管理站	北京市非审定农作物品种鉴定办法	无	鉴定办法自2008年试行，《种子法》三修后至今，一直停止实施
天津市	天津市种子管理站	天津市非主要农作物品种登记办法	天津市非主要农作物品种登记鉴定专业委员会	办法自2009年起实施，办法规定：推广非主要农作物品种、非主要林木良种，应当经过试验、示范，并分别到市农业、林业行政主管部门登记
河北省	河北省林木品种审定委员会	河北省林木审定品种管理办法	无	2005年发布《河北省林木品种审定办法》，相关林源药材按此办法审定
山西省	山西省种子管理总站	山西省非主要农作物品种认定办法	山西省农作物品种审定委员会	2009年发布《山西省农作物品种审（认）定管理办法》，主要农作物外的其他品种在自愿申请的原则下实行认定。2019年发布《山西省非主要农作物品种认定办法》，中药材有了完全适用的认定办法
辽宁省	辽宁省种子管理局	辽宁省非主要农作物品种备案管理办法	辽宁省非主要农作物品种备案委员会	2005年，制定并印发了《辽宁省非主要农作物品种备案管理办法》
吉林省	吉林省种子管理站	吉林省农作物种子管理条例	吉林省农作物品种审定委员会——中药材与食用菌专委会	2019年1月1日起施行《吉林省农作物种子管理条例》，该条例第三章规定了品种选育、审定和登记办法，中药材新品种选育和审定按照本条例进行
黑龙江省	黑龙江省农业农村厅	黑龙江省农作物种子管理条例	无	1984年通过《黑龙江省农作物种子管理条例》，1992年修正该条例。2018年废止该条例
江苏省	江苏省种子管理站	江苏省非主要农作物品种鉴定办法	江苏省农作物品种审定委员会	2008年制定《江苏省非主要农作物品种鉴定办法》
浙江省	浙江省种子管理总站	浙江省非主要农作物品种审定办法	浙江省非主要农作物品种审定委员会	2005年浙江省农业厅发布了《浙江省非主要农作物认定暂行办法》，设立省非主要农作物品种认定委员会，中药材新品种认定开始起步。2009年发布了《浙江省非主要农作物审定办法》，中药材新品种改认定为审定。2013年《种子法》第三次修法后，2014年浙江省暂停了1年非主要农作物审定，2015年重新修订并颁布了《浙江省非主要农作物品种审定办法》
	浙江省林业局	浙江省主要林木品种审定标准和浙江省林源药用植物品种审定标准	浙江省林木品种审定委员会	
安徽省	安徽省种子管理总站	安徽省非主要农作物品种鉴定登记办法	无	2004年发布《安徽省非主要农作物品种鉴定登记办法》
福建省	福建省种子总站	福建省非主要农作物品种认定法	福建省农作物品种审定委员会中药材专业组	2002年制定了"福建省非主要农作物认定规定"，中药材可参照此规定
江西省	江西省种子管理站	江西省非主要农作物品种认定办法	江西省农作物品种审定委员会	2005年发布《江西省非主要农作物品种认定办法》

续表

行政区域	审批管理部门	中药材品种审批依据归类	专门委员会	现状
山东省	山东省种子管理总站	山东省农作物品种管理办法、山东省草品种审定办法	山东省草品种审定委员会——中草药草种专业组	2007年以前执行山东省农作物品种管理办法。2007年发布《山东省草品种审定办法》，审定委员会下设包括中草药药草种3个专业委员会，进行中草药新品种审定
河南省	河南省种子管理站	河南省农业厅非主要农作物品种登记办理流程	河南省中药材品种鉴定委员会	河南省从2017年起，开展非主要农作物品种登记
湖北省	湖北省种子管理站	湖北省非主要农作物品种认定办法	无	2004年发布了《湖北省非主要农作物品种认定办法》，中药材新品种选育及认定按此办法进行
湖南省	湖南省种子管理局	湖南省非主要农作物品种登记管理办法（试行）	无	2004年湖南省发布并实施非主要农作物登记办法
广东省	广东省种子管理总站	广东省农业厅农作物品种审定和登记办法	无	2011年修订《广东省农业厅主要农作物品种审定和登记办法》
广西壮族自治区	广西壮族自治区种子管理站	广西壮族自治区农作物种子管理条例	无	1995年《广西壮族自治区农作物种子管理条例》发布，1997年修正，2001年修订，2004年、2010年、2016年先后三次修正
海南省	海南省林木种子（苗）总站	海南省林木品种审定办法	海南品种审定委员会	
重庆市	重庆市种子管理站	重庆市非主要农作物品种鉴定办法	重庆市农作物品种审定委员会	2017年重庆市种子管理站印发了开展非主要农作物品种登记工作的通知，规定了具体登记办法
四川省	四川省种子管理站	四川省农作物品种认定办法	四川省农作物品种审定委员会 非主要农作物认定委员会	2018年印发《四川省非主要农作物品种认定办法》，并成立第一届非主要农作物认定委员会
贵州省	贵州省种子管理站	贵州省中药材品种审（认）定标准	贵州省中药材品种审（认）定委员会	2011年，对贵州中药材品种审（认）定办法修改稿正式修订发布，诞生了首个通过品种审定的中药材品种
云南省	云南省种子管理站	云南省园艺植物新品种注册登记办法	无	1999年发布《云南省园艺植物新品种注册登记办法》，栽培药材可以进行注册登记
陕西省	陕西省种子管理站	陕西省非主要农作物品种登记管理办法	陕西省非主要农作物品种登记办公室	2011年鉴定了陕西第一个中药材品种
甘肃省	甘肃省种子管理局	甘肃省非主要农作物品种认定登记办法	甘肃省农作物品种审定委员会	2008年之前按农作物登记办法进行。2008年发布《甘肃省非主要农作物认定登记办法》，中药材新品种审定按此办法进行；2014年对该办法进行重新修订
宁夏回族自治区	宁夏回族自治区林业厅	宁夏回族自治区林木品种审定鉴定办法	宁夏回族自治区林木品种审定委员会	2003年宁夏回族自治区林业局成立了林木品种审定委员会，制定了《宁夏回族自治区主要林木品种审定管理办法》，接受目录范围内中药材品种审定
新疆维吾尔自治区	新疆维吾尔自治区种子管理总站	新疆维吾尔自治区非主要农作物品种登记办法	无	2017年通过《新疆维吾尔自治区非主要农作物品种登记办法》，全面开展非主要农作物品种登记工作

三、各省区审定办法异同

目前我国各省区中药材新品种审定均由省种子管理站、省林木种子（苗）总站等农林主管部门负责，各地均要求新品种来源清楚；具备特异性、一致性、稳定性；具有符合《农业植物品种命名规则》的名称；完成品种（区域）试验；能够提供示范种植现场。

福建、湖南、陕西、天津和重庆还要求具有植物新品种权的品种，应当经过品种权人的书面同意。

浙江对新品种推广面积有特别要求：新品种推广面积占同类型品种面积5%以上或品种推广面积达1000亩以上。

甘肃对新品种产量有特别要求：新品种经品种试验鉴定，产量应高于当地同类型主要推广品种5%以上;或者产量虽与当地同类型主要推广品种相近,但品质、成熟期（采收期）或抗逆性等性状表现突出。

第三节　典型新品种介绍

我国有200余种中药材实现了成熟的人工栽培，其中大宗药材均有品种选育工作的开展，优质、抗逆、适于加工、配套采收和栽培是中药材新品种选育的主要选育目标。近年来，在国家和各省市的大力扶持下，中药材新品种选育取得了一定的成绩，从新品种选育的数量上来看，截止2013年就有225个新品种，选育出的新品种药材种类已从占常用栽培药材种类的5%到40.5%。从2013年至今，各地也均有许多新品种育成，仅浙江省十三五期间就育成新品种14个；四川省在“十二五”期间，采用引种驯化、选择育种等方法育成诸如天麻的“川天麻金乌1号”、丹参的“川丹参1号”、川芎的“绿芎1号”、白芷的“川芷2号”、川牛膝的“宝膝1号”、麦冬的“川麦冬2号”等中药材新品种35个；甘肃省定西农业科学研究院选育了当归品种“岷归1号”和“岷归2号”、党参品种“渭党1号”、“渭党2号”和黄氏品种“陇芪1号”;甘肃陇西稷丰种业有限责任公司与甘肃农业大学选育出的黄芪品种“西芪1号”和柴胡品种“陇柴1号”等；安徽农科院选育了丹皮药材的新品种“凤丹1号”和“凤丹2号”等。中药材育成的新品种涵盖目前生产上的主流品种，应该说中药材新品种选育成绩斐然。

一、根及根茎类中药材代表性新品种

（一）人参新品种“新开河1号”

人参新品种“新开河1号”的主要特点为整齐度高、优质、稳产、抗性较强、边条参率高。该品种是由中国医学科学院药用植物研究所等单位经32年（1981—2012），采用系统选育方法培育而成的我国第一个边条人参新品种。植物特征：根圆柱形，表面浅黄棕色，茎绿色，与茎着生端的复叶叶柄内侧为紫色。掌状复叶顶端轮生，叶片暗绿色，呈椭圆形，边缘有细锯齿。花序为伞形，上通常有小花30~60朵、暗绿色，雄蕊5，柱头2裂。果实为浆果状核果，未经疏花单株（4年生）可产果实30~55枚。每株可产种子60~70粒，干种子千粒重34g左右（对照30g左右）。物候特征：生育期120天以上。出苗期5月初，地温稳定通过10℃出苗；花期5月下旬至6月初，地温稳定通过13℃开花；绿果期6月初至6月下旬，地温稳定通过15℃绿果；红果期7月中旬至8月上旬，地温稳定通过18℃红果；枯萎期10月初至10月中旬，天气开始下霜，进入枯萎期。抗性特征：中抗黑斑病，发病指数为15。品质特征：

具体表现为4年生的新开河1号皂苷（Rg_1+Re）含量（0.60%±0.05%），皂苷Rb_1含量（0.20%±0.17%），对照含量为皂苷（Rg_1+Re）含量（0.47%±0.35%），皂苷Rb_1含量（0.21%±0.15%）。产量特征：4年生单产1.02kg/m^2，6年生单产2.29kg/m^2。适宜区域：集安及其周边生态环境相似的人参产区。

（二）浙贝母新品种“浙贝3号”

浙贝母新品种“浙贝3号”的主要特点是产量高，抗病性强，田间发病少，繁殖系数较高；鳞茎以二鳞片为主，加工商品率高，片形好。该品种由浙江省中药研究所等单位历时30年（1987—2017）经系统选育得到。植物特征：株高68cm左右，茎直立，二、三杆为主，圆柱形、中空，主茎基部棕色或棕绿色；主杆数约为2.7株，副杆数约为4.0株；叶披针形绿色，对生或互生，叶被白粉较少，叶尖外卷；总状花序，花单着生于茎顶或上部叶腋，倒钟状，小花每株平均2.7朵，明显少于其他品种（或类型）；花瓣外部呈暗黄色，花瓣内部网格状紫色斑纹较其他品种（或类型）密而色深；鳞茎宝塔形，皮乳白，鳞片抱合紧密，2鳞片率约93%。物候特征：“浙贝3号”出苗、开花较早，枯苗较迟。2月上旬初开始出苗，从出苗至植株全枯生育期100~102天，二年三地平均为100.8天。抗性特征：“浙贝3号”对贝母干腐病和软腐病表现为抗病，抗病性优于其他浙贝母品种或类型；对贝母灰霉病表现为中抗。产量特征：平均亩产339.7kg，分别比对照浙贝1号和浙贝2号增产14.42%和17.71%；鳞茎繁殖系数约为1：2.6。品质特征：贝母素甲乙总量0.144%，符合2015年版《中华人民共和国药典》要求。适宜区域：浙江鄞县、磐安等地，及其其周边生态环境相似浙贝母产区。

（三）黄芪新品种“陇芪3号”

黄芪新品种“陇芪3号”的主要特点为一等品率高、丰产。该品种由甘肃省农业科学院等单位经9年（2003—2011），应用快中子束辐照植物育种技术选育得到。植株特征：幼苗直立，主茎色泽绿，高25~30cm，叶片椭圆形，小叶长0.6~0.9cm、宽0.4~0.7cm，根呈圆柱形，主根长30~50cm，芦头粗0.2~0.6cm，根表面淡褐色，有纵纹和横长皮孔。百苗重72g左右。3年生株高62cm左右，主茎半绿半紫色；花蝶形，淡黄色；荚果长1.5~3.2cm，有明显网纹，1室，内含种子3~8粒；种子扁肾形，长0.23~0.29cm，宽0.2~0.25cm，表面光滑，色泽棕褐色，种子成熟期7~8月，千粒重7.47g左右，发芽率85.8%，发芽势41.2%，种子休眠期不明显，寿命2年左右。物候特征：从播种到种子成熟需要跨两年越一冬，全生育期约520天，可分为2个生命周期：第1年为苗期，第2年为成药结籽期。抗性特征：田间抗病性表现良好，根腐病株率和病情指数分别为25%和8.75%，分别较对照降低3.46和2.79个百分点。品质特征：特、一等品出成率平均53.3%，较对照提高10个百分点，浸出物31.7%、黄芪甲苷0.089%、毛蕊异黄酮葡萄糖苷0.080%，质量显著优于2010年版中国药典标准。产量特征：多年多点试验平均鲜芪产量9828kg/hm^2，较对照品种陇芪1号增产17.1%。适宜区域：甘肃省定西地区海拔1900~2400m，年平均气温5~8℃，降水量450~550mm的半干旱及二阴生态区推广。

二、花、果实、种子类中药材代表性新品种

（一）菊花新品种“金菊3号”

杭白菊新品种“金菊3号”的特点为抗性强、产量高、绿原酸含量高。该品种由浙江省中药研究所等单位经8年（2005—2012），从杭白菊芽变中选育得到。植物特征：苗期植株直立，后期呈半匍匐状，植株较高、压条后期平均株高57.0cm（54~58cm）；叶长卵形，1~2对深裂，叶薄而软，淡绿；须根多而发达；茎节发根力强；茎杆较细而柔韧，浅绿色，后期呈紫红色；花朵直径4.42cm（4.2~4.6cm），花瓣

金黄色，颜色鲜艳亮丽，花瓣5~6层、110~130片，花蕊金黄色，平均每朵鲜花重0.96g（0.86~1.08g）。物候特征：3月发芽，10月底始花，与小洋菊相似，花期较集中，11月21日左右终花。抗性特征：抗逆性较强，病害较轻，中抗病毒病，病毒病枝（株）感染率两年平均3.8%，比对照小洋菊的5.2%减少27.8%；"金菊3号"中抗叶枯病，正常叶两年平均比率为50.9%，比对照小洋菊的46.7%增加8.89%。品质特征：泡饮味略带甜，芳香味浓，花形完整，品质佳，药材所有成分含量均高于《中华人民共和国药典》2010年版一部的标准，其中绿原酸、总黄酮含量高达0.349%、6.81%，分别比对照品种"小洋菊"增55.8%、7.8%。适宜区域：杭白菊主产区。

（二）罗汉果新品种"永青一号"

罗汉果新品种"永青1号"的主要特征为稳产，大果特果比例高，不裂果，烘干无响果。该品种由广西壮族自治区药用植物园等单位经3年（2004—2006），应用杂交结合组培快繁的技术选育得到。植物特征：植株健壮，主茎0.5~1.1cm。叶片心脏形，先端急尖，长11.0~15.5cm，宽10.0~13.5cm，叶柄长3.5~6.0cm，柄粗0.3~0.45cm，叶基半闭合。花期6月中旬至9月中旬，子房略被红色腺毛，子房横径0.6~0.8cm，纵径1.1~1.8cm，幼果浅黄绿色。9月下旬至10月上旬果实开始成熟，成熟果皮青绿，果柄长，果皮纵纹清晰，被细短柔毛，果实长矩圆形，整齐美观，果实大，横径4.9~8cm，纵径5.2~10cm，大果特果比例高，果肉饱满，不裂果，烘干无响果。二级蔓果实较三级蔓果实纵径更长，颜色更深，纵纹更清晰。物候特征：在广西北部地区，永青1号组织培养苗木，4月上中旬定植，4月中旬抽芽，5~6月营养生长，7~9月中旬现蕾开花，7月中下旬为盛花期，10~11月果实分批成熟采收。果实发育期60~80天。抗性特征：需要定期防治病毒病和根结线虫病，注意防雨控水，控制长势。品质特征：主要内含物成分维生素C、总苷、甜苷V、水浸出物及总糖含量，分别为302mg/100g、8.84%、1.03%、37.9%、17.4%。产量特征：亩产达11035个，中果以上亩产10281个，大果特果率高达73.48%。适宜区域：广西中北部，以坡度小于60°、海拔低于800m、土层较厚、相对开阔的新区山坡地最为适宜。

三、全草、茎皮类中药材代表性新品种

（一）青蒿新品种"渝青蒿2号"

青蒿新品种"渝青蒿2号"的主要特点为叶片产量高、青蒿素含量高。该品种由重庆市中药研究院中药种植研究所等单位经9年（2006—2014），应用系统选育方法选育得到。植物特征：幼苗植株形态为圆柱形，盛期植株形态为塔形，株型紧凑；叶型为二回羽状深裂，叶裂隙间隙小，裂叶密，叶色青绿色；株高2.2m左右，茎粗2~3mm，茎紫红色，基部分枝长，最大分支长度约100cm，一次分枝数约60个，分枝角度55°。物候特征：属中熟青蒿品种，生育期约260天。抗性特征：耐涝力强。品质特征：平均青蒿素含量为12.66%，比对照提高15.51%，为高产优质新品种。产量特征：丰产性高，稳产性强。"渝青蒿2号"亩产干叶156.8kg，比当前主要推广青蒿良种"渝青1号"增产4.5%以上。适宜区域：重庆市武陵山区及其气候相似的海拔800m以下的青蒿种植区。

（二）铁皮石斛新品种"仙斛3号"

铁皮石斛新品种"仙斛3号"的主要特点为产量高、商品性好。该品种由金华寿仙谷药业有限公司等单位经6年（2008—2013），通过杂交、航天育种结合组培快繁技术选育得到。植物特征：茎圆柱形，长8~21cm，粗2~6mm，不分枝，具多节，节间长0.8~1.4cm，常在中部以上互生6~12枚叶，质地坚脆，易折断，断面绿色，呈细颗粒黏质状物，叶片稍带肉质，长圆状披针形，长2~7cm，宽0.8~2.2cm，先

端钝并且在叶尖部钩转，基部下延为抱茎的鞘，边缘和中肋常带紫色斑点，叶鞘初生时与茎包裹严密，老时其上缘与茎松离而张开，变为灰白色，膜质，棱条更明显，紫色斑点渐褪去时叶鞘顶部边缘可超出上一茎节。总状花序生于落了叶的老茎上部，具 3~5 朵花，花序轴长 4~6cm，稍回折状弯曲，唇瓣黄白色，基部具 1 个绿色或黄色的胼胝体，卵状披针形，比萼片稍短，中部反折，先端急尖，不明显 3 裂，中部以下两侧具紫红色条纹；唇盘密布细乳突状的毛，并且在中部以上具 1 个紫红色斑点。物候特征：4~6 月份移栽组培苗，栽培周期 3 年。抗性特征：对叶霉病、灰霉病、黄化曲叶病毒病等抗性表现较好。品质特征：比对照“仙斛 1 号”1685.34kg 增加 26.80%，干品浸出物含量 17.1%，多糖含量 34.2%，甘露糖含量 20.6%，甘露糖与葡萄糖比例为 4∶3。产量特征：鲜品亩产量为 2137.09kg，比对照增产 26.8%。适宜区域：浙江省铁皮石斛主产区。

（三）紫苏新品种“龙紫苏 1 号”

紫苏新品种“龙紫苏 1 号”的主要特性为高产、优质、抗逆性强、商品性好。该品种为黑龙江省科学院大庆分院等单位经 8 年（2008—2015），通过变异单株筛选和系统选育得到。植物特征：植株茎叶绿色，株高 1.5~1.7cm，生有茸毛，成株茎四棱，有明显凹槽，叶阔卵形，外缘呈锯齿状，横向径宽 13cm，叶片大而肥厚。假总状花序，白色唇形花冠，雌雄同花，雄蕊 4 枚，雌蕊 1 枚，果实为小坚果，深灰色，卵圆形，千粒重为 4.8g 左右。物候特征：前期发苗慢、蹲苗期长，后期生长迅速，花期集中，果实成熟快。种子成熟生育日数为 120 天左右，活动积温 2600℃左右。抗性特征：抗病、抗旱和耐盐碱性强。品质特征：种子粗脂肪含量为 39.4%。产量特征：鲜叶产量 4706.2kg · hm^{-2}，种子产量 1778.04706.2kg · hm^{-2}，分别比对照增产 66.9% 和 14.1%。适宜区域：黑龙江、牡丹江、大庆和佳木斯桦南林区及农垦区。

第四节　新品种配套种植技术

一、新品种特性研究

中药材种类多，特性也较复杂。既有水生，又有陆生；有草本，也有藤本、灌木、乔木，即使是草本，也有 1 年生、2 年生、多年生；繁殖方式有无性繁殖、有性繁殖；授粉方式有自花授粉、异花授粉和常异花授粉等。上述特性决定了中药材新品种选育的复杂性。

新品种选育首先需要确定目标性状，目标性状的定位应以解决生产上的突出问题为导向。农作物育种主要目标性状为产量、品质、抗病虫害，而中药材育种首要关注品质性状，其次才是产量性状，而抗性则因为基础性研究非常薄弱，现阶段开展尚有很大难度。目前，中药材新品种选育，主要是以提高产量为育种目标。

中药材新品种指标成分含量普遍有所提高，如青蒿新品种“渝青蒿 2 号”，青蒿素含量高，青蒿素质量分数为 1.32%，比当前推广青蒿品种提高 45.0% 以上。中药材新品种产量也普遍有所提高，如浙贝母新品种“浙贝 3 号”分别比对照“浙贝 1 号”和“浙贝 2 号”增产 14.42% 和 17.71%；薏苡新品种“浙薏 2 号”比对照“浙薏 1 号”增产 40.7%。

一些无性繁殖地下根茎类中药材新品种选育，主要是提高繁殖系数或分蘖能力变强，或地上部分植株延迟枯萎。“浙贝3号”繁殖系数比较高，“浙贝1号”大种鳞茎的繁殖系数在2.5~3.0，“浙贝3号”大种鳞茎繁殖系数可以高达4以上；“浙贝3号”地上部植株枯萎期一般在5月5日~15日，比“浙贝1号”推迟7~10天，所以“浙贝3号”产量比“浙贝1号”高。“浙麦冬1号”分蘖能力强，丛大，产量比对照高。一些有性繁殖果实类中药材新品种，主要通过提高结实率和坐果率以提高药材产量，如砂仁新品种“长果2号”，柱头低，授粉时手感顺滑，容易授粉，且花序多，单位花序的花朵亦多（10朵以上），花粉多，花粉黏度大，结实率及坐果率远高于其他品种，所以产量也比较高。有些新品种也有其弱点，如“浙麦冬1号”幼苗不耐太阳直射，需要适当遮阴，以提高“浙麦冬1号”产量和品质。

二、新品种配套种植技术正在朝生态种植技术发展

新品种选育完成后，需要根据新品种特性，配套先进种植技术，充分发挥新品种优势，克服其不足，以提高中药材产量和质量，使中药材新品种在实际生产中得到更好的推广应用。目前，我国中药材生产正面临难得的发展机遇，但由于过分追求产量，存在过量使用化肥农药等问题；一些濒危珍稀野生中药材由于市场需求量大，价格不断上涨，人工无序采挖导致资源匮乏，所以中药农业可持续发展面临着史无前例的巨大挑战。由于中药材生态种植起步较晚，可借鉴的经验少，生态种植模式及技术还处在摸索阶段。中药材新品种配套种植技术也正朝生态种植技术发展。

中药材种植长期以人工种植、人工管理和人工收获为主，劳动强度大，生产效率低，“费工、费力、费时”的局面急需转变。在整地、播种、喷农药和采挖等环节示范推广机械化种植技术，以减少人工成本，提高种植效率。如承德市，对黄芩、黄芪、桔梗、防风和苦参等中药材，通过选育新品种，规范了中药材种子质量和药材种植深度，在播种和采收等环节可以进行机械化操作。为提高土地利用率和满足一些中药材对环境的要求，示范推广新品种时考虑间作套种种植技术，杜仲等多年生高大品种，套种黄芪、苦参等矮秆新品种，即可充分利用土地，又可培肥土壤，增加种植收入。

三、新品种展示及示范基地建设

2015年，“仙斛2号”“浙贝2号”等7个中药材新品种列入浙江省农业厅主导品种。2013~2017年累计浙江省建立中药材新品种推广基地近3.7万亩，良种繁育和示范基地约0.2万亩。加上药用菌“仙芝2号”的推广和良种繁育面积，浙江省在“十二五”期间累计推广药材新品种基地超过4万亩。

第五节　中药材新品种推广与应用

一、中药材新品种推广应用情况

随着大量中药材新品种的育成，将好的品种进行推广应用，以促进中药材生产的良性发展，这也是育种工作者的初衷。当前，我国中药材种植的情况是，大部分中药材种植的依然是地方品种，也叫农家品种，这在一定程度上保护了品种资源；部分栽培的是经过各种选育方法育成的品种，并经种子管理

部门的认定。目前，部分中药材新品种得到了很好的推广，如浙江省在“十二五”期间选育出的中药材新品种14个，其中，铁皮石斛、灵芝、益母草等品种推广面积较大，总共推广面积2733公顷。四川省十二五选育出的35个新品种，部分品种如川麦冬、川芎、川附子和川白芷等川产道地药材新品种推广面积较大，累计推广应用超过20000公顷，新品种选育转化成效丰硕，通过示范推广累计获得经济效益超过10亿元。

从目前主要栽培的300种中药材来看，其中，有50%以上的中药材已选育出优良品种并经种子管理部门认定，但是，已选育出优良品种并在生产上大面积推广的中药材占比仍然较少，新品种推广工作相对滞后，产业转化应用率偏低，对选育成果造成了浪费。新品种推广应用率低，存在着诸多原因，概括起来基本上有以下几个方面。

二、中药材新品种推广应用中存在的问题

（一）品种研究基础薄弱

绝大部分品种选育仍停留在“选”的阶段，还未过渡到“育”的阶段。目前品种选育过程一般经过种质资源调查、收集、整理和保存工作，开展种质资源评价工作，在此基础上进行了优选品系，且一般以丰产性作为主要指标，药材品质一致性难以得到保证，导致育成的品种生产应用价值不大。中药材与农产品很大的不同在于它是用于临床治疗，存在着内在有效成分的质量问题，因此中药材品种选育首先应考虑药材内在成分含量，其次考虑药材的丰产性，同时还要兼顾药材的外观质量，以及临床药效。

（二）育种技术、创新力有待提高

中药材育种工作起步晚，资源和育种材料积累有限，育种技术仍然以系统选育为主，运用现代育种技术育成的新品种比例偏低。如“十二五”以来，川产道地药材所选育的35个中药材品种均采用了系统选育方法，系统选育主要利用自然变异，进行优中选优，具有简便快速、推广应用快的特点，但也有很大的局限性，如不能有目的地创新，综合性状上很难突破。可以参考农作物的先进育种方法，运用诸如辐射育种、倍性育种、太空育种、杂交育种等技术。另一方面，中药材新品种评价技术研究滞后，未建立适合中药材新品种的DUS测试指南。应通过全面评价中药材育成品种的丰产性、稳定性、适应性、抗逆性等指标，对育成品种进行综合评价。

（三）育种方向存在偏差、育成品种不适应生产需要

当前中药材生产中，存在的普遍共性问题，是病虫害发生严重，尤其是很多根茎类药材存在着普遍的、严重的连作障碍现象，由此导致病害发生严重，引起产量损失和药材品质下降，农户种植积极性不高，严重影响道地药材的生产发展。如白术作为浙江道地药材“浙八味”之一，生产中存在的主要问题是病虫害发生严重，尤其是不能连作，这是迫切需要解决的问题。但是白术新品种“浙术1号”并没有解决这个问题，而是从丰产性方面进行了目标选育。由于白术种植病虫害发生严重，加上近几年白术药材价格相对较低，以及人工成本增加较多，致使白术种植面积大幅萎缩。因此，针对此类病虫害发生较严重的栽培药材，品种选育应以抗病性、抗连作性等为首要方向，提高新品种的抗性，相应的药材产量和质量就会得到提高，生产适应性增强。如地黄种植中也存在着病虫害发生严重，尤其是不能连作，针对这个问题，从现有种植品种“北京1号”中通过提纯复壮系统选育出了抗病新品种“北京3号”，近年来该品种推广种植面积较大。

（四）育繁推体系不完善

中药材良种繁育技术和推广应用体系不健全，已育成品种推广应用滞后，部分中药材品种混杂、退化问题严重，良种繁育基地缺乏，种子种苗标准化体系建设滞后，导致育成的新品种难于推广。部分中药材品种由于本身以根茎或块茎为繁殖材料，繁殖系数较小，加之缺乏种子种苗育繁体系，导致短时间内难以大面积推广。

（五）知识产权保护困难

由于育成的中药材新品种市场价与普通品种一样，未体现优质优价原则，挫伤了药农的种植积极性；大多数中药材采用无性繁殖，种植企业或种植户可自行繁育新品种种子种苗，育成品种的知识产权保护较为困难，育种企业收益较难体现，商业化育种难以实现。

上述说明中药材育成品种后，距离大规模生产和推广应用还有一段很长的路要走，而且由于中药材生产的道地性和区域性，覆盖每种中药材的生产起码需要 3~5 个优良品种。因此，中药材品种选育任重而道远。

（王志安 叩根来 沈晓霞 沈宇峰 孙健 徐建中）

第七章　中药材种子生产经营

中国种业市场发展的四个阶段分为种业未形成阶段（1978 年以前）、初步发展阶段（1978—2000 年）、市场化探索阶段（2000—2010 年）、深化改革和市场整合阶段（2011 年至今）。与农业种业相比，中药材种业还处在发展的初级阶段。2016 年 1 月 1 日起执行的新版《种子法》第九十三条规定“草种、烟草种、中药材种、食用菌菌种的种质资源管理和选育、生产经营、管理等活动，参照本法执行”后，中药材种子的生产经营才正式纳入到法规的管理中。自新版《种子法》实施后，成立了一批中药材种子生产经营企业，中药材种的生产经营开启了许可证制度（许可及申请条件见附录 3）。

相对于中药材种植、中成药、中药饮片产业，中药材种业起步晚，整体规模较小。2016 年以前，中药材种子种苗交易主要以个体农户交易为主，没有固定的经营主体，质量无保障；新法实施以后，出现了一批具有生产经营许可证的中药材种子生产经营企业。据中国种业大数据平台数据统计，2016 年有 6 家获得种子生产经营许可证的企业的生产经营范围有中药材种；2018 年登记种类有中药材种子，具有生产经营许可证的企业全国有 77 家，仅登记种类为中药材种子的企业有 18 家，并未形成具有一定影响力和规模的市场；截至 2019 年 12 月，全国具备中药材种子生产经营许可的企业增长至 117 家，但中药材种业专业化程度和品种集中度不高，缺乏自身品牌和特色，企业经营品种多以所在地地产品种为主，种类少，且基本无新品种的生产经营。2016—2019 年每年获得种子生产经营许可证生产经营范围涉及中药材种子的企业数量变化见图 7–1。

本章节主要是对中药材种子企业的现状，中药材种子的繁育、加工和经营的现状进行了统计和分析，并通过生产经营品种的实例，说明目前中药材种子生产、经营的现状，展望中药材种子企业的未来发展。

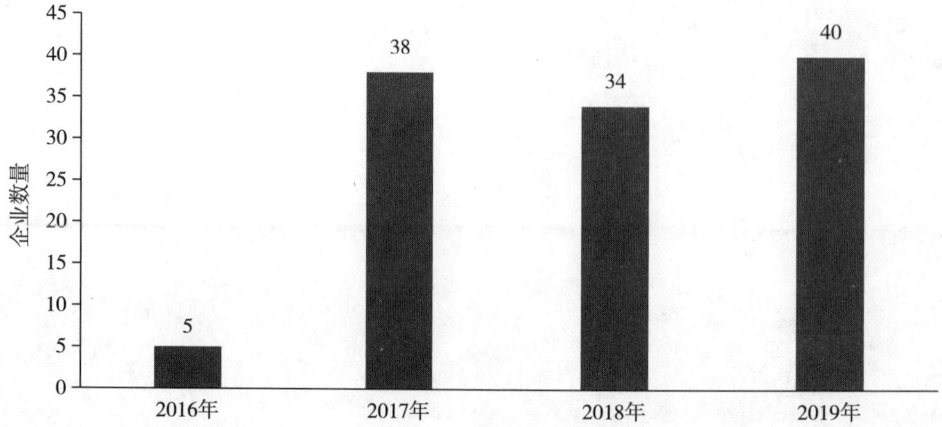

图 7–1　2016—2019 年每年获得生产经营许可证生产经营范围涉及中药材种子的企业数量

第一节　中药材种子企业发展现状

一、中药材种子企业概况

（一）具有种子生产经营许可证的企业情况

据中国种业大数据平台数据统计，截至2019年12月，生产经营范围涉及中药材种子的具备农作物种子生产经营许可证的企业全国共有117家（附录4），涉及19个省、自治区、直辖市，各省市企业情况见图7–2。第一梯队4个省，包括甘肃、山西、河北、四川，合计65家企业，占总数的55.6%，其中甘肃省企业最多，共计30家，占总数的25.6%；第二梯队4个省，包括贵州、云南、湖北、内蒙古，合计29家企业，占总数为24.8%；第三梯队11个省市，包括北京、广西、黑龙江、湖南、宁夏、山东、陕西、福建、广东、吉林、辽宁，合计23家企业，占总数的19.6%；第四梯队15个省市，包括河南、安徽、浙江、重庆、江苏、江西、青海、海南、新疆、西藏、上海、天津、香港、台湾、澳门，尚处于空白。

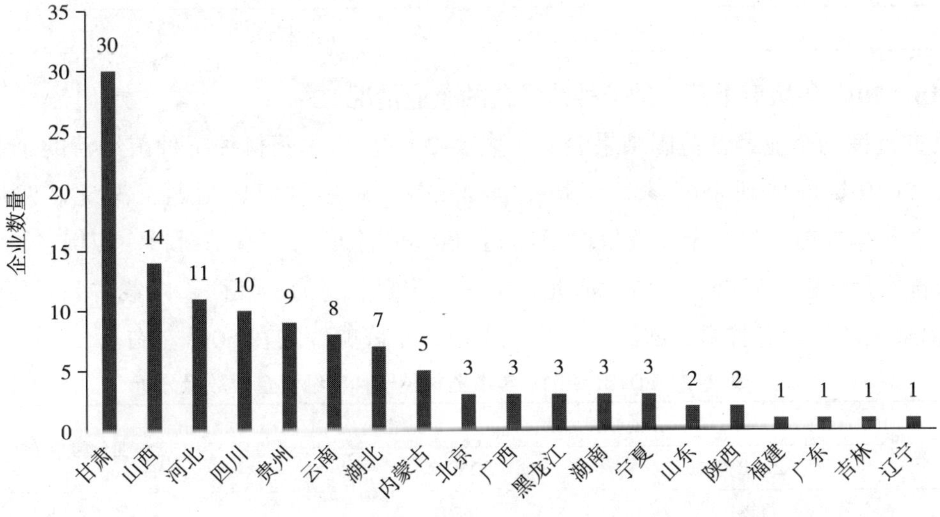

图7–2　全国具有“农作物种子生产经营许可证”生产范围涉及中药材种子的企业分布

全国具有农作物种子生产经营许可证且生产范围涉及中药材种子的企业，从发证部门来看，由国家农业部签发许可证的企业有1家，省级主管部门签发许可证的企业有9家，市级主管部门签发许可证的企业有39家，县级主管部门签发许可证的企业有68家。117家具备农作物种子生产经营许可证的企业中，以中药材种子作为品种申请生产经营许可的企业有71家，各省区的分布情况见图7–3，占总数的60.7%，其余企业以杂粮、蔬菜、花卉、水果为主；71家以中药材种子作为品种申请生产经营许可的企业中以常规品种登记的企业有57家，占比为80.3%，以新品种登记的企业有14家，占比为19.7%，共涉及3个省份5种药材，其中以甘肃省的企业数量最多，为11家，占比为78.6%（表7–1）。

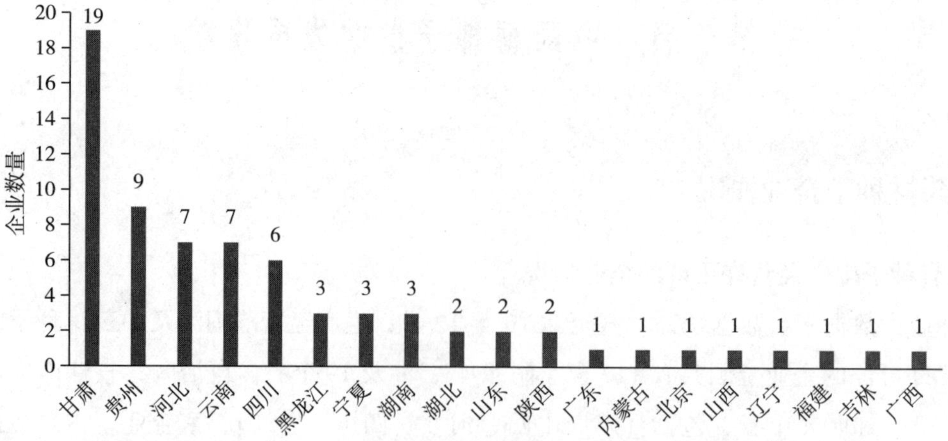

图 7-3　以中药材种子作为生产经营许可品种的企业分布（2019 年 12 月）

表 7-1　以中药材新品种作为生产经营许可的情况

编号	省份	企业数量	品种数量	中药材种类
1	甘肃	11	9	黄芪、柴胡、党参、当归
2	陕西	2	2	黄芪
3	北京	1	1	甘草
合计		14	12	

（二）2018、2019 年从事中药材种子种苗经营的企业情况

依据天眼查查询的企业经营范围结果表明（表 7-2），从事中药材种子种苗经营的企业数量从 2018 年的 3952 家，2019 年增加到 4860 家，年均增加 23.0%。其中甘肃、山西、湖北、四川、贵州、云南、河南连续 2 年排在前 7 位。企业数量增幅达到 100% 以上的三个省是新疆、四川、黑龙江；增幅在 50%~100% 的省份是云南、安徽、陕西、河北、山东、宁夏、青海、江西、内蒙古、西藏、福建、吉林等 12 个；降幅最大的省市有甘肃、浙江、北京和上海，下降幅度均在 50% 左右。

表 7-2　2018、2019 年中药材种子种苗经营企业数量分析

地区	企业数量 / 家		变化幅度 /%
	2018 年	2019 年	
甘肃	1181	609	−48.4
山西	351	513	46.2
湖北	293	415	41.6
四川	252	627	148.8
贵州	251	333	32.7
云南	166	329	98.2
河南	164	195	18.9
辽宁	121	149	23.1
安徽	120	190	58.3
广东	102	126	23.5
湖南	102	139	36.3
浙江	102	44	−56.9

续表

地区	企业数量 / 家		变化幅度 /%
	2018 年	2019 年	
陕西	100	174	74.0
内蒙古	89	139	56.2
广西	83	102	22.9
河北	63	112	77.8
重庆	60	72	20.0
山东	51	96	88.2
宁夏	50	85	70.0
青海	49	78	59.2
吉林	46	69	50.0
黑龙江	38	97	155.3
福建	30	47	56.7
江苏	25	28	12.0
北京	16	8	-50.0
江西	15	28	86.7
海南	11	16	45.5
新疆	7	24	242.9
西藏	5	9	80.0
上海	3	1	-66.7
天津	1	1	0
香港	1	1	0
台湾	4	4	0
澳门	0	0	0
合计	3952	4860	23.0

按照农业农村部、国家药品监督管理局、国家中医药管理局印发的《全国道地药材生产基地建设规划（2018—2025 年）》将全国道地药材基地划成了 7 大区域。从表 7–3 可知，种子种苗经营的企业数量从大到小的排序为西南产区＞西北产区＞华中产区＞华东产区＞华北产区＞华南产区＞东北产区。从企业增加幅度看，西南产区增幅最大，企业数量超越西北产区成为第一位；东北产区和华北产区增幅在 50% 左右；华中、华东、华南产区增幅在 23%~34% 之间，西北产区成为唯一下降的区域。

表 7–3　2018、2019 年我国七大药材产区中药材种子种苗经营企业数量变化情况

中药材产区	企业数量 / 家		变化幅度 /%	各产区企业数量占比 /%	备注
	2018 年	2019 年			
西南产区	729	1361	86.69%	28.00%	重庆、四川、贵州、云南
西北产区	1392	979	-29.67%	20.14%	内蒙古西部、西藏、陕西、甘肃、青海、宁夏、新疆等省（区）

续表

中药材产区	企业数量 / 家		变化幅度 /%	各产区企业数量占比 /%	备注
	2018 年	2019 年			
华北产区	520	773	48.65%	15.91%	内蒙古中部、天津、河北、山西等省（区、市）
华中产区	559	749	33.99%	15.41%	河南、湖北、湖南
华东产区	346	434	25.43%	8.93%	江苏、浙江、安徽、福建、江西、山东、上海
东北产区	205	315	53.66%	6.48%	内蒙古东北部、辽宁、吉林及黑龙江
华南产区	201	249	23.88%	5.12%	广东、广西、海南

通过分析各省市企业数量的变化情况，以及各地方中药材种植面积情况（图 7–4），可以找到不同地区企业数量变化的原因。

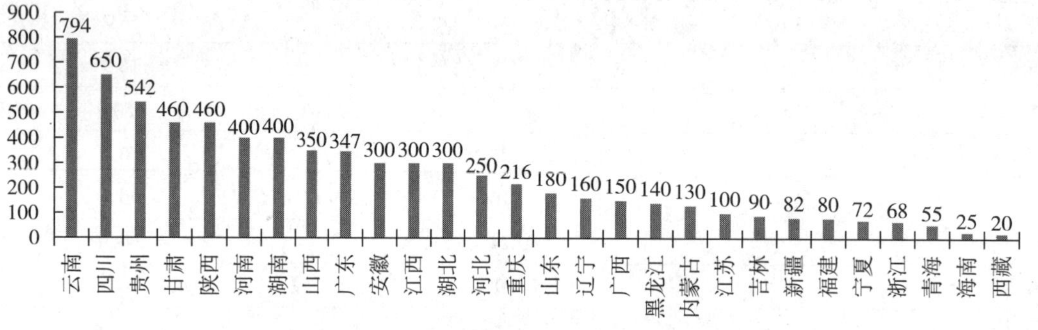

图 7–4　2019 年全国各省市中药材种植面积情况

（注：中药材种植面积含林下药材面积，青海、甘肃、宁夏、内蒙古、新疆不含枸杞种植面积）

（1）中药材新兴产区种植面积快速增加，促进了当地中药材种子企业发展壮大。西北产区中，新疆种子企业数量增幅全国第一，达到 242.9%。这归因于新疆大力发展如甘草、肉苁蓉等道地药材，同时引种桔梗、丹参、牡丹、芍药、黄芪、白术等多种中药材，种植面积以年均 20% 增长，2020 年有望突破 100 万亩。东北产区中黑龙江 2019 年种植面积达到 140 万亩，同比增加了 12.8%，两年间种子企业数量增加了 155.3%，2020 年预计种植面积达到 260 万亩，这将有力地推动当地种子种苗企业快速发展。

（2）传统中药材种植大省的种子企业数量稳步增加。目前西南产区已成为中药材种植面积第一大产区，四川、云南、贵州等省种植面积均在 500 万亩以上。其中常用中药材品种数占全国 86% 的四川省，2017 年种植面积为 637 万亩，其中“三木”（杜仲、厚朴、黄柏）药材及林下种植药材 331 万亩，单品种种植面积上万亩的有 53 种，川芎、川贝母、川麦冬、川白芷等道地药材的人工种植面积居全国第一。依据《四川省中药材产业发展规划（2018—2025 年）》预计 2020 年种植面积将达到 700 万亩，2025 年达到 850 万亩。目前，该省从事中药材种子种苗经营的企业数量已超过了甘肃省跃居第一位，成为中药材种子种苗生产第一大省。

（3）经济发达省市中药材种子产业低速发展。华中产区浙江、上海，以及华北产区北京，作为经济高度发达省份和直辖市，农业早已不是其主导产业和产业扶持的方向，上述地区 2019 年企业数量降幅达到50%左右。此外，西南产区重庆和华南产区广东的年增速也只有20%左右，发达地区中药材种子企业将一直处于慢速发展阶段。

（4）产区转移导致企业数量大幅度下降。西北产区中甘肃省是该区域中药材种植第一大省，但中药材的种植面积从2017年至今基本稳定在（400~460）万亩之间，没有明显减少，但2019年较2018年种子企业数量减少了573家。该现象的产生主要有以下3个原因：第一是作为党参、黄芪、当归等大宗中药材的主产区，三者的种植面积几乎占到该省中药材种植面积的50%左右，连作障碍导致种植面积无法持续扩大。第二是黄芪、当归产区从甘肃定西向武威、张掖等新产区转移，省外向邻近的青海省转移。2019年青海已成为当归、黄芪第二大集中种植区。第三是市场容量基本饱和，企业间竞争日益激烈，老产区零散、小规模的经营企业被市场大量淘汰。

二、中药材品种的生产经营

参照第四章表4–1的统计数据，我国2005—2019年，已有北柴胡、丹参、薏苡、青蒿、荆芥、桔梗等药材共选育出537个优良新品种，有175个新品种得到了不同程度的推广。截至2019年12月，以中药材新品种登记而获得生产经营许可证的企业涉及到的5种药材的10个新品种见表7–4，按各企业品种登记的次数从大到小顺序为“陇芪3号”（9次）＞“渭党1号”（6次）＞“岷归1号”（5次）＞“陇芪2号”（5次）＞“陇柴1号”（4次）＞“西芪1号”（3次）、“陇芪1号”（3次）、“陇芪4号”（3次）＞“渭党3号”（1次）、“国甘1号”（1次），这说明中药材新品种在实际的生产经营中，推广应用不足，仍具有相当大的发展空间。

表7–4 企业登记的品种统计

序号	品种名称	审定（登记）编号	序号	品种名称	审定（登记）编号
1	西芪1号	甘认药2014001	6	陇芪2号	甘认药2009005
2	陇柴1号	甘认药2014002	7	陇芪3号	甘认药2013001
3	渭党1号	甘认药2008002	8	陇芪4号	甘认药2015001
4	渭党3号	甘认药2013002	9	岷归1号	甘认药2009001
5	陇芪1号	甘认药2009204	10	国甘1号	甘认药2014003

三、中药材种子企业规模

依据企业天眼查的数据资料，我国以中药材品种登记获得农作物种子生产经营许可证的企业的注册资本情况见图7–5。71家企业中，企业性质为全民所有制的1家、农民专业合作社的17家、有限责任公司的53家；人员规模为100~499人有1家，50~99人的有2家，小于50人的有68家。从中药材种业企业的整体规模来看，中药材种业还属于起步发展阶段，存在一头重的情况，即小企业占比较大。

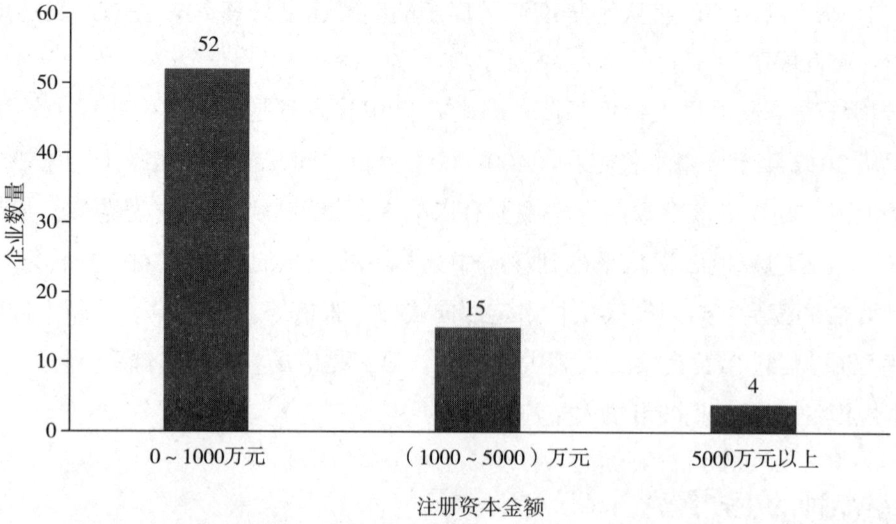

图 7-5　以中药材种子作为农作物生产经营许可品种的企业注册资本情况（2019 年 12 月）

第二节　中药材种子的生产与推广

一、中药材种子的繁育现状

我国主要栽培药材约有 300 多种，人工栽培多始于 20 世纪 50~60 年代，种质资源调查、培育、鉴别研究十分匮乏，药材的良种选育进展缓慢，优良品种品系少，退化品种的提纯复壮工作滞后，中药材中仅少量药材开展了自然变异类型的比较筛选和品种选育。尽管截止 2019 年选育的新品种达 537 个，但实际繁育推广的不到 5%。中药材未系统地开展原种繁殖和提纯、新品种区域试验和生产示范等，未设立布局较合理的中药材品种区域试验网，也未建立中药材的国家、省品种审定两级审定制度，目前中药材品种主要为省内登记，新品种良种繁育技术的推广基本上是空白。

参照第五章第二节中药材种子种苗繁育基地建设情况，我国目前在 26 个省区、直辖市均有良种繁育基地的建设，但在中药材种子的实际生产经营中，中药材种子仍为中药材生产的副产品，特别是多年生的药材如重楼、黄芪、黄精等；少数品种市售种子中野生种子占比仍在 50% 以上，如半夏、甘草等。以专门生产中药材种子为目的的繁育基地较少，标准化的良种繁育基地更是极为少见，药材种子只是药材生产的附属品，没有建立中药材良种繁育技术规程和专业化的良种繁育的制种基地。中药材种子繁育体系才刚刚起步，在技术环节、管理体系和药农认可程度等方面都远远落后于主要农作物和蔬菜。

二、中药材种子的加工现状

（一）我国种子加工产业的发展历程

我国种子加工产业经过 30 余年的发展，种子加工水平已有较大提高，纵观种子加工业的发展历程，大致可分为 4 个阶段。

1. 计划供种时期——种子加工业的孕育阶段

1949年中华人民共和国成立初期，我国实行计划供种，这一时期全国初步建立了良种选育繁育制度，形成“四自一辅”的格局（即：自繁、自选、自留、自用，辅之以调剂），种子工作处于自给自足的初级阶段，种子商品化程度低，种子加工一直沿用传统的手工工具。到20世纪50年代末，随着水稻、小麦、棉花等25种主要农作物育种工作的推广，我国从原苏联和东欧引进种子清选机，并开始仿制；1976年，我国开始从欧美等国引进种子加工成套设备；随着这些设备的引进、消化吸收，对我国种子加工业的发展起到了积极的推动作用。

2. 改革开放——中国种子加工业的形成和发展阶段

1978年国务院提出“四化一供”的种子工作方针，即种子生产专业化、加工机械化、质量标准化、布局区域化和以县为单位统一组织供种。这个时期，借助世界银行种子贷款项目先后从国外引进现代种子加工设备，并通过消化吸收，自行设计制造出一批适合中国国情的种子加工成套设备和单机，提高种子的商品率。1985—1995年，全国建成种子精选加工厂达490座，种子系统配备复式精选机和重力式精选机9000多台，种子烘干机400多台，果穗烘干室500多座，检验仪器4万台件，种子加工中、小型配套设备600多套。初步形成了具有中国特色的种子加工科研生产体系。

3. 20世纪90年代——种子加工业的壮大阶段

1995年以中央提出的种子工程“五化”目标（即种子生产专业化，经营企业化，管理规范化，育、繁、加、推、销一体化和大田用种商品化）为标志，种子工作进入高级阶段。“九五”期间国家利用财政贴息专项基建贷款，投资15亿元建设了215个大中型种子加工中心、种子包装材料厂、种子加工机械厂等。到2000年，全国种子部门拥有1~3t/h的种子机械化加工流水线770条，比1995年增加517条；全国商品种子生产能力由64亿千克提高到80亿千克，种子加工能力由33亿千克提高到50亿千克，种子储藏能力由18亿千克提高到22亿千克，种子质量检验能力达到50万份，种业综合生产能力明显增强。在这一时期，种子产业化之路已初见端倪，以加工、包装和标牌统供为突破口，重点抓主要农作物的“四统一”供种，即统一质量标准、统一加工要求、统一标志包装、统一标牌销售，在水稻、小麦、玉米、棉花四大作物上已取得明显成效。

4. 进入新世纪——我国种子加工业的规范化发展阶段

进入新世纪，我国实施了《中华人民共和国种子法》和《农作物种子生产经营许可证管理办法》，均把种子加工放在很重要的地位，强调了种子加工设备在种子生产及经营过程中的重要性，而且必须进行种子加工人员的技术培训和考核，必须拥有一定数量的种子加工设备，销售的种子应当“加工、分级、包装”等。随着相关法规与条例的实施，推动了我国种子加工业朝着国际化和规范化的方向发展。

（二）我国中药材种子加工行业的发展现状

我国常用中药材600种左右，300种左右实现人工栽培，300种左右依赖野生采集。2007年全国中药材种植面积2325万亩，约占全国农作物种植面积的百分之一，而中药材种子一直以来以中药材生产的附属生产品存在，其加工生产仅为初加工生产，如去壳、除杂等，无相关的精加工及种子处理，无品牌商品的流通。

自2016执行的《种子法》将中药材种子纳入管理以来，我国中药材种业企业数量和规模得到不断发展。截至2019年12月全国具有中药材种子生产经营许可证的企业为117家，但近一半的企业并不专门从事中药材种子的生产与经营，即使在中药材种子专营企业中，种子的加工生产方式也较为落后，大部分仅限于种子的清选环节，而无进一步的生产加工，仅有为数不多的几家企业进行了部分种子的深加工，如精选、包衣或丸化处理等。纵观全国，我国中药材种子加工仍处于加工的形成和发展阶段，行业整体存在许多不足。

1. 种子加工设备不成套

目前，我国中药材种子经营企业多为县级种子公司，由于资金不足，大多公司的种子加工设备主要以小型单机为主，设备成套性不足，仅对部分中药材种子进行初级简单加工；能进行种子精选分级的企业仅有几家。尽管单机加工后使得种子得到了基本清选，质量有所提高，但仍达不到精量播种的质量要求。

2. 种子加工技术水平整体较低

目前，我国的中药材种子加工技术发展较慢，与主要农作物种子的加工相比，中药材种子设备的技术性能水平较低。由于我国中药材种子机械是从引进、仿制农业设备起步的，基础研究不深入，与实际联系不紧密，导致生产出的设备无论是在种子破碎率、出成率，还是在机械的稳定性方面都有一定差距，加工效果不理想。许多种子加工设备的工艺设计没有分级、多次分级和包衣等工序，没有把计算机运用到控制、生产、检测加工各环节和厂房的除尘等方面，以及设备工艺方面还有很大缺陷。

3. 种子加工规模小

由于中药材品种多，相较于主要农作物单个品种体量小，部分品种的中药材受地域影响，其适宜种植区域有一定局限性，且中药材栽培用种长期以来以野生采种或者自繁自育为主，导致种子加工不成规模，以作坊式加工为主。

4. 缺乏有效的种子加工管理制度和高素质的种子加工人员

目前，我国中药材种子专营公司相对较少，且对种子加工重视程度不够，没有建立起中药材生产加工的过程管理制度；同时，在从事种子加工业的人员中，缺乏掌握机械原理基础知识和操作技能型的人才。大多数中药材种子企业没有专职加工技术人员，或技术人员未经正规的岗前培训就上岗工作，无法达到种业加工对人员的高素质要求。

5. 缺乏统一的种子质量标准，影响种子加工的规范性

目前，中药材大部分品种的种子质量标准缺失，几乎所有品种均无可参考的国家标准，而且部分品种在不同省份的地方标准中的质量要求和质量指标均不一致，而大部分公司无企业质量标准，因此种子的加工和包装无统一标准，种子加工规范性难以保证，一定程度上影响了中药材种子加工业的发展。

三、典型品种生产经营情况分析

（一）甘草

甘草为豆科植物甘草（*Glycyrrhiza uralensis* Fisch.）、胀果甘草（*Glycyrrhiza inflata* Batal.）或光果甘草（*Glycyrrhiza glabra* L.）的干燥根和根茎。分布于东北、华北、陕西、甘肃、青海、新疆、山东等地。目前，全国甘草主要栽培种为甘草（*Glycyrrhiza uralensis* Fisch.），甘草种子全国年产量可达到320吨左右，甘草种苗全国年产量可达到1400吨左右。目前甘草新品种有国甘一号。

1. 甘草种子的繁育

（1）野生种子　目前市售甘草种子50%以上来源于野生甘草种子，每年野生甘草种子成熟时靠人工摘取果荚进行采收，但近年来野生甘草种子由于气候和人为抢青的原因，产量和质量都逐年降低，产新的种子虫眼和青籽多，杂质大，整体种子质量较差。

（2）大田繁育种子　正常甘草药材种植年限是3年，甘草种子一般是在第4年开始结种，但是在积温较高的地区种植甘草药材，会出现第 3 年部分植株开始结实的现象。由于甘草种植过程中的病虫害问题，其结实率较低，生产过程中植株死亡率较高，且甘草种子生产存在大小年现象，因此，多年来甘草种子大田繁育制种基本没有。2014 年后，甘草大田繁育制种才开始广泛开展。近 5 年来，全国已经形成近 1 万亩的甘草种子制种基地。

2. 甘草种子的加工

市售甘草种子普遍的加工方式为，去除甘草果荚后进行初级加工，比如风选、去杂等，再用碾米机进行破皮处理，用袋子进行封装销售；也有未经碾米机处理的种子，种植户购买后自行用浓硫酸进行处理。由于这些加工方式均无相应的加工工艺标准，加工生产的种子杂质大，虫籽和抢青籽多，种子质量不均一且发芽率较低。

3. 甘草种子种苗的价格与市值

甘草全国每年总用种量约 240 吨，用苗量约 1500 吨，各甘草主要种植区用种量和用苗量情况见表 7–5。

表 7–5　甘草种子种苗用量情况表（数值为依据种植面积的估值）

种植地区	用种量 /t	用苗量 /t
新疆库尔勒地区、北疆一带	100	200
河西走廊地区（包括瓜州、景泰、榆中等地）	80	600
内蒙古（包括赤峰、乌拉特前旗）一带	30	500
其他地区	30	200
合计	240	1500

近 5 年来甘草种子种苗的市场均价情况见图 7–6，5 年来，甘草种子种苗价格均为小浮动的稳定攀升，以 2020 年价格为参考，甘草种子市场容量可达到 2000 万 ~5000 万，甘草种苗市场容量可达到 1200 万左右。

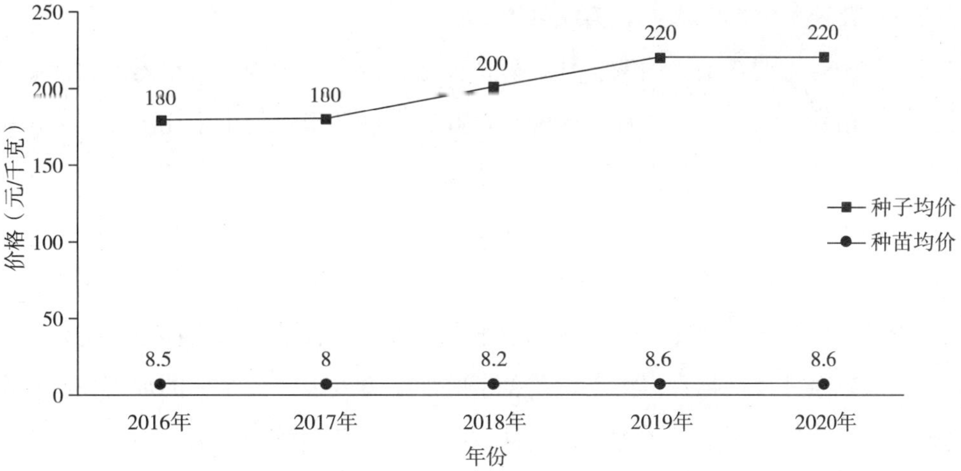

图 7–6　2016—2020 年甘草种子种苗价格情况

4. 甘草种子种苗的市场推广

（1）甘草种子品牌　甘草新品种“国甘一号”特点为提高药材产量 15% 以上，且药材品质较佳。该新品种为国药种业有限公司扩大繁育、加工包装成商品的精品系列甘草种子品牌。另外，国药种业有限公司还有甘草种子大田系列品牌，主要为精选包衣或丸化的内蒙野生甘草种质和大田制种种质。

（2）销售渠道　甘草种子从种子采集户前进入到甘草种植户的销售渠道主要依靠中间商。前一年甘草种子采收季，农户采集种子后经过小户收货汇集到大户中间商，第二年春天销售到各个种植区。甘草种苗无法仓储，主要是在主产区小户小范围育苗，销售给当地种植户，也存在中间商快速汇集种苗，远程调运销售。

国药种业有限公司销售的品牌甘草种子是经过了繁育体系、加工体系、质量体系打造的高端甘草种子，主要面向各大药厂定点种植药材基地使用，销售主要面向种子纯度要求高，含量要求稳定的企业和大型种植户，销售渠道主要是直接销售，多数为订单销售。

（3）服务体系　甘草种子原有市场渠道销售过程中，其服务不成体系，服务较为单一，或提供种植技术辅导，或提供药材回收。其服务内容主要是根据种植户遇到现实问题一一解决，对于种植户在种植过程中出现的问题无法做到前瞻性的准备。国药种业的品牌甘草种子，其服务体系已初具形态，不仅在销售过程中对甘草种子提供质量检测报告、出苗 1 个月内的质量保障服务，同时也提供种植技术指导、种植机械、专用农药肥料、地膜、轮作作物、农产品回收等一些与种植相关的服务。

（二）黄芪

黄芪为豆科植物蒙古黄芪（*Astragalus membranaceus*（Fisch.）Bge. var. *Mongholicus*（Bge.）Hsiao）或膜荚黄芪（*Astragalus.membranaceus*（Fisch.）Bge.）的干燥根。分布于俄罗斯和中国；在中国分布于东北、华北及西北，中国各地多有栽培。目前全国主要栽培种为蒙古黄芪，其主要种植区域为甘肃、山西、内蒙、东北一线。全国年产蒙古黄芪种子达 600 吨，市场流通交易约在 450 吨；全国年产黄芪种苗达 28000 吨，市场流通交易约在 20000 吨。

1. 黄芪种子的繁育

（1）野生种子　黄芪野生种子主要产地为山西浑源、陕西子州等地，是由野生或仿野生播种的 3 年以上的黄芪所产，黄芪种子成熟时靠人工摘取果荚采收。

（2）大田繁育种子　主要产地为内蒙、甘肃等黄芪药材主产区，为黄芪栽培药材的副产品。黄芪药材生长 2 年后，部分植株开始结实、产种，产种量较低，亩产几千克到十千克不等。大田繁育的黄芪种子多数为 2 年生药材产的种子，采收方式为人工割秧或收割机采收。

2. 黄芪种子的加工

市售黄芪种子，一般为黄芪种子去壳后仅进行风选、去杂加工的种子。由于种子大多为大田繁育的种子，市售黄芪种子杂质较少，净度较高。黄芪种子在播种前，种植户自己用碾米机碾制处理后进行播种，少数种植户用浓硫酸处理后播种。由于黄芪种子的加工方式未形成统一的加工技术标准，农户以每年的加工经验来判断碾磨时间和酸处理时间，这种方式加工的黄芪种子质量不稳定，大田种植的发芽率不均一，用种量大。

国药种业有限公司销售的品牌黄芪种子有大田系列和精品系列种子，其均是经过了初级加工、精选加工及种子处理技术处理的包装种子。自 2019 年年初开始，国药种业有限公司生产的黄芪种子均经过精准的碾制处理，并进行了包衣，种子的整个加工过程均在公司质量管理体系下运行，包装有标识、质量有保障，产品生产全过程可追溯。

3. 黄芪种子种苗的价格与市值

近 5 年来，蒙古黄芪种子种苗的市场价格情况见图 7-7。5 年来，蒙古黄芪种子种苗价格均出现了大幅度的波动。以 2019 年价格为参考，蒙古黄芪种子市场容量可达到 2500 万左右；黄芪种苗市场容量可达到 1.2 亿左右。

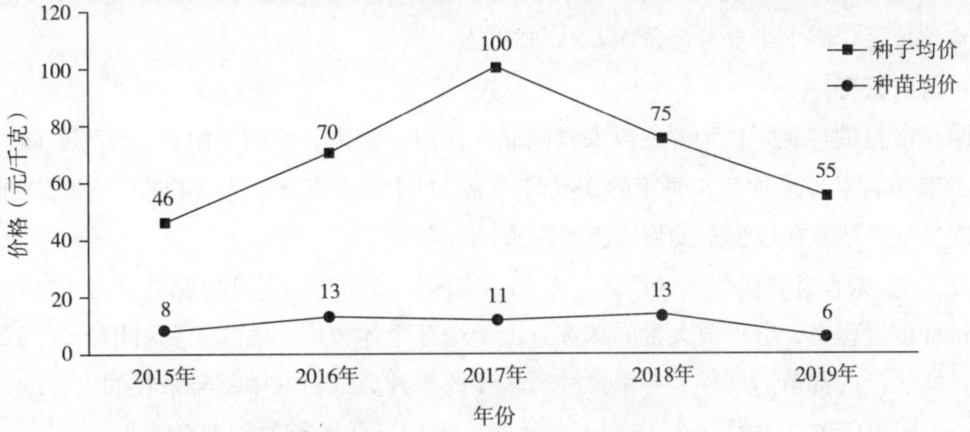

图 7-7　2015—2019 年蒙古黄芪种子种苗价格情况

4. 黄芪种子种苗的市场推广

（1）黄芪种子种苗品牌　黄芪新品种目前有“陇芪 1 号、2 号、3 号、4 号”及“西芪 1 号”，但是以上新品种商业化使用较少，也未形成品牌。目前市场流通的黄芪种子来源主要为种植户和种植企业采收的种子。

（2）销售渠道　目前黄芪种子种苗的销售主要是依靠产地经营户及中间商，市场经营户通过产地经营户及中间商提供产新种子信息或直接从种植户采购产新的种子，在来年种植季将种子卖给育苗产区育苗户和种植产区种植户。育苗户产出的种苗通过种植产区经营户及中间商卖给移栽产区种植户或直接对接卖给种植户（图 7-8）。

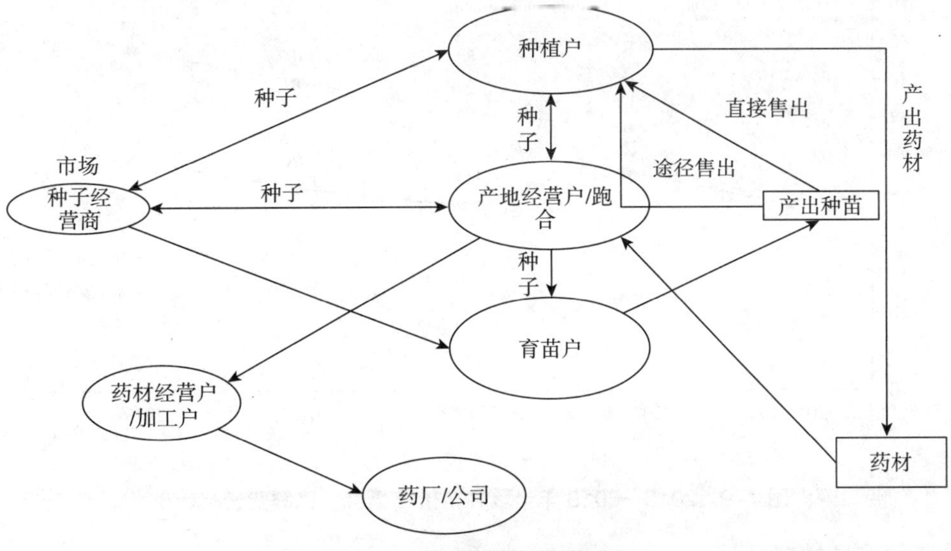

图 7-8　黄芪种子销售渠道图

（3）服务体系　目前黄芪种子销售过程中的服务体系较为单一，以提供种子、种苗、药材回收服务为主。种子种苗的质量服务，多以口头承诺为主，还未形成具有法律效力的质量服务体系。

（三）半夏

半夏为天南星科植物半夏（*Pinellia ternata*（Thunb.）Breit.）的干燥块茎。除内蒙古、新疆、青海、西藏尚未发现野生的外，全国各地均有分布。半夏主要种植区域在长江流域及秦岭一线。半夏药材的主产区为甘肃、贵州、宁夏、湖北、河北等地，全国半夏种苗年需求量约为8000吨，半夏药材最大的主产区甘肃西和县，每年需求半夏种苗量在6000吨以上。

1. 半夏种苗的繁育

野生种源：市售的半夏野生种源主要来自湖北、四川、湖南、广西、山东、江苏、陕西、江西等多个地区，一般市场需求半夏种苗在每年的3~6月及9~11月，采集方式为农户在自家农耕地上采挖半夏种茎，采挖的半夏种茎直接以鲜货的形式交给附近的收购点。

人工繁育：人工繁育有两个代表性产区，湖北、安国。安国产的半夏种源主要为药材种植的副产品，即在半夏药材种植过程中，会形成大量的珠芽，由于珠芽个体较小无法作为药材销售，因此挑选出来作为种苗交易。湖北产的种苗为播种一年采集种源多年的繁种方式，其中每年采收的大种球，作为半夏药材进行销售；一般每年的3~6月和9~12月开始采挖，有固定收购点收购半夏种苗。

2. 半夏种苗的加工

半夏种苗没有特别的加工技术，一般在交易过程中去土净选后即可交货。在种植户采购半夏种苗后，未到栽培时间前，应摊开半夏种苗，摊开厚度2~5cm，待半夏种苗表皮水分蒸发，表皮粘上的泥土干燥至自然脱落即完成了仓储前的加工工作。这样加工后，在通风和堆放的条件下，半夏种苗可贮藏3~5个月；另外，这种加工方式可降低半夏栽培过程中根腐病的发病率。

3. 半夏种苗的价格与市值

近5年来半夏种苗的市场价格情况见图7–9。5年来，半夏种苗不管是野生种源还是家种种源价格均呈稳步上升的趋势，由于半夏种苗野生变家种过程中品质尚不稳定，目前种苗主要来源为野生。以2019年价格为参考，半夏种苗市场容量为2.4亿~3.52亿。

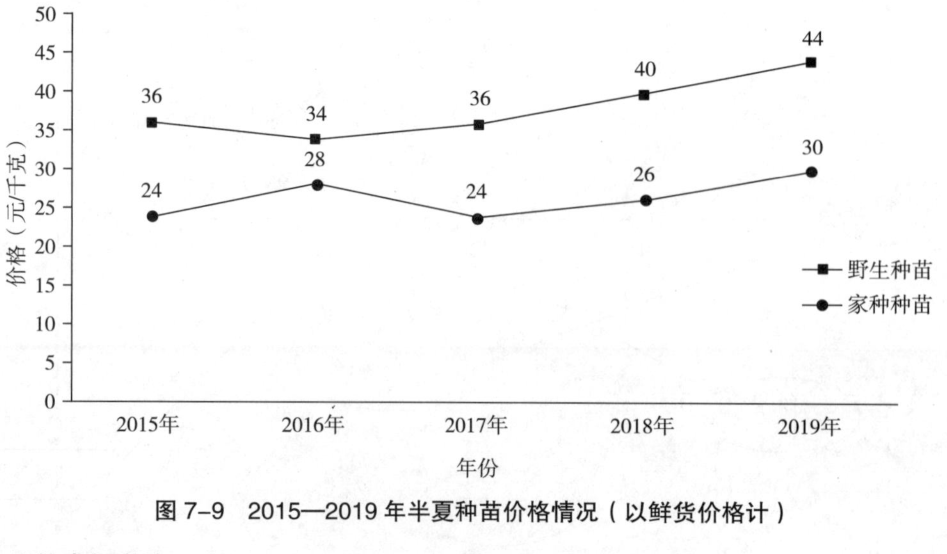

图7–9　2015—2019年半夏种苗价格情况（以鲜货价格计）

4. 半夏种苗的市场推广

（1）半夏种苗品牌　由于半夏种苗野变家的技术尚未形成体系，目前探索中的种苗繁育技术有组培技术、仿野生种植、高投入改良土壤等，但均处于摸索和研发阶段。由于种苗繁育技术的不成熟导致市场上尚未形成品牌。

（2）销售渠道 目前市场半夏种苗来源为野生种源和半夏药材生产副产品。受限于半夏种苗的繁育方式，半夏种苗的整个销售渠道均为种植户与中间商的交易，而中间商可能为一线定点收购商、大货收购商、中间引线的信息商人等。

（3）服务体系 目前市场中半夏种苗销售过程中的服务主要是提供接待和引导找寻货源的服务。

第三节 中药材种子生产经营存在的问题及展望

一、中药材种子生产经营存在的问题

1. 缺乏品牌产品，规范化企业较少

截至2019年12月，全国登记生产经营范围包括中药材种子的具有生产经营许可证的企业仅有117家,登记种类仅为中药材种子的企业只有39家,实际经营中这些公司绝大多数的主营业务是农作物种子、花卉种子等，以中药材种子为主营业务的企业寥寥无几。

品牌是客户对一个企业及其产品、售后服务、文化价值的一种评价和认知，是一种信任。中药材种子种苗行业属于起步阶段，对产品的打造和售后服务体系建设尚处于初级阶段，加之经营时间尚短，具有行业影响力的公司和品牌建设任重道远。目前国内除国药种业有限公司的种子具有品牌和严格按种子法实施包装外，国内其他企业均未有相应的种子品牌和产品，整体处于空白状态。

2. 种子种苗产品化程度低，仍处于起步阶段

相对于农作物成熟的制种技术、高精细的加工方法、完善的售后服务和多样化的市场销售渠道，中药材种子优良品种的选育和生产加工技术应用进展缓慢。由于质量监管体系的缺失，造成中药材种子种苗产品仍处于比较落后的状态。

（1）产品经营主体弱、规模小。目前中药材种子种苗经营主体大部分为小商贩、农户，种子经营依附于药材经营，或自繁自用，多为无证经营。全国中药材种子种苗经营主体为公司并专营中药材种子种苗的，只有国药种业有限公司等为数不多的几家企业。

（2）产品经营质量差异大，无统一质量要求。由于中药材种子质量监管体系的缺失，市售种子质量问题严重，掺假、掺杂、掺陈事件层出不穷，种植户无法分辨好坏，市场价格混乱，造成劣币驱逐良币的恶性竞争。

（3）产品供销体系落后，信息不对称，产品流通尚处于无序状态。由于中药材种植品种多，种子种苗市场规模较农作物种小，且供需双方区域性强、分散，造成了种子产品供销信息不畅，大多数产品的供销均依赖中间商和信息商，产品差异化程度低，没有针对市场完成客户的细分，无法满足广大种植户的种源需求，进而不能满足中药材市场对不同中药材种源的需求。

（4）品牌种子产品缺失，售后服务不成体系。自我国实施《种子法》管理以来，市场上经销的粮食作物和蔬菜种子等均由种子生产经营企业进行了加工、包装，形成品牌种子产品，而唯独中药材种子基

本没有包装，还属于裸奔状态。这主要体现在销售的中药材种子没有经过必需的加工、分级和规范的包装，大包装散销现象在中药材种子交易市场普遍存在，品牌种子几近缺失，产品的市场延展属性太弱，缺少精细加工（比如：打破休眠处理、包衣等）、包装、售后服务体系完善的品牌种子。

3. 种子种苗质量标准不完善，监管体系不健全

当前我国针对中药材种子种苗市场经营，缺乏完善的质量监督管理体系，没有专门的机构和部门进行中药材种子种苗质量监督和管理，导致中药材种子种苗缺乏有效的市场监管。中药材种子种苗市场依靠脆弱的信任支撑，检验、标准和质量控制体系几乎为空白。

4. 专业人才不足，加工技术和新品种推广薄弱

中药材种业作为一个崭新的行业，从业人员大多是从中药材经营转型的，缺乏相关种子选育、精细加工、仓储等的专业知识，在种子生产、加工的科研环节基础薄弱。中药材新品种选育品种不少，但实际得到大面积推广或形成产品的新品种不多，其推广和应用还不足。

二、中药材种子生产经营发展的展望

1. 中药材种子法律法规逐渐健全，市场监管能力提升

《中华人民共和国种子法》《农作物种子生产经营许可证管理办法》和《中华人民共和国植物新品种保护条例》的相继颁布和实施使种子的生产经营活动更加规范，为种子企业创造了良好的法律环境，中药材种子在新版《种子法》里被纳入管理。《中药材保护和发展规划（2015—2020 年）》《中医药发展战略规划纲要（2016—2030）》等虽未详细要求种业发展，但也为中药种业的发展明确了方向。《中药材种子管理办法（草案）》也于 2019 年 5 月发布了征求意见函，很快将公布实施。

健全中药材种子行业法制体系，逐步制定实施中药材种子生产经营管理的相关法律法规，营造良好的中药材种子市场法治环境势在必行。加强对从事中药材种子生产、经营的法制监管，一方面加强品种质量检验和控制，把握好种子“源头”关，对违法经营者按照《种子法》及有关规章和规范性文件的规定严肃查处，避免伪劣种子坑害药农的事件发生；另一方面规范种子市场秩序，规定符合市场规律的种子价格，避免价格剧烈动荡现象出现，从而形成良好的市场氛围。

2. 具有行业影响力的中药材种子种苗标准逐渐出台并完善

中药材种子种苗标准化建设基础薄弱，中药材种子种苗检验管理体系尚未健全，中药材种子种苗质量监管相关法律法规缺失，制约了中药材种子种苗规范化的发展。建立中药材种子种苗质量标准，可以使中药材种子种苗的监管不再处于真空状态，更好地维护中药材种子种苗市场秩序。

中药材种子种苗标准是指在归纳科学实验和生产实践经验的基础上，明确规定中药材种子特性、优良品质、种子质量、种子生产加工、种子检验方法、种子运输、种子包装、种子贮存等方面，同时制定系列技术标准，进而为管理、使用、生产提供依据。我国栽培中药材品种种子实现标准化有 5 个方面，包括种子生产技术规程、种子检验规程、种子质量分级标准、中药材良种标准、种子贮存与加工包装标准。只有尽快实现中药材种子种苗的标准化，才能从源头保证中药材的质量和品质。

3. 加快中药材优良品种的选育和推广工作

优良品种选育是影响中药材种业发展的关键要素之一。中药材优良品种的选育要借鉴农作物种子的实践道路，积极促进与科研机构的合作，加大科研资金和人才的投入，采用先进的育种技术，在中药材品种资源研究和优良品种选育方面实现技术突破，以替代目前生产上使用的混杂群体，结束绝大部分药材生产无优良品种的现状。同时，对于现有的中药材优良品种，建立良种种子生产试验示范基地，加强优良品种的繁殖、试验、示范、推广工作，提高良种的覆盖率。

4. 建设中药材良种繁育基地

中药材种子种苗是中药材产业链的起点，其质量的优劣在中药材种植中起着举足轻重的作用。因地制宜建立中药材种子种苗繁育基地是解决中药材种子种苗供需矛盾和保证种子种苗质量的有效途径。依靠政府引导，企业出资的方式，合理布局，建立中药材种子种苗生产基地，对一些道地药材和大宗药材坚持年年繁种，保证优质种子的产量，持续满足市场需求，提高对市场波动的抵抗力；同时，对道地药材还要采取提纯复壮的手段以保证种子的纯度和质量。建立中药材种子种苗繁育基地，可以从源头上杜绝不良种子的流通，从而加快中药材栽培规范化、标准化的发展。

5. 中药材种子公司规模化、产品品牌化发展

随着中药材种子法规和监管措施的完善，未来我国中药材种子在生产、经营、销售过程中会逐渐向农作物种子的管理和经营模式发展。严格执行《种子法》的规定，中药材种子市场小、散、乱的现状将逐渐会被取缔，取而代之的将是由具有中药材种子生产加工资质的正规企业所生产的中药材种子产品。中药材种子的工业化程度和新品种的差异化，将是未来中药材种子企业品牌化发展的基础。市场上销售的中药材种子产品将是不可分装的符合种子法包装要求的中药材种子，中药材种子将彻底告别目前市场的散装、零售的模式；市场经营者将是企业的代理商、分销商所开设的中药材种子门店，而不是现在市场上无任何资质的地摊销售模式。同时，中药材种子公司经营的产品将是经过精细化加工、能保证质量、性能相对均一、运用质量标准完成分级、能够满足客户不同需求、有完整包装和明确售后方案的工业化的产品。

（王继永　李进瞳　尚兴朴　曾燕　张玥　薛军　邓庭伟　李欢乐　杨成民）

第八章　中药材种子种苗标准规范

中药材生产规范化需要中药材种子种苗生产的标准化。中药材种子种苗标准体系建设工作起步较晚，多年来通过国家、地方等的项目支持，有关科研院所、企业、团体的努力，有关工作逐步推进，取得了一定成果。发布国际标准4项，团体标准150余项，立项国家标准9项，多省发布中药材种子种苗有关地方标准，编制《中药材种子种苗标准研究》，中药材种子种苗标准化水平得到了提升，人员队伍得到锻炼与凝聚。但仍存在缺少国家标准、行业标准，缺少权威检验监督测试机构，部分人员标准化意识较为淡薄，少有专项资金支持等问题。建议尽快从法律角度规范中药材种子种苗的生产、经营、使用，推进行业标准、国家标准的发布，完善中药材种子种苗质量专业检测机构和繁育体系有关标准，设立中药材种子种苗标准研制推广等专项资金，以推进中药材种子种苗标准化体系建设，促进中药材种业规范快速发展。

第一节　我国中药材种子种苗标准化工作的主要依据

《中华人民共和国标准化法》规定，标准包括国家标准、行业标准、地方标准和团体标准、企业标准。国家标准分为强制性标准、推荐性标准，行业标准、地方标准是推荐性标准。强制性标准必须执行，国家鼓励采用推荐性标准。国家标准由国务院标准化行政主管部门制定；行业标准由国务院有关行政主管部门制定；地方标准由省、自治区和直辖市标准化行政主管部门制定；团体标准由社会团体协调制定；企业标准由企业自己制定。推荐性国家标准、行业标准、地方标准、团体标准、企业标准的技术要求不得低于强制性国家标准的相关技术要求。

中药材种子种苗标准在制定时，还应参考由国家中医药管理局制定发布的《中医药标准制定程序规定》《中医药标准制定管理办法（试行）》。中药材国家标准、行业标准由中医药主管部门制定与管理，地方标准由地方市场监督管理局发布并主管，国家标准化管理委员会备案公告。另外，根据国际交流交易需求，中药材种子种苗的国际标准制定工作参考有关国际标准化组织机构规章执行。

第二节　中药材标准有关机构

国际标准化组织（简称ISO）下设中医药技术委员会（ISO/TC249）。中国国家标准化管理委员会（简称SAC）下设全国中药材种子（种苗）标准化技术委员会（SAC/TC479），该委员会挂靠在中国中医科学院中药资源中心。中国标准化协会（简称CAS）下设中医药标准化分会（CAS/TCMS）。社会团体如中华中医药学会、中国中药协会等，可以发布团体标准。

第三节　我国中药材种子种苗标准研究制订的情况

中药材种子种苗是中药材生产的源头，优良品种及优质的种子种苗是实现中药材规范化生产的基础和首要条件。中药材质量稳定需要中药材生产的规范化，中药材生产规范化需要中药材种子种苗生产的标准化。虽然与农作物相比，中药材种业质量体系建设相关工作涉及的生产经营、质量控制、管理体系与规章制度等还较为落后，但通过国家、地方等的项目支持，有关科研院所、企业、团体的努力，中药材种子种苗标准体系建设工作逐步推进，取得了一定的成果，如编制《中药材种子种苗标准研究》，发布各级别中药材种子种苗质量标准、繁育规程等，推动了中药材种子种苗标准化工作。

一、国际标准

截至目前，ISO 共发布中药材种子种苗国际标准 4 项，均为我国主导制定，分别是由中国中医科学院中药资源中心和中国农业科学院特产研究所等联合制定的“中医药—人参种子种苗第一部分：亚洲人参”（ISO 17217-1：2014）；由昆明理工大学、澳门科技大学和中国中医科学院中药资源中心联合制定的“中医药—三七种子种苗”（ISO 20408：2017）；由中国农业科学院特产研究所和韩国农村振兴厅联合制定的“中医药 – 五味子种子种苗”（ISO 19824：2017）；由上海华宇药业制定的“中医药 – 丹参种子种苗”（ISO 20311：2017）。这四项国际标准由 ISO 陆续颁布，由国际标准化组织 / 中医药技术委员会（ISO/TC249）归口管理。

二、国家标准和行业标准

对满足基础通用、与强制性国家标准配套、对各有关行业起引领作用等需要的技术要求，可以制定推荐性国家标准。没有推荐性国家标准、需要在全国某个行业范围内统一的技术要求，可以制定行业标准。行业标准由国务院有关行政主管部门制定，报国务院标准化行政主管部门备案。

我国中药材种子种苗国家标准和行业标准，除《人参种子质量标准（GB 6941—1986）》《人参种苗质量标准（GB 6942—1986）》两项国家标准外，其他主要部分出现在农林草标准中，如《麻黄属种子质量分级（GB/T 26614—2011）》《小豆蔻　第 2 部分：种子（GB/T 22305.2—2008）》，《豆科草种子质量分级（GB 6141—2008）》包括甘草和黄芪种子的质量分级标准等。《桔梗种子生产技术规程（LY/T 2068—2012）》等，属国家林业标准，由全国花卉标准化技术委员会提出并归口。另一方面，即中药材育种工作需要参考的植物新品种特异性、一致性和稳定性测试指南，也由农林主管部门发布为国家标准或行业标准（附录 5）。

2014 年，根据《国家标准委关于下达 2014 年第一批国家标准制修订计划的通知》（国标委综合［2014］67 号），《中药材种子检验规程》和白术种苗、丹参种子等 9 项中药材种子（种苗）国家标准项目正式获批立项（表 8-1），为首批列入“国标委 2014 年国家标准计划”的项目，由全国中药材种子（种苗）标准化技术委员会（TC479）归口管理。目前，上述国家标准已完成制定，提交行业主管部门报批，还未获得最后发布。

表 8-1　中药材种子种苗国家标准计划项目

计划号	项目名称	归口单位
20140382-T-468	中药材（植物药）新品种评价技术规范	全国中药材种子（种苗）标准化技术委员会
20140383-T-468	中药材种子（种苗）白术	全国中药材种子（种苗）标准化技术委员会

续表

计划号	项目名称	归口单位
20140384–T–468	中药材种子（种苗）丹参	全国中药材种子（种苗）标准化技术委员会
20140385–T–468	中药材种子（种苗）金莲花	全国中药材种子（种苗）标准化技术委员会
20140386–T–468	中药材种子（种苗）明党参	全国中药材种子（种苗）标准化技术委员会
20140387–T–468	中药材种子（种苗）平贝母	全国中药材种子（种苗）标准化技术委员会
20140388–T–468	中药材种子（种苗）三七	全国中药材种子（种苗）标准化技术委员会
20140389–T–468	中药材种子（种苗）菘蓝	全国中药材种子（种苗）标准化技术委员会
20140390–T–468	中药材种子检验规程	全国中药材种子（种苗）标准化技术委员会

三、地方标准

为满足地方自然条件、风俗习惯等特殊技术要求，可以制定地方标准。各省（区、市）发布的具体数量参见图 8–1 所示。地方标准由省、自治区、直辖市人民政府标准化行政主管部门制定；设区的市级人民政府标准化行政主管部门根据本行政区域的特殊需要，经所在地省、自治区、直辖市人民政府标准化行政主管部门批准，可以制定本行政区域的地方标准。地方标准由省、自治区、直辖市人民政府标准化行政主管部门报国务院标准化行政主管部门备案，由国务院标准化行政主管部门通报国务院有关行政主管部门。

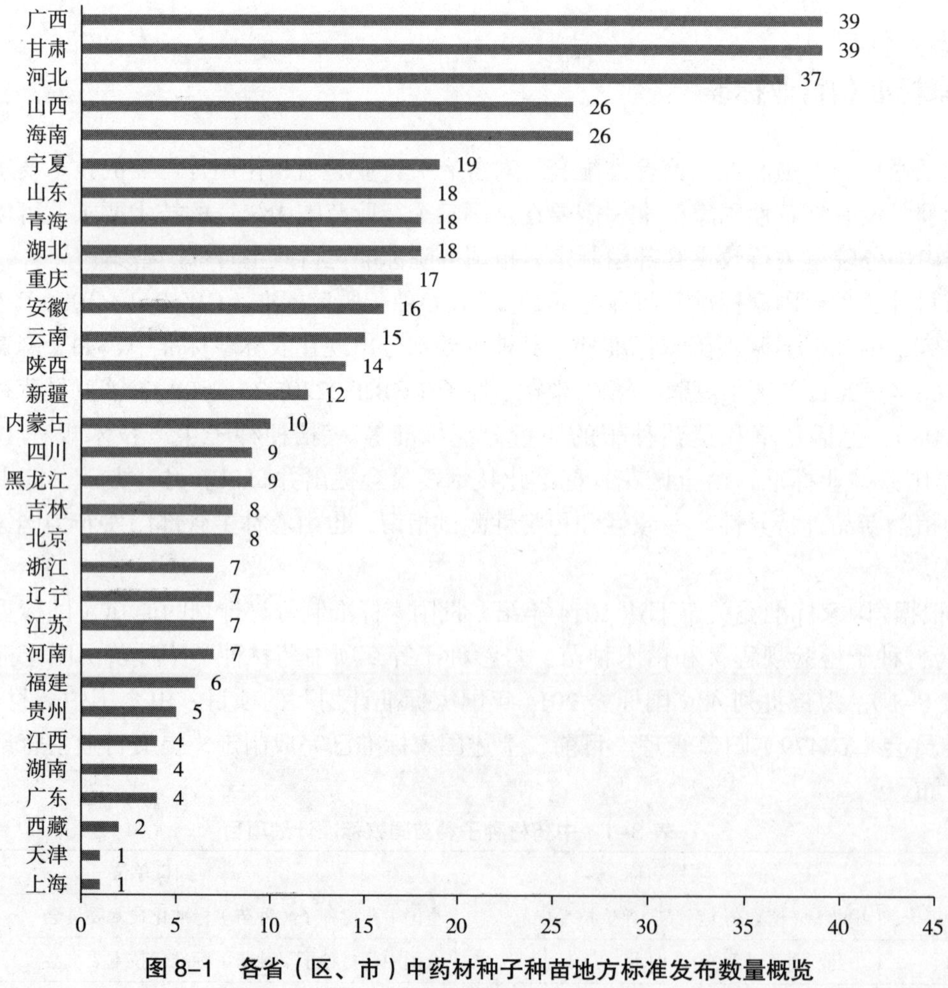

图 8–1 各省（区、市）中药材种子种苗地方标准发布数量概览

随着大健康产业与中药材行业的发展，不少省份将中药材产业的发展作为推动经济发展的重要抓手之一，地方政府与科研院所对于中药材种业相关科研工作支持力度近些年持续增强。中药材种子种苗地方标准，相比国家和行业标准，数量较多（通过工标网、中国政府网－标准信息查询等权威渠道查询，能够搜索到400余项中药材种子种苗地方标准，详见附录6）。地方标准由地方市场监督管理局发布（原由质量技术监督局发布），基本为2000年以后发布，为地方中药材种子种苗的生产经营提供了参考。

四、团体标准

国家鼓励学会、协会、商会、联合会、产业技术联盟等社会团体协调相关市场主体共同制定满足市场和创新需要的团体标准，由本团体成员约定采用或者按照本团体的规定供社会自愿采用。制定团体标准，应当遵循开放、透明、公平的原则，保证各参与主体获取相关信息，反映各参与主体的共同需求，并应当组织对标准相关事项进行调查分析、实验、论证。

2017年年初，由中国中医科学院中药资源中心牵头，联合国内多家有关科研院所、企事业单位，启动了常用中药材种子种苗团体标准研制工作，目前《中药材种子种苗质量标准编制通则》《中药良种繁育技术规程编制通则》等两批合计141项团体标准已经完成发布，包括107种药用植物（附录7）；地方团体也有中药材种子种苗有关标准发布，吉林省洮南市林果产业协会、抚松县人参协会发布甘草种苗、人参种子种苗相关标准规程，贵州省地理标志研究会发布金钗石斛种子种苗质量标准与种苗生产技术规程，内蒙古阿鲁科尔沁草业协会、阿拉善左旗苁蓉行业协会、巴彦淖尔市天赋河套优质农产行业协会发布紫花苜蓿（地方习用药材）、锁阳、肉苁蓉相关种子种苗标准规程，广东省德庆县南药种植协会发布巴戟、何首乌、肉桂、广佛手种苗繁育技术规程，河北省馆陶县艾草协会发布艾种苗标准，青海省农学会发布蒙古黄芪种子繁育技术规程。

标准的制定，能够明确有关中药材种子种苗标准的术语和定义、质量要求、检验方法、检验规则、包装贮藏和运输等的技术要求，推进中药材种子种苗质量标准化，保障中药材质量。另外，《中药材种子种苗生产经营管理规范》团体标准已经在编研进程中，该项标准的研制将有利于推动中药材种子种苗生产经营的规范化发展。

第四节　存在的问题和建议

一、主要问题

近10年中药材种子种苗有关标准数量明显增加，可以参照执行的标准数量尤其是地方标准数量并不十分缺乏，但行业标准、国家标准比例偏低，标准研制发布各地区差异显著，单个品种从种子、种苗质量、到质量检验操作规程，形成完整标准体系的品种少。相对质量标准，更为缺少的是繁育技术规程、检验规程和专业的检验机构。种子种苗专业市场规模小、交易少，从业者标准化意识淡薄，在药材市场调研、与药农座谈时能感受到中药材种子种苗的标准化程度、中药材种业的产业化程度处于初级阶段，即使发布了标准可能也存在实际推广应用不理想的情况。另外，中药材种子种苗标准研制工作是基础工作也是公益性工作，标准内容需要前期的研究、实践结果予以支撑，标准的推广、宣传需要平台与渠道，目前标准研制工作尚缺少持续性的专项资金支持。

二、工作建议

新《种子法》的实施使中药材种子种苗生产经营管理的规范化、法制化成为必然趋势，《中药材种子管理办法》也在酝酿发布过程中，中药材种子种苗标准管理体系的建设势在必行，有关标准的应用前景、专业机构的配套搭建等的重要性不言而喻。为了推进中药材种子种苗标准化体系建设，促进中药材种业规范快速发展，可以从以下几方面重点加强工作。

1. 加快《中药材种子管理办法》的发布进度，明确有关工作的主管部门，从法规角度规范中药材种子种苗的生产、经营、使用，促进中药材种子种苗标准管理体系的建设，打开标准的应用前景。

2. 依托行业主管部门及国家部委，对已经制定，并运用于市场的中药材种子种苗团体标准进行提升，转化为行业标准、国家标准，以便更广泛地推行至全国范围使用。

3. 强化标准化意识，加大标准的宣传和使用力度。依托国内中医药权威单位，形成中医药标准研究及信息共享平台，研究中医药标准化建设历史经验，开展中医药标准的研究、交流及推广应用。一些药食两用、使用特定药用部位（如果皮、树皮等）的物种，可以参照现有农业、林业领域已经发布的标准，形成标准化意识，开展标准化工作。

4. 积极推进基层农技部门和高校、科研院所、企业团体协同合作，设立中药材种子种苗标准研制推广等专项资金，加快研制中药材种子种苗质量各级各类标准，种子质量检验技术规程等系统标准的研制。同时在研制新的标准时，关注已经发布的国家标准或行业标准（如 DUS 测试指南、农林主管部门发布的有关标准规程等），以现行标准为参考，做好标准的修订或研制工作。

5. 立足实际，提高标准质量。质量标准研制必须通过大量的室内试验和田间验证，有翔实可靠的数据支撑，并有明确的标准使用范围。标准的制定、宣传、贯彻都应深刻与生产实际相结合，不仅有利于标准质量的提升，更为标准的推广应用做好了基础工作，形成标准实施的良性循环。

6. 尽快完善我国中药材种子种苗质量专业检测机构和繁育体系有关标准。农林草领域均具备点面结合的质量监督检验测试机构与繁育推广体系，国家中药材产业技术体系的建立，为中药材的生产提供了强大的技术、人员与场地支撑，然而中药材种业尚缺乏专业的质量检测机构和繁育体系，重视上述平台的建设，将中药材种子种苗质量纳入国家市场监管体系，能够促进中药材种子种苗产业健康可持续发展。

（李颖　杨光　曹海禄）

第九章　中药材种业研究进展与成果

科技是建设现代中药材种业产业的动力与源泉，中药材种业的发展离不开良种，作为中药材种业发展的基础，国家通过“十一五”“十二五”“十三五”国家重大科技专项、国家中医药行业科研专项等项目的带动，以及各产业省和种植基地省的国家科技支撑计划和育种专项的支持，经过行业人员的不懈努力，选育出一批优良的中药材新品种。全国中药材选育技术力量得到极大强化，形成近一支百余人从事中药材种质资源和新品种创新的优势团队，成为推动我国中药材种业产业发展的科技原动力。本章将系统回顾总结从“十一五”至“十三五”期间我国中药材种业科技创新发展现状、新品种成果转化现状，以及全国育种相关的科研项目、团队情况，并针对种业创新发展的相关问题提出建议，进一步推动中药材种业科技创新。

第一节　中药材种业科技创新发展现状

本节将从以下三个方面分析中药材科技创新发展现状：① 2005—2019 年各年度中药材品种选育数量统计分析；②各省市、自治区、直辖市中药材品种选育数量统计分析；③中药材品种选育团队及其科研项目情况。

一、2005—2019 年各年度中药材品种选育数量统计分析

从图 9-1 可知，从 2005 年至 2019 年中药材品种选育分为三个阶段。第一阶段（2005—2010 年）：平稳增长期。此时期国家开始重视和扶持中药材品种选育工作，前期具备较好研究基础的一批药材率先培育出新品种，药材种质资源的收集和评价工作在此阶段集中开展，该时期共选育 113 个品种，占总数的 21.0%。第二阶段（2011—2016 年）：快速爆发期。得益于“十一五”时期打下的坚实基础，“十二五”期间中药材品种培育进入爆发期，共选育出 329 个品种，占总数的 61.3%。第三阶段（2017—2019 年）：政策空档停滞期。2016 年新《种子法》实施后，对非主要农作物实行登记管理，而中药材没有纳入登记目录，中药材品种的登记工作整体上处于缺失状态。目前，山西、河南、云南、四川等省份主要依据农业行政主管部门或林业行政主管部门制定的相关管理办法，使中药材新品种登记（认定）工作得以延续，该时期共选育 95 个品种，占总数的 17.7%。

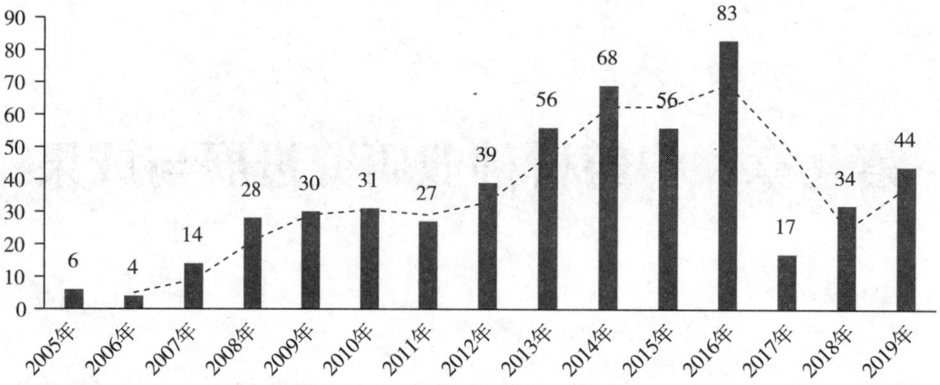

图 9-1　2005—2019 年各年度中药材品种选育数量

二、各省（区、市）中药材品种数量统计分析

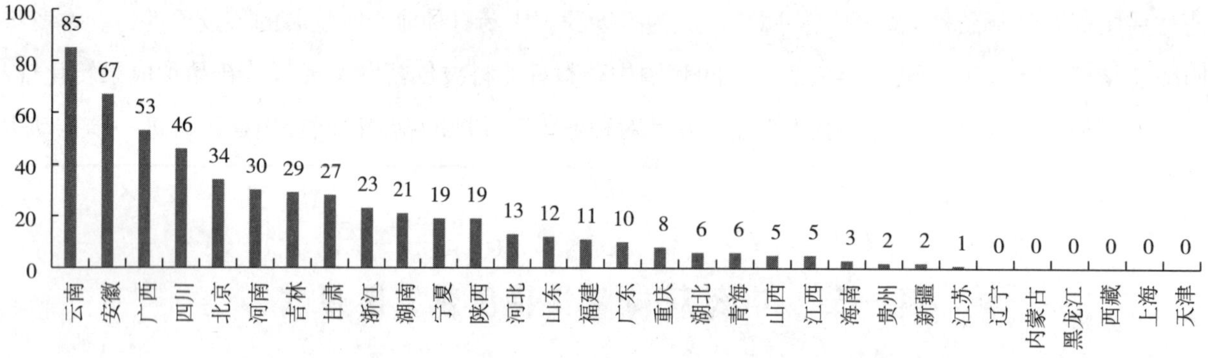

图 9-2　2005—2019 年各省市、自治区、直辖市中药材品种选育数量

注：依据品种数量划分为 4 个梯队：第一梯队≥ 40；第二梯队≥ 19；第三梯队≥ 1；第四梯队 =0

从图 9-2 可知，从 2005 年到 2019 年期间，全国共培育 116 种药材 537 个中药材品种（不完全统计），共涉及 31 个省、自治区、直辖市。按品种选育数量可以划分为四个梯队。

第一梯队（4 个）：为云南、安徽、广西、四川，合计选育 251 个品种，占总量的 46.7%。其中云南省中药材品种登记数量最多，作为中国植物种类最多的省份，该省十分重视植物新品种保护和登记工作。1999 年云南省林业厅成立了植物新品种注册登记办公室，制定和实施了《云南省园艺植物新品种注册保护条例》《云南省园艺植物新品种注册登记办法》《云南省花卉示范区园艺植物品种保护办法》和《云南省林木种子条例》等地方法规和规章；该省中药材新品种登记工作没有受到新《种子法》实施的影响而中断，2017—2019 年共完成中药材品种登记 27 个，占到该时期全国登记品种数量的 29.7%。安徽省中药材品种登记数量位居第二位，一方面该省及时发布了《安徽省非主要农作物品种登记办事指南》（2017 年 5 月）使品种登记工作没有中断；另一方面，该省重点支持石斛、瓜蒌、灵芝、黄精等药材品种选育，重点突出，育种工作连续性较好，4 种药材育成品种数量占到该省品种总数的 55.2%。广西省品种选育数量位列第三位，选育品种主要为罗汉果、千斤拔、青蒿、天冬、蛇足石杉、石斛等，占到该省登记中药材总数的 77.3%。虽然该省于 2017 年 8 月发布了《关于开展非主要农作物品种登记工作的通知》，但中药材仍然没有纳入目录范围，当前品种登记工作还处于停滞阶段。四川省位列第四位，作为拥有我国常用中药材种类最多的省份，品种选育工作一直得到省育种攻关项目持续支持。2017、2018年中药材品种登记工作中断了2年，2018年11月发布了《四川省非主要农作物品种认定办法》，2019年品种登记工作得以恢复。

第二梯队（8个）：为北京、河南、吉林、甘肃、浙江、湖南、宁夏、陕西，合计选育202个品种，占总量的37.6%；各省市主要选育的药材种类如下：北京市主要为桔梗、丹参、黄芩、杜仲、紫苏等；甘肃为黄芪、党参、甘草等；吉林为人参、五味子、西洋参、玉竹等；河南为金银花、菊花、红花、青蒿、地黄等；湖南为葛根、厚朴、金银花、山银花、鱼腥草等；陕西为白及、丹参、黄姜、黄连、绞股蓝、山茱萸等；宁夏为枸杞；浙江以白术、石斛、薏苡仁、郁金、浙贝母、西红花、延胡索为主。目前，中药材品种登记工作除吉林（2019年至今）、河南（2017年至今）、浙江等省正常开展外，其他省市该工作处于暂停中。

第三梯队（13个）：为河北、山东、福建、广东、重庆、湖北、青海、山西、江西、海南、贵州、新疆、江苏，合计选育84个，占总量的15.6%；中药材品种登记工作除山东（2019年至今）、广东、山西（2019年至今）、海南、贵州（2020年至今）、新疆等省正常开展外，河北、江苏、江西、福建、重庆、湖北、青海等省该工作仍处于暂停中。

第四梯队（6个）：为辽宁、内蒙古、黑龙江、西藏、上海、天津，没有选育品种。香港、澳门、台湾没有相关数据，不列入图9–2。这些省市中药材登记工作还没有相关管理办法，因此新品种选育工作尚处于空白。

三、中药材品种选育团队及其科研项目情况

育种专业技术人才是种子科技持续创新能力的关键。目前，我国在农作物、蔬菜、果树等专业育种研发人员的数量居世界第一，全国有400多家科研教学单位共1.6万名科研人员。与之相比，中药材育种专业技术人员数量不及其3%。我们统计了116种中药材共537个品种的选育单位情况，表明全国共有325家单位参与中药材品种选育，其中科研院所98家、大专院校32家和企业195家。当前专业育种人员绝大多数集中在130家科研教学单位。全国主要中药材一线的育种专家102位（附录8），基本覆盖了100余种药材。如果按每种药材平均为3位育种科技人员估算，预计全国中药材一线育种人员总数不会超过500人。

中药材育种周期长、投入高、品种推广难度大，只有通过稳定的项目支持，才能稳定人才队伍和持续选育出新品种。据不完全统计，在2005—2020年期间，河北、北京、广西、海南、河南、湖北、江西、宁夏、山东、四川、新疆、云南、浙江、辽宁、内蒙古、甘肃等省市共承担的国家级、省市级中药材品种选育项目81个（附录9），品种繁育项目93个（附录10）。立项数量上呈现增加的趋势，其中国家级项目对品种选育和繁育的支持力度总体上为稳定状态，各时期项目情况统计于表9–1。“十一五”“十二五”期间主要由国家重大科技支撑计划、国家中医药行业科研专项进行支持；“十三五”国家级项目统一整合到国家重点研发计划（立项1个）；农业农村部设立的国家中药材产业技术体系成为支持中药材品种选育和繁育的主体。同时，各地方省的支持力度一直在增强，立项数量显著增加。其中，云南、湖北、广西、四川、宁夏、河南等省立项数量均较高（表9–1），所在省的中药材品种选育的成果显著。

表 9-1　2005—2020 年中药材品种选育和繁育推广项目

时期 / 年	项目级别	品种选育项目 / 个	合计	品种繁育项目 / 个	合计
2016—2020	国家级项目	7	33	7	36
	省市级项目	26		29	
2011—2015	国家级项目	6	23	13	29
	省市级项目	17		16	
2005—2010	国家级项目	5	25	8	28
	省市级项目	20		20	

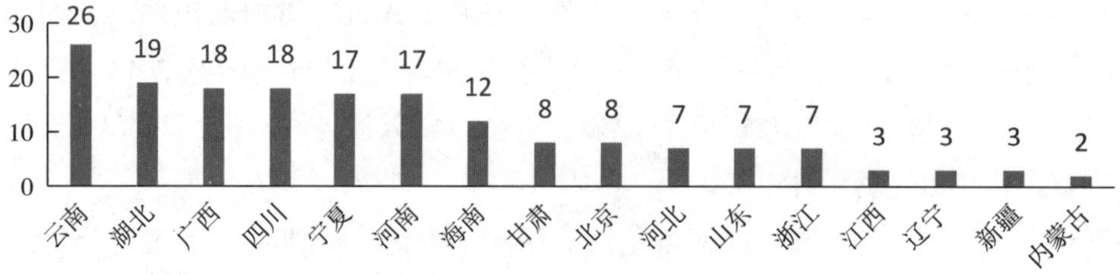

图 9-3　2005—2020 年各省市中药材品种选育和繁育推广项目情况

目前，对中药材新品种选育和繁育持续支持力度较大的项目有如下两种形式：①国家或各省设立中药材产业技术体系，持续支持中药材育种建设。目前有国家级、山东、湖南、河北、贵州、甘肃、安徽等中药材产业技术体系 7 家（表 9-2）。各级产业体系截至 2019 年共选育出 48 个新品种，成为中药材品种选育研究的核心力量，持续培养了一批育种科研人员。其中 2017 年成立的国家中药材产业技术体系设立了遗传改良研究室，设有 8 个岗位科学家，育种团队人员在 40 位以上，该团队在人员规模和研究经费上在全国占有绝对优势，研究覆盖种质资源收集和评价、优良品种选育和良种繁育、育种共性技术研究、繁育基地建设、质量检测等各关键环节。从 2016 年至 2019 年取得丰硕成果，共登记中药材新品种 27 个，制定种子种苗相关标准 140 个，推广育成品种 10 万亩以上，成为引领全国中药材育种行业发展的领军团队。部分省份的中药材产业体系没有选育出新品种，一方面是成立时间短，另一方面受新《种子法》颁布造成政策真空，使新品种登记工作受到较大影响。②通过设立稳定的育种专项进行支持。这种形式每年参与单位和人员均有所变化，但整体较为稳定。如浙江省自 2011 年把中药材育种纳入浙江省农业新品种选育重大科技专项，“十二五”和“十三五”期间共培育出 20 余个新品种，协作组核心成员单位达到 24 家，其中高校及科研院所 10 家，企业 8 家，推广部门 6 家，协作组成员共 67 人。再如四川省从 2006 年起将中药材品种选育纳入了四川省育种攻关计划，经历了三个五年计划（2006—2020 年），共有 33 家单位参与品种选育，形成了科研院所、大学为主体（11 家）和企业、地方机构为辅助（22 家）的“产学研”联动的品种选育模式。截至 2016 年，审定了白芷、半夏、柴胡、川贝母等 25 种药材 46 个新品种（附录 1）。

表 9-2　中药材产业技术体系品种选育岗位情况

编号	产业体系名称	首席专家	首席专家所在单位	成立时间	岗位设置	品种选育岗位	育成品种数
1	国家中药材产业技术体系	黄璐琦	中国中医科学院	2017	设首席1人，功能研究室6个，25个岗位科学家，27个综合试验站	遗传改良研究室：8个岗位科学家，40人团队	27
2	山东省中草药产业技术体系	王志芬	山东省农科院原子能农业应用（农产品）研究所	2015	设首席1人，6个岗位科学家，5个综合试验站	遗传育种岗位：1个岗位科学家	5
3	湖南省中药材产业技术体系	曾建国	湖南农业大学	2019	设首席1人，6个岗位科学家，4个综合试验站	种子种苗繁殖岗位：1个岗位科学家	0
4	河北省中药材产业技术体系	谢晓亮	河北省农林科学院经济作物研究所	2012	设首席1人，8个岗位科学家，5个综合试验站	种质资源评价与应用岗位：1个岗位科学家	8
5	安徽省蚕桑中药材产业技术体系	范涛	安徽省农业科学院蚕桑研究所	2016	设首席1人，副首席1个，功能研究室4个，14个岗位科学家，12个综合试验站	种质资源利用岗位：1个岗位科学家	7
6	甘肃省中药材产业技术体系	陈垣	甘肃农业大学	2017	设首席1人，7个岗位科学家，5个综合试验站	药用植物育种：1个岗位科学家，4人团队	0
7	贵州省现代中药材产业体系	张明生	贵州大学	2009	设首席1人，1个中心（功能研究室2个，岗位科学家12人），4个综合试验站	中药材种质资源与规范化生产实验室：包括种质改良与良种繁育方向	1

第二节　中药材种业企业的培育和发展

国以农为本，农以种为先，种子研发技术才是种业公司的核心竞争力。现代种业是典型的高科技产业，具有技术含量高、高附加值、高资本投入、研发周期长、推广风险高、品种经济寿命短、更新换代快的特点。目前，中国种业整体上处于高度成熟的第三发展阶段——市场化阶段，中药材种业发展阶段相当于中国种业发展阶段初期（图 9-4）。目前，全球种业的发展日新月异，并呈现出显著的新特征，世界种业正经历着以“生物技术 + 信息化”为特征，以基因编辑为代表的新技术革命方兴未艾。与之相比，我国中药材种业的差距有进一步拉大的趋势，按照中国种业改革发展的总体设计要求是构建以市场为导向、以企业为主体、产学研政结合的中国特色种业创新体系，着力构建市场主导、政府支持、育繁推一体化的现代化产业体系。我国中药材种业想在中国种业和中药产业中占有一席之地，还有很长的一段路要走，中药材种业培育和发展任重而道远。本节将重点分析中药材种业现阶段发展的特点，明确有效措施，补齐短板弱项，为培育我国中药材种业企业做大做强提供参考。

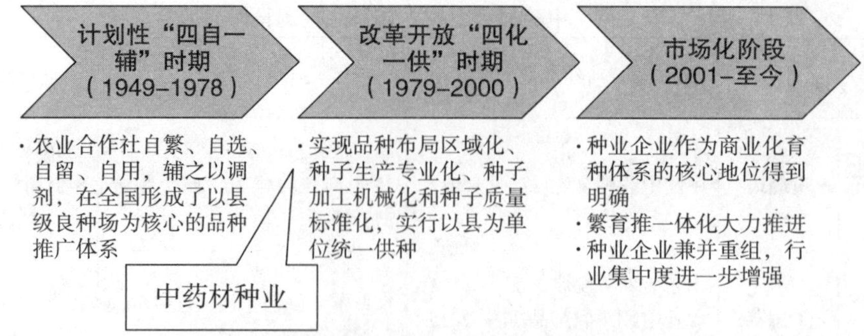

图 9-4 中药材种业在中国种业发展阶段的位置

一、中药材种业发展现阶段的特点

我国中药材种业处于第二个发展阶段初期，中药材商业化育种处于萌芽阶段，药材品种选育、生产繁育、种子加工、推广销售等环节的专业化水平不高，呈现出以下几个显著特点。

第一是绝大多数中药材没有主栽品种，品种布局区域化尚处于空白。该项工作因中药材药材种类多，单味药材品种选育数量少，品种推广示范工作处于完全自发和无组织状态，品种商品化率低等诸多因素的影响，目前只有石斛、枸杞、金银花、罗汉果、瓜蒌、杜仲等少数中药材实现区域化布局。其中枸杞是最早实现区域化布局的药材品种，这得益于国家和各枸杞主栽省对枸杞产业长期大力支持。枸杞新品种选育和推广工作取得较好成绩，其中“宁杞 1 号”已是甘肃、新疆、青海、内蒙古等省区主栽品种，引种面积均超过 10 万亩。近年来宁夏选育的以“宁杞 5 号”“宁杞 7 号”“宁杞 9 号”为代表的一批优质新品种正在推动新一轮的主栽品种更新换代。

第二是中药材种子生产专业化水平低。专业化的种子生产需要建立专门的生产基地，要有专业技术人员组成，严格按照种子生产技术规程进行种子生产。目前，中药材优良品种缺乏、种子种苗专业化生产能力低，中药材种质混杂、品种混乱，种子繁育过程中存在的种子质量低、制种成本高、生产效率低等问题仍未解决。种子企业大多通过收购大户自繁自用剩余的部分种子，经加工后供给市场。少部分有实力的种子企业通过自建制种基地进行生产，但制种量有限，市场占有率低。

第三是中药材种子加工机械化水平低。该环节包括指种子脱粒、净选、干燥、精选分级、包衣、包装等机械化作业。种子加工业的发展是种子生产现代化的标志。目前，中药材种子加工受到种类繁多、规格不一、种植面积小等因素影响，种子成套设备的研发工作一直薄弱。当前中药材种子加工主要通过简单的净选去除杂质，以提高种子净度，而机械化脱粒、精选分级和包衣等相关加工机械设备还不能配套。

第四是中药材种子质量标准化存在制定不全面、种子执法监督力度不强等问题。中药材种子质量标准涉及中药材品种标准、原（良）种生产技术规程、种子质量分级标准、种子检测规程、种子加工包装、贮藏标准等 5 个方面。目前，我国与中药材（包含民族药、地方用药）种子种苗相关的标准有国际标准 4 个、国家标准 58 个（目前另有 8 个中药材种子种苗国家标准已起草并已提交国家中医药管理局审核）、行业标准 45 个，地方标准 779 个、团体标准 156 个，但单品种中具备完整标准体系的不多。目前《中药材种子管理办法》尚未出台，各地区种子执法监督力度不强，造成种子标准推广落地十分缓慢。

第五是少部分中药材品种实现以县为单位统一供种。为了加快推进国家种子基地建设，2019 年共有 8 个中药材制种大县首次入选国家区域良种繁育基地名单：甘肃陇西县、云南云县、贵州大方县、湖南邵东县、湖北英山县、山东平邑县、福建邵武县、安徽霍山县。可使部分地方道地品种实现统一供种，为建立专业化制种大县奠定基础。

第六是企业还不是科技创新的主体。中药材育种工作主要是由国家政府资金主导下科研院所和大学研发为主，科研与产业存在明显脱钩。通过对全国已选育的品种的选育单位情况（附录1）分析得出，当前育种单位存在如表9-3所示的4种组成形式。科研院所是品种选育的主体，共选育出226个品种，占比为42.3%;第二位的是企业,共选育出87个品种,占比为16.3%。最后的是大学,共选育出59个品种，占比为11.2%。通过“产学研”结合共选育出162个品种，占比为30.4%。总体上，我国中药材品种选育形成了科研院所为主体，大学、企业并重，“产学研”结合联动的品种选育模式。种业企业受到品种选育研发成本、选育周期、研发队伍、推广面积、药材价格等多因素的影响和限制，决定了企业要成为真正的育种创新主体，还有很长的路要走。

表9-3 中药材品种选育单位的组成分析

编号	组织形式	选育品种数量/个	占比/%
1	科研院所	226	42.3
2	企业	87	16.3
3	大学	59	11.1
4	企业+科研院所/大学	162	30.3

第七是绝大多数中药材种业企业没有科研力量作为依托,缺乏种子繁育能力,更无自己的品种、品牌，市场竞争力不强。全国从事中药材种子种苗的4860家企业中，只有100余家企业具有中药材种子生产经营许可证，其中绝大多数企业中在“副证”中以常规药材名称进行登记，如祁沙参、祁紫菀、白术等。只有甘肃、陕西、广西、北京等4个省市的17家企业是以药材品种进行登记（表9-4），其中甘肃企业数量最多（14家）。此外，种业企业登记的药材品种不仅数量很少，还存在同一省份或不同省份间同一品种重复登记，同质化竞争现象十分严重。登记的品种包括黄芪、柴胡、当归、党参、甘草等10种药材共18个品种。按各企业品种登记的品种次数从大到小顺序为“陇芪3号”（9次）＞“渭党1号”（6次）＞“岷归1号”（5次）＞“陇芪2号”（5次）＞“陇柴1号”（4次）＞“西芪1号”（3次）、“陇芪1号”（3次）、“陇芪4号”（3次）＞“渭党3号”（1次）、“国甘1号”（1次）、亦元生无籽罗汉果”（1次）、“雄优1号”（1次）、“亦元生黑老虎”（1次）、“甘甜牛大力”（1次）、“福星1号”（1次）、“福星2号”（1次）。根据附录1可知，黄芪（6个）、当归（9个）、党参（4个）、柴胡（8个）育成品种数量均较多，但因各种原因大部分品种没有进入市场。这从一方面说明种业企业整体弱小，中药材品种市场化转化能力不足；另一方面说明市场认可的优良品种数量不足，真正品质和产量过硬的品种不多。

表9-4 中药材种业企业登记的药材品种

编号	中药材种业企业名称	药材名称	品种名称	品种编号
1	甘肃晟地农业发展有限公司	板蓝根	定蓝1号	甘认药2015003
2	甘肃龙泽红源种业有限公司/甘肃陇欢种业有限责任公司/甘肃省陇西县种子公司/陇西稷丰种业有限责任公司	柴胡	陇柴1号	甘认药2014002
3	甘肃龙泽红源种业有限公司/甘肃明治药业有限公司/陇西稷丰种业有限责任公司	黄芪	西芪1号	甘认药2014001
4	甘肃中天药业有限责任公司/甘肃晟地农业发展有限公司/甘肃赫博陇药科技有限责任公司	黄芪	陇芪1号	甘认药2009204

续表

编号	中药材种业企业名称	药材名称	品种名称	品种编号
5	甘肃赫博陇药科技有限责任公司 / 甘肃中天药业有限责任公司 / 甘肃晟地农业发展有限公司 / 佳县绿林中药材种植专业合作社 / 陇西稷丰种业有限责任公司	黄芪	陇芪 2 号	甘认药 2009005
6	甘肃赫博陇药科技有限责任公司 / 甘肃长征药业集团有限公司 / 甘肃中天药业有限责任公司 / 甘肃金陇农业科技开发有限公司 / 甘肃瑞农种业有限公司 / 甘肃晟地农业发展有限公司 / 佳县通康中药材种植有限公司 / 陇西县碧水源生态农业农民专业合作社联合社 / 陇西县天裕中药材有限公司	黄芪	陇芪 3 号（原代号 HQN03–03）	甘认药 2013001
7	甘肃赫博陇药科技有限责任公司 / 甘肃中天药业有限责任公司 / 甘肃晟地农业发展有限公司	黄芪	陇芪 4 号	甘认药 2015001
8	甘肃明治药业有限公司 / 甘肃瑞农种业有限公司 / 陇西稷丰种业有限责任公司 / 陇西县碧水源生态农业农民专业合作社联合社	当归	岷归 1 号	甘认药 2009001
9	甘肃赫博陇药科技有限责任公司 / 甘肃明治药业有限公司 / 甘肃瑞农种业有限公司 / 陇西稷丰种业有限责任公司 / 陇西县碧水源生态农业农民专业合作社联合社 / 陇西县天裕中药材有限公司	党参	渭党 1 号	甘认药 2008002
10	甘肃长征药业集团有限公司	党参	渭党 3 号	甘认药 2013002
11	国药种业有限公司	甘草	国甘 1 号	甘认药 2014003
12	桂林亦元生现代生物技术有限公司	罗汉果	亦元生无籽罗汉果	（桂）登（药）2007023 号
13	桂林亦元生现代生物技术有限公司	罗汉果	亦元生长圆形罗汉果	（桂）登（药）2010006 号
14	桂林亦元生现代生物技术有限公司	罗汉果	雄优 1 号	（桂）登（药）2013012 号
15	桂林亦元生现代生物技术有限公司	黑老虎	亦元生黑老虎	（桂）登（药）2012002 号
16	桂林亦元生现代生物技术有限公司	牛大力	甘甜牛大力	（桂）登（药）2009005 号
17	通河县天成人参种植农民专业合作社	人参	福星 1 号	—
18	通河县天成人参种植农民专业合作社	人参	福星 2 号	吉登药 2014002

第八是种业育种研发投入总体水平低，“育繁推一体化”企业尚未出现。种业企业通过自主选育或从科研单位获得品种的生产和经营权，以提高种业企业竞争力。目前，具备选育能力的种业企业还很少，如陇西稷丰种业有限责任公司选育出柴胡品种“陇柴 1 号”和黄芪品种“西芪 1 号”，桂林亦元生现代生物技术有限公司选育出百部、罗汉果、黑老虎、千斤拔、牛大力等 5 种药材 10 个新品种，成为少数几个具有自主研究力量的种业企业。同时，大部分种业企业通过购买获得品种的繁育、销售和推广权。如国药种业有限公司从中国中药有限公司获得了甘草品种“国甘 1 号”生产、销售和推广权；承德恒德本草农业科技有限公司、山西国新晋药集团晋中中药材种子开发有限公司从中国医学科学院药用植物所获得了北柴胡“中柴 2 号”在河北和山西的生产、销售和推广权。此外，一部分企业选育的新品种主要在公司体系内实现产供销一体化，成为企业产品保持竞争力的一部分。如陕西天士力植物药业有限公司选育的丹参新品种“天丹 1 号”和“天丹 2 号”，为本集团制药企业提供优质的丹参原料。浙江寿仙谷生物科技有限公司选育的石斛品种和灵芝品种也是同样情形。

二、我国中药材种业发展建议

我国中药材种业发展才刚刚起步，存在诸多问题，需要明确方向，突出重点，着力强化企业为主体、基地为依托、产学研相结合、加快新品种成果转化和推广。要强化种子良种繁育技术科研攻关，开展“育繁推一体化”产业链统筹布局。要努力提升和培育企业核心竞争力，向着现代农作物种业体系看齐，做大做强中药材种业产业，重点开展以下几方面工作。

第一是种业企业需重点关注常用大宗、药食两用大品种，实现品牌化经营，提高中药材种子种苗商品化率。目前，杂交玉米、杂交水稻、油菜、棉花等主要作物商品化率已经接近100%，仅有粳稻、小麦、蔬菜、中药材等种子商品化率还有提升空间。目前，中药材的种子种苗商品化率不足10%。从表9–5可知，12种用量较大的药材种子产值（下限值）为1.4亿元，预估50种大宗常用药材种子产值在5亿左右，种苗产值一般为种子产值的3~8倍。近些年中药材种植面积大幅度增长（每年10%以上），种子种苗总体估值与中药材种植面积具有协同放大效应，中药材种子种苗市场存在巨大的市场需求，发展前景十分广阔。种业企业需要重点围绕大宗常用品种进行布局，以单品种树立品牌，科学合理地增加高附加值品种以丰富产品线，在保证产品质量的基础上，吸引优质用户，扩大产品知名度。

表9–5　12种大宗常用中药材种子种苗产值估算

药材名	每年需求/万吨	种子产值/万元	育苗产值/万元	年播种面积/万亩
桔梗	1.5	1000	—	5.0
党参	3.5	2000	—	1.4
防风	0.5	500	—	2.5
北沙参	0.5	370	—	1.7
白术	0.4	1800	—	1.2
柴胡	0.6	1700	—	8.5
黄芩	1.8	850	—	5.5
丹参	2.0	400	3800	8.0
黄芪	3.8	2500	8800	14.0
甘草	6.0	3000	1400	6.0
半夏	0.7	—	8225	4.7
当归	3.0	—	28000	35.0
合计	24.25	14120	50225	93.5

第二是良种繁育是种业持续发展的动力，建立高标准的良种繁育基地是种业长足发展的必然需求。目前种子公司的制种基地绝大部分都是采取订单式的生产方式。由于中药材种子种苗还是药材生产中的副产品，绝大部分中药材没有建立规范、科学的种子繁育基地，种子主要来源于药材生产留种或野生采集。为了节约成本，种子公司每年都要和种植大户进行沟通和谈判，由此造成了基地不确定、履约和种子质量不稳定等问题一直困扰着种子企业。要解决这些问题，必须要寻求长效机制稳定制种基地，并提高制种基地的专业化水平。这方面需要国家能有针对性地给予大型种子骨干企业、制种大户、制种合作社实行多种形式的生产补贴，使制种收入高于种粮收入，以提高农民制种积极性，稳定制种基地。制种由“小而散”向规模化、集约化转变，打造种业公司+协会+专业合作社，再到农户+基地+技术服务的制种产业链，从而夯实种业企业发展的基础，为持续发展壮大注入生机和活力。

第三是强化种子良种繁育技术科研攻关，提高制种产量，增加制种收入。目前，药材的良种繁育技术十分落后，制种产量不高是制约制种基地发展的根本原因。如北柴胡“中柴 2 号”采用育苗移栽的方式可以实现当年制种亩产量 45kg 以上，超过传统制种产量 1.5 倍以上，种子千粒重增加 30% 以上，增收效果明显。因此，需要按照“高产、优质、多抗、广适、易制种”这样一个总体繁育目标，选择优良的品种，配套高效的繁育技术，实现优势种子生产基地的标准化、规模化、集约化和机构化，才能够有效节省劳动力，节约生产成本，提高制种收入。

第四是搭建第三方品种评价平台，推动优良品种快速转化，推动中药材种业升级。目前，真正在生产上大规模推广的品种并不多，产品竞争力整体不强。一方面是由于科研教学单位常常以新品种作为职称进级的手段，造成选育的多推广的少；另一方面漫长的科研周期、研究环境和自然气候的变化等因素的影响，造成很多品种已无法适应快速变化的产地环境；但更为重要的是产学研脱节，种业研发是否满足农民的需求，研发人员参与和关心较少，农民在种植过程中，种子弊端难以反馈给科研机构，推广品种无法持续改良，造成品种推向市场后具有较大的不确定性（表 9–6）。要改变这一状况，必须充分发挥行业协会的功能作用，通过整合各方资源，发挥市场力量，搭建统一的中药材新品种核心展示示范平台。如在道地药材产区设立药材评价试验点，并统一征集品种、统一制定方案、统一组织实施、统一开展观摩，以第三方视角，来宣传、推荐和跟踪评价中药材新品种，加大对优良品种的宣传推介和跟踪力度，依据品种特性与生态条件的变化规律，做好品种布局区域化，加快品种的更新换代，从而实现因地制宜、合理用种的科学指导工作，以促进中药材种业提质增效和可持续发展。

表 9–6　品种选育和推广周期

项目	农作物选育周期	中药材选育周期	品种推广周期
选育周期 / 年	8~10	6~15	3~6
投入高	新品种从引种、选育、繁育、示范、推广总投入 200~500 万元		
回报慢	研发周期需要 8~10 年的时间，品种生命周期 5~15 年，长周期品种主要面临抗性不过关的问题		

第五是积极申请植物新品种权保护，促进新品种成果快速转化。2019 年全国选育农作物品种 4 万多个，申请植物新品种保护达到 2.7 万个，授权品种超过 1.1 万个。目前，中药材品种保护工作推进较为缓慢，只有三七、杜仲、枸杞、金银花、山银花、皂荚、石斛等药材申请了植物新品种保护，其他药材品种一方面尚缺乏 DUS 测试指南；另一方面，很多品种已经在生产上推广多年，失去了申请植物新品种保护的条件。因此，育种人只有积极申请植物新品种权才能有效保护育种人利益，再通过品种权的一次性买断、育种单位参与利润分成，或联合经营风险共担等多种形式实现品种权的合理使用，确实有效地维护品种销售企业和育种家的共同利益，将更多优秀的品种推向市场。

第六是加快颁布实施《中药材种子管理办法》，从法规方面保障中药材种子行业持续健康发展。一方面，中药材种子在流通领域中销售假冒伪劣种子，坑农、害农的违法行为仍然屡见不鲜，亟待《中药材种子管理办法》公布实施，以便执法部门在执法监管中有法可依，有章可循，保护药农的合法利益；另一方面，为了加快中药材种业快速发展，需要规范中药材种子生产、经营秩序，中药材种子企业生产和经营的门槛需要进一步提高，促进品种权的有序流动转让，让更多好品种进入市场，进一步增强种业企业的核心竞争力。

总之，中药材种子种苗产业整体发展水平和行业集中度不高，中药材种子种苗商品化率低，整体估值水平低，上升空间十分巨大。商品化育种正处于萌芽阶段，“育繁推一体化”企业格局尚未出现，需要整合企业、科研机构、政府、协会等多方社会力量，以提升种业企业核心竞争力为核心，以种业科技创新为着力点，大力推动产学研结合，建立以企业为主体的商业化育种新机制，打造稳定的制种基地，为中药材种子产业的长期可持续发展注入新的推动力。

（杨成民　魏建和　史玉宝）

附 录

附录1 中药材选育品种（截至2019年）

药材名称	基原	品种名称	品种编号	选育方法	选育单位	选育人	年份	省份
艾叶	菊科植物艾 *Artemisia argyi* L é vl. et Van	郑艾1号	豫中药品鉴2019007	系统选育	河南省农业科学院长垣分院	李秀杰、李炯、孙文喜、何立威、崔小伟、姚珊、付晨青、李国辉、吴亚斌、郭潇潇、葛飞	2019	河南
白及	兰科植物白及 *Bletilla sfriata*（Thunb.）Reiehb. F.	金芨1号	皖品鉴登字第1506007	系统选育	安徽农业大学生命科学学院	何金铃、张超、祝尊友、陈恩合、汪家国	2015	安徽
		桂及1号	桂审药2016004号	选择育种	广西壮族自治区农业科学院生物技术研究所、广西美泉新农业科技有限公司		2016	广西
		桂及2号	桂审药2016005号	诱变育种	广西壮族自治区农业科学院生物技术研究所、广西美泉新农业科技有限公司		2016	广西
		桂白4号	桂登药2015034号	无性系	广西壮族自治区中国科学院广西植物研究所	赵志国、仇硕、赵健、唐凤鸾、蒋庆鸿	2016	广西
		联源白及1号	豫中药品鉴2019		河南联源生物科技有限公司、河南农业大学		2019	河南
		秦白1号	陕S-SC-BQ-012-2017	无性系	陕西师范大学、陕西乾佑禾农业科技有限公司	王喆之、牛俊峰、尹乾峰、肖娅萍、张志勤、强毅、王世强、刘帅、吴小强、曹晓燕、刘永耀	2017	陕西
		秦黄1号	陕S-SC-BQH-013-2017	无性系	陕西师范大学、陕西乾佑禾农业科技有限公司	牛俊峰、王喆之、尹乾峰、肖娅萍、张志勤、强毅、王世强、刘帅、吴小强、曹晓燕、刘永耀	2017	陕西

续表

药材名称	基原	品种名称	品种编号	选育方法	选育单位	选育人	年份	省份
白及	兰科植物白及 *Bletilla sfriata*（Thunb.）Reiehb. f.	良宝大白及 1 号	云林园植新登第 2014022 号	系统选育	普洱良宝生物科技有限公司、云南农业大学	王礼中、梁泉、杨生超、付开聪、李吉云、张雅琼、董文汉、尹元萍、杨涵雨、李艳春	2014	云南
		普洱 1 号	云 R–SC–BS–058–2016	系统选育＋无性系	普洱市玉林林业开发有限公司	张朝玉、彭刚、施彬、苏智良、王丽、董晓光、朱左琴	2016	云南
白芍	毛茛科植物芍药 *Paeonia lactiflora* Pall.	亳芍药 1 号	皖品鉴登字第 1106002		安徽德昌药业饮片有限公司	汪维云、葛德州、修效友、韩民	2011	安徽
白术	菊科植物白术 *Atractylodes macrocephala* Koidz.	浙术 1 号	浙（非）审药 2014003	系统选育	磐安县中药材研究所、浙江省中药研究所有限公司	周晓龙、沈晓霞、陈斌龙、张光进、倪向群	2014	浙江
白芷	伞形科植物白芷 *Angelica dahurica*（Fisch. ex Hoffm.）Benth. et Hook. f.	禹白芷 1 号	豫中药品鉴 2019008	系统选育	河南省农业科学院长垣分院、禹州市孙思邈医药研究院有限公司	李秀杰、胡吉邦、逯安新、付晨青、何立威、姚珊、杨秀梅、周执西、王秀萍、葛飞	2019	河南
	伞形科植物杭白芷 *Angelica dahurica*(Fisch. ex Hoffm.) Benth. et Hook. var. *formosana* (Boiss.) Shan et Yuan	川白芷 1 号	川审药 2007001	系统选育	遂宁市银发白芷产业有限公司		2007	四川
		川白芷 2 号	川审药 2012001	系统选育	四川农业大学		2012	四川
百部	百部科植物对叶百部 *Stemona tuberosa* Lour.	亦元生大百部	桂登药 2014008 号	无性系	桂林亦元生现代生物技术有限公司		2014	广西
百合	百合科植物卷丹 *Lilium lancifolium* Thunb.	漫百 1 号	皖品鉴登字第 1306005	系统选育	霍山县农业技术推广中心、安徽省农业科学院园艺研究所、安徽省农科院植保与农产品质量安全所	汪海洋、董玲、戚仁德、何家祚、刘浪、汪涛、廖华俊、江芹、胡家诺、陆保国、俞玉晨、张道乐	2013	安徽
		皖西百合 1 号	皖品鉴登字第 1606003	系统选育	安徽农业大学、安徽霍山鹏飞现代农业科技有限公司	高俊山、金青、何鹏飞、蔡永萍	2016	安徽
		秦岭卷丹	陕 S–SV–JR–004–2012		西北农林科技大学	张延龙等	2013	陕西

续表

药材名称	基原	品种名称	品种编号	选育方法	选育单位	选育人	年份	省份
板蓝根	十字花科植物菘蓝 *Isatis indigotica* Fort.	定蓝 1 号	甘认药 2015003	系统选育	定西市农业科学研究院	王兴政、潘遐、潘晓春、杜弢、刘效瑞、王富胜、杨薇靖、尚虎山、王春明、马瑞丽、马伟明、荆彦民、汪淑霞、姚兰	2015	甘肃
		冀蓝 1 号	冀 S–SV– Ⅱ –032–2014	系统选育	河北省农林科学院经济作物研究所	谢晓亮、田伟、温春秀、刘铭、刘灵娣、周巧梅、贾东升、边建波	2014	河北
		农惠蓝 1 号	吉登药 2013004		吉林农业大学、镇赉县惠众药业有限公司		2013	吉林
半夏	天南星科植物半夏 *Pinellia ternata*（Thunb.）Broit.	鄂半夏 1 号	鄂审药 2006002	系统选育	恩施自治州道地药材民间医药开发研究所、恩施自治州山特农业发展有限责任公司	尹文仲、张万福、陈科力、叶丛进	2007	湖北
		鄂半夏 2 号	鄂审药 2010001	系统选育	湖北省农业科学院中药材研究所、来凤县华丰药业有限责任公司	林先明、张军、谢玲玲、郭杰、刘海华、刘政华、唐春梓、甘国菊	2010	湖北
		川半夏 1 号	川审药 2015001	系统选育	成都中医药大学、成都格瑞恩勤恳农业科技开发有限公司		2015	四川
		滇半夏 1 号	云林园植新登第 20160022 号	系统选育	云南农业大学	陈军文、徐祥增、张广辉、杨生超、海梅荣、马春花、孟珍贵、王建军、沙本才	2016	云南
		滇半夏 2 号	云林园植新登第 20160023 号	系统选育	云南农业大学	徐祥增、陈军文、张广辉、海梅荣、杨生超、马春花、沙本才、孟珍贵	2016	云南
		滇半夏 3 号	云林园植新登第 20160024 号	系统选育	云南农业大学	张广辉、陈军文、徐祥增、海梅荣、马春花、杨生超、孟珍贵、沙本才	2016	云南
薄荷	唇形科植物薄荷 *Mentha haplocalyx* Briq.	恒薄 1 号	皖品鉴登字第 1306002	系统选育	安徽恒进农业发展有限公司、安徽省农业科学院园艺研究所	范恒进、董玲、朱永华、李卫文、张兆才、刘艳侠	2013	安徽

续表

药材名称	基原	品种名称	品种编号	选育方法	选育单位	选育人	年份	省份
薄荷	唇形科植物薄荷 *Mentha haplocalyx* Briq.	恒进高油	皖品鉴登字第1306001	系统选育	安徽恒进农业发展有限公司、安徽省农业科学院园艺研究所	范恒进、董玲、朱永华、张兆才、刘艳侠、李卫文	2013	安徽
苍术	菊科多年生草本植物北苍术 *Atractylodes chinensis*（DC.）Koidz.	汪术 1 号	吉登药 2011001	系统选育	吉林省延边长白山药业有限公司		2011	吉林
草果	姜科植物草果 *Amomum tsaoko Crevost* et Lemarie	临 1 号草	云 R–SC–DD–024–2018		临沧市林业科学院	李秀君、杨建荣、万晓丽、钱学江、马非寒、樊绍光、雷艳、周庆荣、王红颜、何家梅、潘老保	2018	云南
		云草果 1 号	云林园植新登第 20190041 号	系统选育	云南省农业科学院药用植物研究所、怒江傈僳族自治州木本油料产业发展研究所	张金渝、杨绍兵、杨维泽、唐乙云、吴丽华、杨天梅、杨美权、陈秀花、左应梅、许宗亮、李纪潮	2019	云南
		云草果 2 号	云林园植新登第 20190042 号	系统选育	云南省农业科学院药用植物研究所、贡山县土壤肥料工作站	张金渝、杨绍兵、陈秀花、杨美权、左应梅、杨天梅、杨维泽、李新华、唐乙云、李纪潮、邓先能	2019	云南
		云草果 3 号	云林园植新登第 20190043 号	系统选育	云南省农业科学院药用植物研究所、怒江绿色香料产业研究院	杨绍兵、张金渝、左应梅、杨美权、陈秀花、杨毅、杨维泽、杨天梅、许宗亮、李纪潮、许倬卉	2019	云南
		云草果 4 号	云林园植新登第 20190044 号	系统选育	云南省农业科学院药用植物研究所、怒江昂可达农林生物科技开发有限公司	张金渝、杨绍兵、杨维泽、杨天梅、唐乙云、许宗亮、陈秀花、杨美权、王丽、李春芳、李后江	2019	云南
柴胡	伞形科植物北柴胡 *Bupleurum chinense* DC.	北柴 1 号	皖品鉴登字第1306007	系统选育	亳州凤鸣药业集团公司	张雨雷、褚庆龙、王普法、张晴晴	2013	安徽
		中柴 2 号	京品鉴药 2009004	系统选育	中国医学科学院药用植物研究所	魏建和、褚庆龙、隋春、杨成民、潘瑞乐、金钺、郑亭亭、于婧、曹海禄	2009	北京

续表

药材名称	基原	品种名称	品种编号	选育方法	选育单位	选育人	年份	省份
柴胡	伞形科植物北柴胡 *Bupleurum chinense* DC.	中柴 3 号	京品鉴药 2009005	系统选育	中国医学科学院药用植物研究所	魏建和、褚庆龙、隋春、杨成民、潘瑞乐、金钺、郑亭亭、于婧、曹海禄	2009	北京
		陇柴 1 号	甘认药 2014002	集团选育	陇西稷丰种业有限责任公司	周海、方子森、周锐锋、汪宏亮等	2014	甘肃
		川北柴 1 号	川审药 2015004	驯化	四川德培源中药科技开发有限公司、中国医学科学院药用植物研究所、四川农业大学、西南科技大学	魏建和、杨兴旺、隋春、陈兴福、侯大斌、余马、姚红琼、张良、杨占国	2015	四川
	伞形科植物狭叶柴胡 *Bupleurum scorzonerifolium* Willd.	中红柴 1 号	京品鉴药 2012036	集团选育	中国医学科学院药用植物研究所	魏建和、隋春、褚庆龙、金钺、杨成民、魏兆云、郑亭亭、潘瑞乐、徐洁森、于婧、杨美华	2012	北京
		香柴 1 号	皖品鉴登字第 1306008	系统选育	亳州凤鸣药业集团公司	张雨雷、褚庆龙、王普法、张晴晴	2013	安徽
		川红柴 1 号	川审药 2015003	驯化	四川德培源中药科技开发有限公司、中国医学科学院药用植物研究所、四川农业大学、西南科技大学	魏建和、杨兴旺、隋春、陈兴福、侯大斌、余马、姚红琼、张良、杨占国	2015	四川
沉香	瑞香科植物白木香 *Aquilaria sinensis* (Lour.) Gilg	热科 1 号沉香	海南省林木品种审定委员会 2016 第 010 号	系统选育	中国热带农业科学院热带生物技术研究所	戴好富、王军、梅文莉	2016	海南
		热科 2 号沉香	海南省林木品种审定委员会 2017 第 006 号	系统选育	中国热带农业科学院热带生物技术研究所	戴好富、王军、梅文莉、王宇光	2017	海南
川贝母	百合科植物川贝母 *Fritillaria cirrhosa* D. Don.	川贝 1 号	川审药 2015005	系统选育	成都恩威投资（集团）有限公司、康定恩威高原药材野生抚育基地有限责任公司		2015	四川
		雪山贝	云林园植新登第 20180020 号	系统选育	丽江云鑫绿色生物开发有限公司、云南省农业科学院药用植物研究所	马维思、杨斌、李林玉、董志渊、王馨、严世武、和兵、和云、杨献忠	2018	云南

药材名称	基原	品种名称	品种编号	选育方法	选育单位	选育人	年份	省份
川贝母	百合科植物川贝母 *Fritillaria cirrhosa* D. Don.	云贝 1 号	云林园植新登第 20180021 号	系统选育	云南省农业科学院药用植物研究所、丽江云鑫绿色生物开发有限公司	杨斌、马维思、王馨、董志渊、李林玉、严世武、和云、和兵、杨献忠	2018	云南
川牛膝	苋科植物川牛膝 *Cyathula officinalis* Kuan	宝膝 1 号	川审药 2012002	系统选育	四川农业大学、雅安三九中药材科技产业化有限公司		2012	四川
川芎	伞形科植物川芎 *Ligusticum chuanxiong* Hort.	川芎 1 号	川审药 2010004	系统选育	四川省中医药科学院		2010	四川
		绿芎 1 号	川审药 2011005	系统选育	成都中医药大学、四川农业大学		2011	四川
		新绿芎 1 号	川审药 2014002	系统选育	四川新绿色药业科技发展股份有限公司		2014	四川
续断	川续断科植物川续断 *Dipsacus asperoides* C. Y. Cheng et T. M. Ai	川续断滇农 1 号	云林园植新登第 20160042 号	系统选育	云南农业大学、弥渡县俊峰特色经济林药开发农民专业合作社	梁艳丽、倪喜云、张金莲、许雪峰、杨生超、陈军文、丁成武、李铁梅、何高梅、胡倩倩、许俊峰	2016	云南
川银花	忍冬科植物细毡毛忍冬 *Lonicera similis* Hemsl.	南银 1 号	川审药 2016009	系统选育	南江县农业局		2016	四川
刺五加	五加参科植物刺五加 *Acanthopanax senticosus* (Rupr. Maxim.) Harms	中农五加 1 号	吉登药 2015002	混合选育	中国农业科学院特产研究所		2015	吉林
大青叶	十字花科植物菘蓝 *Isatis indigotica* Fort.	中青 1 号	甘认药 2016007	辐照选育	中国科学院近代物理研究所		2016	甘肃
丹参	唇形科植物丹参 *Salvia miltiorrhiza* Bunge.	丹参 1 号	皖品鉴登字第 1306013	系统选育	安徽省农业科学院园艺研究所、安徽国泰医药有限公司	董玲、廖华俊、李卫文、宁志怨、江芹、杜兴敏	2013	安徽
		皖丹参 1 号	皖品鉴登字第 1306013	系统选育	安徽省农业科学院园艺研究所、安徽省国泰天然植物科技有限公司	董玲、廖华俊、李卫文、宁志怨、江芹、杜兴敏	2013	安徽
		北丹 1 号	京品鉴药 2009008	无性系	中国医学科学院药用植物研究所	李先恩	2009	北京

续表

药材名称	基原	品种名称	品种编号	选育方法	选育单位	选育人	年份	省份
丹参	唇形科植物丹参 *Salvia miltiorrhiza* Bunge.	中丹药植2号	京品鉴药2014031	优势育种	中国医学科学院药用植物研究所	魏建和、杨成民、金钺、隋春、陈萌、王玲、于婧、候双、孔维军、杨美华、刘娟、郑亭亭、曹亮、范圣此、褚庆龙、罗红丽	2014	北京
		中丹药植1号	京品鉴药2014030	优势育种	中国医学科学院药用植物研究所	杨成民、魏建和、金钺、隋春、陈萌、王玲、于婧、候双、孔维军、杨美华、刘娟、郑亭亭、曹亮、范圣此、褚庆龙、罗红丽	2014	北京
		冀丹1号	冀S–SV–SM–016–2012	系统选育	河北省农林科学院经济作物研究所	温春秀、谢晓亮、周巧梅、田伟、刘铭、刘灵娣、边建波	2012	河北
		冀丹2号	冀S–SV–SM–017–2012	系统选育	河北省农林科学院经济作物研究所	温春秀、谢晓亮、周巧梅、田伟、刘铭、刘灵娣、边建波	2012	河北
		冀丹3号	冀S–SV–SM–018–2012	系统选育	河北省农林科学院经济作物研究所	温春秀、谢晓亮、周巧梅、田伟、刘铭、刘灵娣、边建波	2014	河北
		丹杂1号	冀S–SV–SM–030–2014	杂交育种	河北省农林科学院经济作物研究所	温春秀、谢晓亮、刘灵娣、田伟、刘铭、周巧梅、贾东升、边建波	2014	河北
		丹杂2号	冀S–SV–SM–031–2014	杂交育种	河北省农林科学院经济作物研究所	刘灵娣、温春秀、谢晓亮、刘铭、田伟、周巧梅、贾东升、边建波	2014	河北
		豫丹参1号	豫中药品鉴2018004	系统选育	河南农业大学、广州白云山和记黄埔中药有限公司	黄勇、张红瑞、张慧晔、高致明、王德勤、李楚源、李贺敏、周艳、夏静、吴月红、孟肖、彭涛、翟俊杰、郭梦	2018	河南
		豫西红	豫中药品鉴2018002	系统选育	广州白云山和记黄埔中药有限公司、河南农业大学	李楚源、张红瑞、黄勇、张慧晔、高致明、王德勤、李贺敏、周艳、夏静、吴月红、孟肖、彭涛、翟俊杰、郭梦	2018	河南
		航丹1号	XPD010–2012	系统选育	湖南中医药大学		2012	湖南
		鲁丹参1号	山东省草品种审定委员会2011–020	系统选育	山东省农业科学院原子能农业应用研究所	王志芬、单成钢、倪大鹏、朱彦威、闫树林	2011	山东

续表

药材名称	基原	品种名称	品种编号	选育方法	选育单位	选育人	年份	省份
丹参	唇形科植物丹参 *Salvia miltiorrhiza* Bunge.	鲁原丹参1号	鲁农审2013061号	系统选育	山东省农业科学院原子能农业应用研究所、烟台天星航天育种技术开发公司	单成钢、谭长杰、倪大鹏、朱彦威、闫树林、谭在澳	2013	山东
		天丹1号	陕药材登字2011001	系统选育	陕西天士力植物药业有限公司、西北农林科技大学生命科学学院	舒志明、付亮亮、孟宏录、王占国、梁宗销、魏梁柱	2011	陕西
		天丹2号	陕药材登字2011002	优势育种	陕西天士力植物药业有限公司、西北农林科技大学生命科学学院	梁宗销、舒志明、孟宏录、付亮亮、王占国、蒋传中	2011	陕西
		川丹参1号	川审药2011002	系统选育	四川农业大学		2011	四川
		中丹1号	川审药2012003	系统选育	四川省中医药科学院		2012	四川
当归	伞形科植物当归 *Angelica sinensis*（Oliv.）Diels	岷归2号	甘认药2008001	辐照选育	定西市农业科学研究院、中国科学院近代物理研究所、甘肃省岷县药材产业发展局、甘肃省岷县农业技术推广站	刘效瑞、荆彦民、颉红梅、贾婕楠、刘荣清、卫增泉、张国礼、陈书珍、郭增祥、韩儆仁	2008	甘肃
		岷归1号	甘认药2009001	系统选育	定西市农业科学研究院	刘效瑞、刘荣清、高占彪、蔺海明、荆彦明、李鹏程、王富胜、陈书珍、王春明、姚兰、李彦芳、季绪霞、黄普民、褚如意、单会忠	2009	甘肃
		岷归3号	甘认药2009002	系统选育	定西市农业科学研究院、中国科学院近代物理研究所、岷县药材产业办公室、岷县农业技术推广站	颉红梅、刘效瑞、李文建、荆彦民、刘敬、尚虎山、张国礼、刘荣清、郝冀芳、何宝刚、王春明、汪淑霞	2009	甘肃
		岷归4号	甘认药2011001	辐照选育	定西市农业科学研究院、甘肃中医药大学	李应东、刘效瑞、杜弢、王春明、晋玲、荆彦民、赵强、王引泉、吕建华、管青霞、何宝刚、王富胜、张延红、尚虎山、赵勇、马英、王惠珍、马伟明、王艳、汪淑霞	2011	甘肃

续表

药材名称	基原	品种名称	品种编号	选育方法	选育单位	选育人	年份	省份
当归	伞形科植物当归 *Angelica sinensis*（Oliv.）Diels	岷归 5 号	甘认药 2013003	系统选育	定西市农业科学研究院	王春明、马伟明、王富胜、刘效瑞、刘欢欢、赵强、韩儆仁、徐鸿耀、王兴政、荆彦民、尚虎山、何宝刚、汪淑霞、郭增祥、徐福祥、马英	2013	甘肃
		岷归 6 号	甘认药 2016006	辐照选育	定西市农业科学研究院、甘肃中医药大学	王富胜、马伟明、汪淑霞、王春明、晋玲、杜弢、荆彦明、尚虎山、马瑞丽、王兴政、仲彩萍、赵永伟、杨荣洲、谭伟军、汪国峰	2016	甘肃
		窑归 1 号	鄂审药 2013001	系统选育	恩施济源药业科技开发有限公司、湖北省农业科学院中药材研究所	廖朝林、何银生、由金文、王华、艾伦强、刘海华、郭汉玖、张国华、何美军	2013	湖北
		云归 1 号	云林园植新登第 20130018 号	系统选育	沾益县益康中药饮片有限责任公司	杨斌、李绍平、李伟、王馨、李林玉、李松、马维思、董志渊、杨丽英、胡健羽、严世武	2014	云南
		中维当归	云林园植新登第 20160005 号	系统选育	昆明中如农业科技有限公司、维西供销药材土特产有限公司	王馨、辛延蓉、杨淮、杨斌、李林玉、李燕翔、杨丽英、马维思、董志渊、严世武	2016	云南
党参	桔梗科植物党参 *Codonopsis pilosula*（Franch.）Nannf.	渭党 1 号	甘认药 2008001	系统选育	定西市农业科学研究院、渭源县科学技术局、魏源县农业技术推广中心	刘效瑞、刘荣清、荆彦明、李鹏程、韩儆仁、王富胜、徐福祥、赵荣、陈俊珊、牟丽明、李应龙、冯林军、贺永斌、艾国荣、魏君玲	2008	甘肃
		渭党 2 号	甘认药 2008002	系统选育	定西市农业科学研究院	刘效瑞、刚桃萍、颉红梅、王富胜、杜弢、李文建、何宝刚、刘荣清、李维忠、王春明、刘敬、汪淑霞、郭增祥、马英	2008	甘肃

续表

药材名称	基原	品种名称	品种编号	选育方法	选育单位	选育人	年份	省份
党参	桔梗科植物党参 *Codonopsis pilosula*（Franch.）Nannf.	渭党 3 号	甘认药 2013002	辐照选育	定西市农业科学研究院、中国科学院近代物理研究所	荆彦民、何宝刚、刘荣清、刘效瑞、刘国强、王兴政、杨宁、景彩艳、姚兰、史丽萍、尚虎山、王春明、汪淑霞、马伟明、韩儆仁、马英	2013	甘肃
		渭党 4 号	甘认药 2015002	辐照选育	定西市农业科学研究院	荆彦民、魏玉琴、李文建、刘效瑞、王富胜、杜弢、马伟明、马瑞丽、何宝刚、潘晓春、王兴政、王春明、尚虎山、汪淑霞、陈向东、姚兰	2015	甘肃
灯盏花	菊科植物短葶飞蓬 *Erigeron breviscapus*（Vant.）Hand.-Mazz.	灯盏花 1 号	云林园植新登第 20100008 号	系统选育	云南生物谷灯盏花药业有限公司	李绍平、刘有贵、王馨、董志渊、严世武、李林玉、杨斌、张应红、魏文斌	2010	云南
		灯盏花 2 号	云林园植新登第 20100009 号	系统选育	云南生物谷灯盏花药业有限公司	李林玉、李绍平、石秉亮、杨丽英、杨斌、严世武、王馨、董志渊、顾发祥	2010	云南
		艾瑞杰 1 号	云林园植新登第 20100015 号	系统选育	云南施普瑞生物工程有限公司	王馨、鸭乔、杨斌、杨丽英、晏朴华、杨彭、严世武	2010	云南
		艾瑞杰 17 号	云林园植新登第 20100016 号	系统选育	云南施普瑞生物工程有限公司	鸭乔、李绍平、杨彭、董志渊、李林玉、杨雄明、王馨	2010	云南
		千山 1 号	云林园植新登第 20130004 号	系统选育	云南泸西千山生物工程有限公司、云南农业大学	杨建文、杨生超、王平理、潘应花、李国兴、刘炳华、张琼、谢世清、文国松、张广辉	2013	云南
		千山 2 号	云林园植新登第 20130005 号	系统选育	云南泸西千山生物工程有限公司、云南农业大学	杨建文、杨生超、王平理、潘应花、李国兴、刘炳华、张琼、谢世清、文国松、张广辉	2014	云南
		龙津 1 号	云林园植新登第 20180048 号	系统选育	云南宣威龙津生物科技有限责任公司	杨生超、王美玲、张广辉、刘有贵、刘冠泽、范美瑞、李继飞、龙光强、范伟、赵艳	2018	云南

续表

药材名称	基原	品种名称	品种编号	选育方法	选育单位	选育人	年份	省份
灯盏花	菊科植物短葶飞蓬 *Erigeron breviscapus* （Vant.）Hand.-Mazz.	滇灵 1 号灯盏花优良家系	云 R-SF-EB-015-2018	系统选育	云南农业大学	杨生超、杨建文、张广辉、关德军、周文忠、赵艳、卢迎春、雷永、李国兴、龙光强、李琼	2018	云南
		滇灵 2 号灯盏花优良家系	云 R-SF-EB-016-2018	系统选育	云南农业大学	杨生超、杨建文、张广辉、关德军、周文忠、赵艳、卢迎春、雷永、李国兴、龙光强、李琼	2018	云南
		生物谷 1 号	云林园植新登第 20190037 号	系统选育	红河灯盏花生物技术有限公司、云南省农业科学院药用植物研究所	王馨、杨斌、马维思、杨勇、董志渊、李林玉、李秀春、顾发祥、严世武、杨丽娟、杨一洋	2019	云南
		滇灵 3 号灯盏花优良家系	云 R-SF-EB-017-2018	系统选育	云南红灵生物科技有限公司	杨建文、杨生超、关德军、张广辉、卢迎春、周文忠、范伟、陈莫、雷永、李国兴、李琼	2019	云南
		滇灵 4 号灯盏花优良家系	云 R-SF-EB-018-2018	系统选育	云南红灵生物科技有限公司	关德军、杨生超、杨建文、张广辉、李国兴、龙光强、周文忠、李莹、卢迎春、雷永、李琼	2019	云南
地黄	玄参科植物地黄 *Rehmannia glutinosa* Libosch.	怀中 1 号	豫鉴中药材 2018	系统选育	河南中医药大学、仲景宛西制药股份有限公司	董诚明、谢小龙、吴廷娟等	2018	河南
		怀地 81	豫鉴中药材 2014001	杂交＋诱变系统选育	河南师范大学生命科学学院、河南省百疗怀药科技开发有限公司	李建军、李景原、李明军、周延清、王太霞、孙树武、孙斌、何二成、王莹、贾国伦、李静云、王君、任美玲	2014	河南
		地黄金九	豫认药植 2011001	杂交育种	温县农科所、河南省农业科学院植物保护研究所	赵正伟、路翠红、王天亮、王飞、白自伟、刘永康、徐艳霞、刘玉霞、闫卫国、王海华	2011	河南
杜仲	杜仲科植物杜仲 *Eucommia ulmoides* Oliver	华仲 11 号	品种权号 20160148	无性系	国家林业局泡桐研究开发中心	杜红岩、杜兰英、李铁柱、刘攀峰、乌云塔娜、王璐、朱景乐、孙志强	2016	北京

续表

药材名称	基原	品种名称	品种编号	选育方法	选育单位	选育人	年份	省份
杜仲	杜仲科植物杜仲 *Eucommia ulmoides* Oliver	华仲12号	品种权号20160149	无性系	国家林业局泡桐研究开发中心	杜红岩、杜兰英、朱景乐、乌云塔娜、王璐、刘攀峰、李铁柱、朱高浦	2016	北京
		华仲13号	品种权号20160150	无性系	国家林业局泡桐研究开发中心	杜红岩、乌云塔娜、杜兰英、王璐、朱景乐、刘攀峰、李铁柱	2016	北京
		华仲14号	品种权号20160151	无性系	国家林业局泡桐研究开发中心	杜红岩、乌云塔娜、刘攀峰、朱景乐、李铁柱、王璐、孙志强、杜兰英	2016	北京
		华仲15号	品种权号20160152	无性系	国家林业局泡桐研究开发中心	杜红岩、王璐杜、兰英、乌云塔娜、刘攀峰、朱景乐、李铁柱	2016	北京
		京仲5号	品种权号20180311	三倍体无性系	北京林业大学	康向阳、李赟、高鹏、张平冬、宋连君、李金忠	2018	北京
		京仲6号	品种权号20180312	三倍体无性系	北京林业大学	康向阳、李赟、高鹏、张平冬、宋连君、李金忠	2018	北京
		京仲7号	品种权号20180313	三倍体无性系	北京林业大学	康向阳、李赟、高鹏、张平冬、宋连君、李金忠	2018	北京
		京仲8号	品种权号20180314	三倍体无性系	北京林业大学	康向阳、李赟、高鹏、张平冬、宋连君、李金忠	2018	北京
		京仲1号	品种权号20190091	三倍体无性系	北京林业大学	康向阳、李赟、高鹏、张平冬、宋连君、李金忠、程武	2019	北京
		京仲2号	品种权号20190092	三倍体无性系	北京林业大学	康向阳、李赟、高鹏、王君、宋连君、李金忠、程武	2019	北京
		京仲3号	品种权号20190093	三倍体无性系	北京林业大学	康向阳、李赟、高鹏、张平冬、宋连君、李金忠	2019	北京
		京仲4号	品种权号20190094	三倍体无性系	北京林业大学	康向阳、李赟、高鹏、王君、宋连君、李金忠	2019	北京
莪术	姜科植物广西莪术 *Curcuma kwangsiensis* S. G. Lee et C. F. Liang	广吉种	桂登药2008025号	选择育种	广西中医学院药学院等		2008	广西
		广成种	桂登药2008026号	选择育种	广西中医学院药学院等		2008	广西

续表

药材名称	基原	品种名称	品种编号	选育方法	选育单位	选育人	年份	省份
莪术、郁金	姜科植物蓬莪术 *Curcuma phaeocaulis* Val.	川蓬 1 号	川审药 2013004	系统选育	成都中医药大学、四川金土地中药材种植集团有限公司		2013	四川
		川蓬 2 号	川审药 2016002	系统选育	成都中医药大学、四川智佳成生物科技有限公司		2016	四川
防风	伞形科植物防风 *Saposhnikovia divaricata* (Turcz.) Schischk.	关防风 1 号	吉登药 2014001	系统选育	吉林中森药业有限公司、吉林农业大学		2014	吉林
粉葛	豆科植物甘葛藤 *Pueraria thomsonii* Benth.	苕葛 1 号	渝品审鉴 2009009	系统选育	重庆市中药研究院、重庆万寿生物医药有限公司、合川区葛产业联合社、合川区农业局	李隆云、彭锐、陈大霞、陈景勇、贺云	2009	重庆
		地金 2 号	渝品审鉴 2009010	系统选育	重庆市中药研究院、重庆万寿生物医药有限公司、合川区葛产业联合社、合川区农业局	李隆云、彭锐、陈大霞、陈景勇、贺云	2009	重庆
佛手	芸香科植物佛手 *Citrus medica* L. var. *sarcodactylis* Swingle	云岭佛手 1 号	云林园植新登第 2014023 号	系统选育	普洱良宝生物科技有限公司、云南农业大学	王礼中、杨生超、梁泉、付开聪、李吉云、张雅琼、尹元萍、张绍云、杨涵雨、李艳春	2014	云南
茯苓	多孔菌科真菌茯苓 *Poria cocos* (Schw.) Wolf	闽苓 A5	闽认菌 2013001	原生质体紫外诱变选育	福建省农业科学院食用菌研究所		2013	福建
		湘靖 28	XPD007-2010	系统选育	靖州县湘黔食药用菌研究所		2010	湖南
附子	毛茛科植物乌头 *Aconitum carmichaeli* Debx.	中附 1 号	川审药 2009001	系统选育	四川省中医药科学院、四川农业大学		2009	四川
		中附 2 号	川审药 2009002	系统选育	四川省中医药科学院、四川农业大学		2009	四川
		川附 2 号	川审药 2009003	系统选育	西南科技大学		2009	四川
		中附 3 号	川审药 2014004	系统选育	四川省中医药科学院		2014	四川
		中附 4 号	川审药 2016005	系统选育	四川省中医药科学院		2016	四川

续表

药材名称	基原	品种名称	品种编号	选育方法	选育单位	选育人	年份	省份
覆盆子	蔷薇科植物华东覆盆子 *Rubus chingii* Hu	旌覆 1 号	皖品鉴登字第 1306004	系统选育	安徽旌德博仕达农业科技有限公司	汪维云、芮龙燕、刘宏林、芮龙梅、孙玲	2013	安徽
甘草	豆科植物乌拉尔甘草 *Glycyrrhiza uralensis* Fisch.	甘育甘草 1 号	甘认药 2016001	混合选育	甘肃农业大学、甘肃巨龙供销（集团）股份有限公司	蔺海明、杜弢、张汉平、邱黛玉、李善家、赵贵亮、王升元、阎立本、张会元	2016	甘肃
		国甘 1 号	甘认药 2014003	集团选育	中国药材公司	赵润怀、王继永、兰青山、邓庭伟等	2014	甘肃
	豆科植物光果甘草 *Glycyrrhiza glabra* L.	甘育甘草 2 号	甘认药 2016002	混合选育	甘肃农业大学、甘肃巨龙供销（集团）股份有限公司	蔺海明、纪瑛、张汉平、李善家、杜弢、赵贵亮、邱黛玉、王升元、阎立本、张会元	2016	甘肃
		甘育甘草 3 号	甘认药 2016003	混合选育	甘肃农业大学、甘肃巨龙供销（集团）股份有限公司	蔺海明、邱黛玉、张汉平、李善家、杜弢、赵贵亮、王升元、阎立本、张会元	2016	甘肃
赶黄草	虎耳草科植物赶黄草 *Penthorum chinense* Pursh	赶黄草 1 号	川审药 2010001	系统选育	四川省农业科学院经济作物育种栽培研究所	胡尚钦、杨晓、童文，孙佩、黄璐琳	2010	四川
		赶黄草 2 号	川审药 2015001	系统选育	四川省农科院经作所	杨晓、孙佩、童文、叶霄、胡尚钦	2015	四川
藁本	伞形科植物藁本 *Ligusticum sinense* Oliv.	诚隆 1 号	川审药 2013003	系统选育	四川诚隆药业有限责任公司		2013	四川
葛根	豆科植物野葛 *Pueraria lobata*（Willd.）Ohwi	湘葛 2 号	XPD009-2012	系统选育	湖南天盛生物科技有限公司		2012	湖南
		浙葛 1 号	浙（非）审药 2009001	系统选育	浙江省中药研究所		2009	浙江
		安锦 1 号	XPD024-2015	系统选育	怀化职业技术学院、麻阳苗族自治县农村综合改革办公室		2015	湖南
		葛之星 1 号	XPD025-2015	系统选育	湖南省强生药业有限公司、湖南省农业生物资源利用研究所		2015	湖南
钩藤	茜草科植物钩藤 *Uncaria rhynchophylla*（Miq.）Miq. ex Havil.	药园钩藤 1 号	桂登药 2010007 号	系统选育	广西壮族自治区药用植物园	马小军、韦树根、施力军、白隆华、柯芳、付金娥	2010	广西

续表

药材名称	基原	品种名称	品种编号	选育方法	选育单位	选育人	年份	省份
钩藤	茜草科植物钩藤 *Uncaria rhynchophylla*（Miq.）Miq. ex Havil.	药园钩藤2号	桂登药2010008号	系统选育	广西壮族自治区药用植物园	韦树根、马小军、施力军、白隆华、柯芳、付金娥	2010	广西
枸杞子	茄科植物宁夏枸杞 *Lycium barbarum* L.	银杞1号	甘认药2016008	系统选育+无性系	白银市农业技术服务中心		2016	甘肃
		宁杞4号	宁S–SC–LB–001–2005	系统选育+无性系	中宁县枸杞产业管理局	胡忠庆、谢施祎、陈克勤、丁亮、赵倩	2005	宁夏
		宁杞3号	宁S–SC–LB–001–2010	系统选育+无性系	国家枸杞工程技术研究中心	钟鉎元、赵世华、秦垦、唐慧锋、闫亚美、何军、洪凤英、王彩艳、巫鹏举、金小平、王立英、王文华、关小燕、杨玲、李有杰、李瑞鹏、王新军、吴广生、丁婕	2010	宁夏
		宁杞5号	宁S–SC–LB–001–2009	系统选育+无性系	宁夏枸杞工程技术研究中心、银川育新枸杞种业有限公司、宁夏枸杞协会	秦垦、刘元恒、唐慧锋、王自贵、李云翔、樊云芳、杨玲、李瑞鹏、焦恩宁、闫亚美、崔萍、吴广生、文小强、王俊、安巍、曹有龙	2010	宁夏
		宁杞7号	宁S–SC–LB–009–2010	系统选育+无性系	国家枸杞工程技术研究中心\宁夏枸杞工程技术研究中心、宁夏林业产业服务中心	秦垦、曹有龙、焦恩宁、唐慧锋、戴国礼、闫亚美、何军、李瑞鹏、安巍、石志刚、余守乾、王文华、王自贵、吴广生、苗永俊、刘定兵	2010	宁夏
		宁杞6号	宁S–SC–LB–008–2010	系统选育+无性系	宁夏林业研究院股份有限公司	王锦秀、李 健、沈效东、王娅丽、常红宇	2010	宁夏
		宁杞8号	宁S–SC–LB–008–2010	系统选育+无性系	宁夏林业研究院股份有限公司国家林业局枸杞工程技术研究中心、西北特色经济林栽培与利用国家地方联合工程研究中心	王锦绣、李 健、沈效东、李永华、王娅丽、南雄雄、王梦泽、田英、王昊	2010	宁夏

续表

药材名称	基原	品种名称	品种编号	选育方法	选育单位	选育人	年份	省份
枸杞子	茄科植物宁夏枸杞 *Lycium barbarum* L.	宁农杞9号	宁 S-SC-SC-001-2014	系统选育+无性系	宁夏农林科学院（国家枸杞工程技术研究中心）、中宁县百瑞源枸杞产业发展有限公司	曹有龙、戴国礼、雷志荣、焦恩宁、秦垦、周旋、陈清平、何军、闫亚美、郝向琴、吕云军、刘娟、张波、夏道芳、安巍、石志刚、刘俭、蒙静、韩映晶	2014	宁夏
		农宁杞1号	品种权号20140107	杂交育种+无性系	国家枸杞工程技术研究中心	秦垦、焦恩宁、戴国礼、曹有龙、石志刚、周旋、何军、李彦龙、李云翔、闫亚美、黄婷、张波	2014	宁夏
		农宁杞2号	品种权号20140108		国家枸杞工程技术研究中心	秦垦、焦恩宁、戴国礼、曹有龙、石志刚、周旋、何军、李彦龙、李云翔、闫亚美、黄婷、张波	2014	宁夏
		农宁杞3号	品种权号20150121		宁夏农林科学院	焦恩宁、秦垦、戴国礼、曹有龙、石志刚、何军、李彦龙、李云翔、闫亚美、黄婷、张波、周旋、何昕儒	2015	宁夏
		宁杞10号	宁 R-SC-LB-001-2017	杂交育种+无性系	中宁县枸杞种质资源保护与开发中心中宁县杞鑫枸杞苗木专业社	郭玉琴、祁伟、刘冰、龚玉梅、丁学利、郭荣、朱金忠、韶峰、乔彩云、马利奋、胡学玲、马力、亢彦东、逯永、杨秀峰、张波、	2017	宁夏
		农宁杞4号	品种权号20180060		宁夏农林科学院枸杞工程技术研究所	王亚军	2018	宁夏
		农宁杞5号	品种权号20180061		宁夏农林科学院枸杞工程技术研究所	安巍	2018	宁夏
		宁农杞8号	品种权号20180324		宁夏农林科学院枸杞工程技术研究所	焦恩宁、秦垦、戴国礼、曹有龙、石志刚、何军、李彦龙、李云翔、闫亚美、黄婷、张波、周旋、何昕儒、米佳	2018	宁夏

续表

药材名称	基原	品种名称	品种编号	选育方法	选育单位	选育人	年份	省份
枸杞子	茄科植物宁夏枸杞 *Lycium barbarum* L.	宁农杞10号	品种权号20180114		宁夏农林科学院枸杞工程技术研究所	曹有龙	2018	宁夏
		科杞6081	品种权号20180326		宁夏农林科学院枸杞工程技术研究所	曹有龙、贾义科、戴国礼、秦垦、刘占贵、石志刚、何军、李云翔、闫亚美、张波、周旋、何昕儒、段淋渊	2018	宁夏
		科杞6082	品种权号20180327		宁夏农林科学院枸杞工程技术研究所	曹有龙、贾义科、戴国礼、秦垦、刘占贵、石志刚、何军、李云翔、闫亚美、张波、周旋、何昕儒、段淋渊	2018	宁夏
		宁农杞6号	品种权号20190101		宁夏农林科学院枸杞工程技术研究所	焦恩宁、秦垦、戴国礼、曹有龙、石志刚、何军、李彦龙、李云翔、闫亚美、黄婷、张波、周旋、何昕儒、米佳	2019	宁夏
		宁农杞7号	品种权号20190074		宁夏农林科学院枸杞工程技术研究所	焦恩宁、秦垦、戴国礼、曹有龙、石志刚、何军、李彦龙、李云翔、闫亚美、黄婷、张波、周旋、何昕儒、米佳	2019	宁夏
		青杞1号	青S–SV–LBQ–008–2013	杂交+诱变选育+无性系	青海省农林科学院、青海省林业技术推广总站		2013	青海
		柴杞1号		杂交育种+无性系	海西州农业科学研究所		2013	青海
		柴杞2号			海西州农业科学研究所		2013	青海
		柴杞3号			海西州农业科学研究所		2013	青海
		青杞2号		系统选育+无性系	青海省农林科学院		2017	青海
瓜蒌	葫芦科植物栝楼 *Trichosanthes kirilowii* Maxim.	皖蒌4号	皖品鉴登字第0706001	系统选育	安徽省农业科学院园艺研究所、潜山县农委瓜蒌办公室	孙涌潮、董玲、廖华俊、张永娣、江芹、宁志怨、陈静娴、桂仲晶	2007	安徽

续表

药材名称	基原	品种名称	品种编号	选育方法	选育单位	选育人	年份	省份
瓜蒌	葫芦科植物栝楼 *Trichosanthes kirilowii* Maxim.	皖蒌5号	皖品鉴登字第0706002	系统选育	安徽省农业科学院园艺研究所、潜山县农委瓜蒌办公室	张永娣、廖华俊、孙涌潮、董玲、宁志怨、江芹、陈静娴、桂仲晶	2007	安徽
瓜蒌	葫芦科植物栝楼 *Trichosanthes kirilowii* Maxim.	皖蒌6号	皖品鉴登字第0909001	系统选育	安徽省农业科学院园艺研究所、潜山县有余瓜蒌开发有限责任公司	程有余、董玲、廖华俊、江芹	2009	安徽
瓜蒌	葫芦科植物栝楼 *Trichosanthes kirilowii* Maxim.	传文8号	皖品鉴登字第1306011	系统选育	潜山县传文瓜子有限公司	王传文、范桥松、王志鹏、朱军军	2013	安徽
瓜蒌	葫芦科植物栝楼 *Trichosanthes kirilowii* Maxim.	霍蒌2号	皖品鉴登字第1306012	系统选育	安徽霍山启思生态农业有限公司	肖煌、何祥峰、夏学生	2013	安徽
瓜蒌	葫芦科植物栝楼 *Trichosanthes kirilowii* Maxim.	皖蒌7号	皖品鉴登字第1306009	系统选育	安徽省农业科学院园艺研究所、潜山县有余瓜蒌开发有限责任公司	董玲、程有余、廖华俊、李卫文、宁志怨、江芹、朱兴奇、黄翠云、程有思	2013	安徽
瓜蒌	葫芦科植物栝楼 *Trichosanthes kirilowii* Maxim.	皖蒌8号	皖品鉴登字第1306010	系统选育	安徽省农业科学院园艺研究所、潜山县有余瓜蒌开发有限责任公司	董玲、程有余、廖华俊、李卫文、宁志怨、江芹	2013	安徽
瓜蒌	葫芦科植物栝楼 *Trichosanthes kirilowii* Maxim.	皖蒌9号	皖品鉴登字第1406005	系统选育	安徽省农业科学院园艺研究所、潜山县有余瓜蒌开发有限责任公司	董玲、程有余、廖华俊、李卫文、宁志怨、江芹	2014	安徽
瓜蒌	葫芦科植物栝楼 *Trichosanthes kirilowii* Maxim.	皖蒌10号	皖品鉴登字第1506004	系统选育	岳西县惠农瓜蒌专业合作社联合社	汪胜昔、杨森林、储代岳、刘和金、陈海东	2015	安徽
瓜蒌	葫芦科植物栝楼 *Trichosanthes kirilowii* Maxim.	皖蒌11号	皖品鉴登字第1506005	系统选育	岳西县惠农瓜蒌专业合作社联合社	汪胜昔、杨森林、储代岳、刘和金、陈海东	2015	安徽
瓜蒌	葫芦科植物栝楼 *Trichosanthes kirilowii* Maxim.	皖蒌12号	皖品鉴登字第1606004	杂交育种	潜山县传文瓜子有限公司、潜山县棉花瓜蒌技术指导站	孙勇潮、李武伦、韩爱武、朱莹、廖华俊、韩张凤、郭建军、韩久春、储昭才、徐际根、张永娣、王传文、王志鹏、	2016	安徽

续表

药材名称	基原	品种名称	品种编号	选育方法	选育单位	选育人	年份	省份
瓜蒌	葫芦科植物栝楼 *Trichosanthes kirilowii* Maxim.	皖蒌15号	皖品鉴登字第1606005	杂交育种	潜山县有余瓜蒌开发有限责任公司	程有余、廖华俊、董玲、朱兴奇、韩张凤、朱莹、余升、戴袁结、韩爱武、彭梅、顾五毛、程素春、孙勇潮、李武伦、	2016	安徽
		皖蒌16号	皖品鉴登字第1606008	杂交育种	安徽省农业科学院园艺研究所	董玲、李卫文、赵伟、宁志怨、王爱听、李方敏	2016	安徽
		皖蒌17号	皖品鉴登字第1606009	杂交育种	安徽省农业科学院园艺研究所	董玲、李卫文、赵伟、宁志怨、王爱听	2016	安徽
		皖蒌19号	皖品鉴登字第1706011	杂交育种	安徽省农业科学院园艺研究所	董玲、李卫文、赵伟、王爱听、储转南	2017	安徽
		皖蒌20号	皖品鉴登字第1706012	杂交育种	安徽省农业科学院园艺研究所	董玲、李卫文、赵伟、储转南、崔广胜	2017	安徽
		川瓜蒌1号	川审药2015006	系统选育	成都理工大学、四川回春堂药业连锁有限公司		2015	四川
何首乌	蓼科植物何首乌 *Fallopia multiflora*(Thunb.) Harald.	滨乌1号	苏鉴何首乌201001	系统选育	江苏省白首乌产业协会		2010	江苏
		攀首乌1号	川审药2016007	系统选育	攀枝花市农林科学研究院		2016	四川
黑果枸杞	茄科植物黑果枸杞 *Lycium ruthenicum* Murr.	青黑杞1号		系统选育	青海省农林科学院		2017	青海
黑老虎	木兰科植物厚叶五味子 *Kadsura coccinea*(Lem) A. C. Smith	亦元生黑老虎	桂登药2012002号	选择育种+无性系	桂林亦元生现代生物技术有限公司		2012	广西
红花	菊科植物红花 *Carthamus tinctorius* L.	豫红花3号	豫中药品鉴2019017	系统选育	河南省农业科学院芝麻研究中心	梁慧珍、许兰杰、余永亮、杨红旗、谭政委、董薇、李磊、张收良	2019	河南
		豫红花1号	豫鉴中药材2017001	系统选育	河南省农业科学院芝麻研究中心	梁慧珍、许兰杰、余永亮、杨红旗、谭政委、董薇、张收良、夏伟	2017	河南
		豫红花2号	豫中药品鉴2018005	系统选育	河南省农业科学院芝麻研究中心	梁慧珍、余永亮、许兰杰、谭政委、杨红旗、董薇、张收良、李磊、李春明	2018	河南
		川红花2号	川审药2009004	系统选育	四川省农业科学院经济作物育种栽培研究所	胡尚钦、杨晓、童文、孙佩、黄璐琳	2009	四川

续表

药材名称	基原	品种名称	品种编号	选育方法	选育单位	选育人	年份	省份
红花	菊科植物红花 *Carthamus tinctorius* L.	川红花3号	川审药2014001	系统选育	四川省农科院经作所	杨晓、童文、孙佩、叶霄、胡尚钦	2014	四川
		新红花7号		杂交育种	新疆农业科学院	贾东海、陈跃华	2007	新疆
		吉选3号		杂交育种	新疆农业科学院	贾东海、陈跃华	2014	新疆
厚朴	木兰科植物凹叶厚朴 *Magnolia officinalis* Rehd. et Wils. var. *biloba* Rehe. et Wils.	洪塘营10号凹叶厚朴	湘S-SC-MO-002-2012	无性系	湖南省林业科学院		2005	湖南
		洪塘营7号凹叶厚朴	湘S-SC-MO-001-2012	无性系	湖南省林业科学院		2012	湖南
黄姜	薯蓣科植物盾叶薯蓣 *Dioscorea zingiberensis* C. H. Wright	旬姜1号	QLS080-J056-2009				2009	陕西
		旬姜2号	QLS081-J057-2009				2009	陕西
黄精	百合科植物多花黄精 *Polygonatum cyrtonema* Hua	九阳黄精	皖品鉴登字第1506009	系统选育	安徽省应用技术研究院	陈龙胜、蔡群兴、董先茹、刘玉军、许舒雯、吕杨、忻旸	2015	安徽
		皖黄精1号	皖品鉴登字第1806005	系统选育	金寨森沣农业科技开发有限公司、皖西学院、金寨永惠康有机农业科技有限公司、安徽省科学技术研究院		2018	安徽
		皖黄精2号	皖品鉴登字第1806006	系统选育	皖西学院、金寨森沣农业科技开发有限公司、安徽省中草原生态农业有限公司		2018	安徽
		皖黄精3号	皖品鉴登字第1906007	系统选育	安徽省农业科学院园艺研究所、安徽千草源生态农业开发有限公司	董玲、彭星星、张文革、李卫文、储转南、赵伟、崔广胜、汤博	2019	安徽
		慧农互生	云林园植新登第20170039号	系统选育	金平慧达农林开发有限公司、云南农业大学	朱翔、海梅荣、杨生超、陈军文、张广辉、范伟、梁艳丽、姜薇薇、叶宏达、王文祥、刘波	2017	云南

续表

药材名称	基原	品种名称	品种编号	选育方法	选育单位	选育人	年份	省份
黄精	百合科植物多花黄精 *Polygonatum cyrtonema* Hua	农慧轮生	云林园植新登第 20170038 号	系统选育	云南农业大学、金平慧达农林开发有限公司	海梅荣、杨生超、朱翔、陈军文、张广辉、范伟、赵艳、马春花、叶宏达、王文祥、刘波	2017	云南
		丽精 1 号			浙江农林大学	斯金平等	2018	浙江
	百合科植物滇黄精 *Polygonatum kingianum* Coll. et Hemsl.	滇黄精 2 号	云林园植新登第 20140026 号	系统选育	云南农业大学	梁泉、董文汗、尹元萍、张雅琼、刘涛、汪善荣、杨生超、谢世清、赵庆云	2012	云南
		滇黄精 1 号	云林园植新登第 20140015 号	系统选育	云南农业大学	梁泉、董文汗、张雅琼、尹元萍、谢世清、杨生超、冯杰青、张钟、赵志昆	2014	云南
		滇黄精云农 1 号	云林园植新登第 20160051 号	系统选育	云南省农业科学院药用植物研究所、玉溪市祥馨农业技术开发有限公司	杨美权、张金渝、左应梅、金航、杨维泽、杨天梅、杨绍兵、王元忠、李继祥、许宗亮	2016	云南
		滇黄精云农 2 号	云林园植新登第 20160052 号	系统选育	云南省农业科学院药用植物研究所、永德县大雪山药用生物科技种植有限公司	张金渝、杨美权、杨维泽、杨天梅、杨绍兵、左应梅、许宗亮、金航、李乔英	2016	云南
		滇黄精云农 3 号	云林园植新登第 20160053 号	系统选育	云南省农业科学院药用植物研究所	张金渝、杨美权、杨维泽、左应梅、杨天梅、金航、杨绍兵、许宗亮、王元忠	2016	云南
	百合科植物黄精 *Polygonatum sibiricum* Red.	伏牛山鸡头黄精 1 号	豫中药品鉴 2019		河南联源生物科技有限公司、河南农业大学		2019	河南
黄连	毛茛科植物黄连 *Coptis chinensis* Franch.	黄连 1 号	陕药材登字 2014001 号	系统选育	安康市振兴实业（集团）有限公司	王显安、李向宏、胡榜文、马超、杨晓梅、王文章、丁礼康	2014	陕西
		黄连 2 号	陕药材登字 2014002	系统选育	安康市振兴实业（集团）有限公司	王显安、李向宏、胡榜文、马超、杨晓梅、王文章、丁礼康	2014	陕西

续表

药材名称	基原	品种名称	品种编号	选育方法	选育单位	选育人	年份	省份
黄芪	豆科植物蒙古黄芪 *Astragalus membranaceus*（Fisch.）Bge. var. *mongholicus*（Bge.）Hsiao	龙芪1号	皖品鉴登字第1806013	系统选育	黑龙江省农业科学院经济作物研究所	张树权、陈晶、康庆华、胡莹莹、李岑、宋喜霞、姜卫东、刘凯、李敏、吕志群、孙中义、王贵江	2018	安徽
		陇芪1号	甘认药2009004	系统选育	定西市农业科学研究院	刘效瑞、刘荣清、荆彦明、高占彪、漆琚涛、韩儆仁、马建民、蔺海明、魏玉琴、张玉云、张顶新、王引来、毛正荣、宋天富、张国礼	2009	甘肃
		陇芪2号	甘认药2009005	系统选育	定西市农业科学研究院	刘效瑞、荆彦民、尚虎山、李应东、徐敬晖、王春明、颉红梅、何宝刚、杜弢、罗有中、陈永军、李文建	2009	甘肃
		陇芪3号	甘认药2013001	辐照选育	定西市农业科学研究院、中国科学院近代物理研究所	尚虎山、宋振华、汪淑霞、刘效瑞、陈向东、杜弢、水清明、王海荣、王兴政、姚兰、韩儆仁、荆彦民、王春明、何宝刚、马伟明、马英、文殷花	2013	甘肃
		西芪1号	甘认药2014001	系统选育	陇西稷丰种业有限责任公司	周海、柳福智、周锐锋、包巧玲、方子森	2014	甘肃
		陇芪4号	甘认药2015001	系统选育	定西市农业科学研究院	尚虎山、王富胜、杜弢、刘效瑞、南铭、马伟明、荆彦民、王春明、谭伟军、王兴政、张虎天、汪淑霞、潘晓春、魏玉琴、姚立荣、张小虎、马瑞丽、水清明、贾婕楠	2015	甘肃

续表

药材名称	基原	品种名称	品种编号	选育方法	选育单位	选育人	年份	省份
黄芩	唇形科植物黄芩 *Scutellaria baicalensis* Georgi	京芩1号	京品鉴药2013019	系统选育	北京中医药大学		2013	北京
		中芩1号	京品鉴药2015044	集团选育	中国医学科学院药用植物研究所	徐荣、陈君、于晶、高晓霞、杨成民、魏建和、徐常青、彭芳、王夏、刘赛、乔海莉、郭昆、何春年、李先恩、丁万隆	2015	北京
		中芩2号	京品鉴药2015045	集团选育	中国医学科学院药用植物研究所	陈君、徐荣、于晶、高晓霞、魏建和、杨成民、徐常青、彭芳、王夏、刘赛、林晨、乔海莉、郭昆、李先恩、丁万隆	2015	北京
姜黄、郁金	姜科植物姜黄 *Curcuma longa* L.	黄丝郁金1号	川审药2010005	系统选育	四川省中医药科学院		2010	四川
		川姜黄1号	川审药2016001	系统选育	成都中医药大学、四川智佳成生物科技有限公司		2016	四川
绞股蓝	葫芦科植物绞股蓝 *Gynostemma pentaphyllum* (Thunb.) Makino	中科1号绞股蓝	粤审药20170001	系统选育+无性系	中国科学院华南植物园、连南瑶族自治县农业科学研究所、韶关市创丰生物科技有限公司		2017	广东
		平利1号	QLS082-J058-2009		平利神草园茶业有限公司、陕西师范大学		2009	陕西
		平利2号	QLS083-J059-2009		平利神草园茶业有限公司、陕西师范大学		2009	陕西
		福音	陕2016	杂交育种	平利神草园茶业有限公司、陕西师范大学	徐家振、陈显耀、汪显安、汪涛、肖娅萍、殷刚、马云璞、肖桂莉、孙一军、华凤、殷俊杰、刘霞、柯艳、梁艳、胡厚森等	2016	陕西
		秦珑	陕S-SV-GQ-011-2015		陕西师范大学、平利神草园茶业有限公司	张志勤、王攀、肖娅萍、王喆之、王璐等	2016	陕西

续表

药材名称	基原	品种名称	品种编号	选育方法	选育单位	选育人	年份	省份
金荞麦	蓼科荞植物金荞麦 *Fagopyrum dibotrys*（D.Don）Hara.	金荞 1 号	京品鉴药 2012021	系统选育	中国医学科学院药用植物研究所	李艾莲、陈彩霞、贾彩凤、兰金旭	2012	北京
金银花	忍冬科植物忍冬 *Lonicera japonica* Thunb.	桂丰一号金银花	桂审药 2014001 号	杂交选育 + 无性系	桂林恭城县金银花农业科技有限公司		2014	广西
		巨花 1 号	冀 S–SV–LJ–039–2013	系统选育	巨鹿县林业局		2013	河北
		豫金 2 号	豫品鉴忍冬 2015001	芽变 + 系统选育	河南师范大学生命科学学院	李建军、李景原、李明军、周延清、段素芳、朱双营、王 兰、刘保彬、张光田、李军芳、贾国伦、王 君、任美玲	2015	河南
		豫金 1 号	豫品鉴金银花 2015001	芽变 + 系统选育	河南师范大学生命科学学院	李建军、李景原、李明军、周延清、朱双营、王兰、段素芳、刘保彬、张光田、李军芳、贾国伦、王君、任美玲	2015	河南
		特蕾 1 号	豫中药品鉴 2019012	系统选育	河南师范大学、河南省豫金中药材有限公司、封丘县农村科技研究开发中心、焦作市玖道种苗繁育有限公司、山东泰瑞药业有限公司	李建军、周延清、牛瑶、于飞、李炯、赵喜婷、王兰、常翠芳、刘保彬、孙瑞斌、张光田、闫红军、连笑雅、马静潇、叶承霖、程婷	2019	河南
		豫金 3 号	豫中药品鉴 2019011	系统选育	河南师范大学、河南省豫金中药材有限公司、封丘县农村科技研究开发中心、山东泰瑞药业有限公司、焦作市玖道种苗繁育有限公司	李建军、周延清、牛瑶、于飞、于红卫、赵喜婷、王兰、常翠芳、刘保彬、张光田、孙瑞斌、闫红军、连笑雅、马静潇、叶承霖、程婷	2019	河南
		封花 1 号	豫鉴中药材 2017002	芽变选育	河南省农业科学院植物保护研究所、封丘县金银花产业协会、封丘县鑫丰农业种植专业合作社	王广军、刘玉霞、高素霞、文艺、刘红彦、鲁传涛、王 敏、王梦楠、任文娟、朱长春	2017	河南

续表

药材名称	基原	品种名称	品种编号	选育方法	选育单位	选育人	年份	省份
金银花	忍冬科植物忍冬 *Lonicera japonica* Thunb.	舜帝1号忍冬	湘S–SV–LJ–005–2015	无性系	湖南省林业科学院、宁远县宏源金银花种植专业合作社		2015	湖南
		丰蕾	品种权号20180257	无性系	湖南省林业科学院、兰陵县鲁龙林果园艺专业合作社、长沙湘莹园林科技有限公司	曾慧杰、王晓明、乔中全、李修海、李永欣、蔡能、王湘莹、陈建军	2018	湖南
		亚特金银花	国S–SV–LJ–022–2010	系统选育	山东亚特生态技术有限公司、山东省分析测试中心	李圣波等	2010	山东
		亚特红金银花	国S–SV–LJ–023–2010	系统选育	山东亚特生态技术有限公司、山东省分析测试中心	李圣波等	2010	山东
		亚特立本金银花	国S–SV–LJ–025–2010	系统选育	山东亚特生态技术有限公司、山东省分析测试中心	李圣波等	2010	山东
		华金2号	鲁农审2013063号	系统选育	山东中医药大学	张永清	2013	山东
		中花1号	鲁S–SV–LJ–023–2014	选择育种	山东临沂市农业科学院		2014	山东
		华金6号	品种权号20170109	系统选育+诱变	山东中医药大学	张永清	2017	山东
		金花3号	陕R–SV–LJ–001–2014		杨凌金山农业科技有限责任公司		2015	陕西
		云花1号	云林园植新登第20120036号	系统选育	云南鸿翔　心堂药业（集团）股份有限公司	杨斌、阮鸿献、李绍平、董志渊、杨丽英、王馨、李林玉、严世武、王克勤、万赉、达瑞波	2012	云南
荆芥	唇形科植物荆芥 *Schizonepeta tenuifolin* Briq.	中荆1号	京品鉴药2009006	系统选育	中国医学科学院药用植物研究所、中国药材集团公司	魏建和、曹亮、褚庆龙、范圣此、赵润怀、薛健、张争、王卫权、王跃虎、朱平、孙鸿、金钺、杨海健	2009	北京
		中荆2号	京品鉴药2009007	系统选育	中国医学科学院药用植物研究所、中国药材集团公司	魏建和、曹亮、褚庆龙、范圣此、赵润怀、薛健、张争、王卫权、王跃虎、朱平、孙鸿、金钺、杨海健	2009	北京

续表

药材名称	基原	品种名称	品种编号	选育方法	选育单位	选育人	年份	省份
桔梗	桔梗科植物桔梗 *Platycodon grandiflorus*（Jacq.）A. DC.	中梗 9 号	皖品鉴登字第 1106005	优势育种	中国医学科学院药用植物研究所、安徽省农业科学院园艺研究所	魏建和、褚庆龙、杨成民、董玲、隋春、金钺、李卫文、朱平、陈宏降、于婧、赵禹凯、赵祥升、张岩、杨海健、廖华俊、江芹	2011	安徽
		金梗 1 号	皖品鉴登字第 1506008	杂交选育	安徽省亳州市皖北药业有限责任公司、安徽中医药大学	张雨雷、俞年军、彭代银、桂双英、张凤鸣、陈卫东、田广东、杨青山、王辉、张晴晴、王普法、屈海防、朱月健、于娇	2015	安徽
		中梗 1 号	京品鉴药 2009001	优势育种	中国医学科学院药用植物研究所	魏建和、褚庆龙、杨成民、黄璐琦、师凤华、许旭东、朱平、陈士林、金钺、张少发、于婧、赵禹凯、贾克强、赵祥升、马凤杰、杨海健	2009	北京
		中梗 2 号	京品鉴药 2009002	优势育种	中国医学科学院药用植物研究所	魏建和、褚庆龙、杨成民、黄璐琦、师凤华、许旭东、朱平、陈士林、金钺、张少发、于婧、赵禹凯、贾克强、赵祥升、马凤杰、杨海健	2009	北京
		中梗 3 号	京品鉴药 2009003	优势育种	中国医学科学院药用植物研究所	魏建和、褚庆龙、杨成民、黄璐琦、师凤华、许旭东、朱平、陈士林、金钺、张少发、于婧、赵禹凯、贾克强、赵祥升、马凤杰、杨海健	2009	北京
		中梗白花 1 号	京品鉴药 2010024	系统选育	中国医学科学院药用植物研究所	魏建和、褚庆龙、隋春、杨成民、朱平、金钺、陈宏降、于婧、赵禹凯、师凤华、赵祥生、杨海健、范圣此	2010	北京

续表

药材名称	基原	品种名称	品种编号	选育方法	选育单位	选育人	年份	省份
桔梗	桔梗科植物桔梗 *Platycodon grandiflorus* (Jacq.) A. DC.	中梗粉花1号	京品鉴药2010025	系统选育	中国医学科学院药用植物研究所	魏建和、褚庆龙、隋春、杨成民、朱平、金钺、陈宏降、于婧、赵禹凯、师凤华、赵祥生、杨海健、范圣此	2010	北京
		吉梗1号	吉登药2012005	混合选育	中国农业科学院特产研究所		2012	吉林
		吉梗2号	吉登药2015003	集团选育	中国农业科学院特产研究所		2015	吉林
		鲁梗1号	山东省草品种审定委员会2007-008	系统选育	山东省农业科学院原子能农业应用研究所	王志芬、单成钢、苏学合、闫树林	2007	山东
		鲁梗2号	山东省草品种审定委员会2011-021	系统选育	山东省农业科学院原子能农业应用研究所	王志芬、单成钢、陈庆亮、张教洪、苏学合	2011	山东
		鲁原桔梗1号	鲁农审2013062号	系统选育	山东省农业科学院原子能农业应用研究所	王志芬、单成钢、陈庆亮、张教洪、苏学合	2013	山东
		云桔梗1号	云林园植新登第20160006号	系统选育	维西宏达生物资源有限公司、云南省农业科学院药用植物研究所	杨丽英、李林玉、杨斌、张新华、马维思、董志渊、王馨、严世武、和振宏、钱黎菲、和建斌	2016	云南
菊花	菊科植物菊 *Dendranthema morifolium* (Ramat.) Tzvel	滁菊1号	皖品鉴登字第1306003	单株选择	金玉滁菊生态科技有限公司	龚建国、张睿、刘琼、龚珊珊	2013	安徽
		金贡菊1号	皖品鉴登字第1406012	系统选育	黄山市芽典生态农业有限公司、歙县科技试验站	王亦民、王齐、程兰桂、鲍丽仙、毕小卫、方维国、王豪、姚良晋、蒋华、江稳华、程素琴	2014	安徽
		河北香菊	冀S-SV-CM-020-2011	系统选育	河北省农林科学院经济作物研究所	谢晓亮、马占元、温春秀、周巧梅、田伟、刘铭、刘灵娣、边建波	2011	河北
		怀菊1号	豫中药品鉴2016001	诱变+系统选育	河南师范大学生命科学学院、河南科霖达菊珍饮品股份有限公司	李明军、赵喜亭、刘露颖、范之建、张晓丽、陈明霞、李俊华、马国军、白英豪、宋志辉、李瑞雪、蒲腾飞、王文君、刘世宇	2016	河南

续表

药材名称	基原	品种名称	品种编号	选育方法	选育单位	选育人	年份	省份
菊花	菊科植物菊*Dendranthema morifolium*（Ramat.）Tzvel	怀菊2号	豫中药品鉴2016002	诱变+系统选育	河南师范大学生命科学学院、河南科霖达菊珍饮品股份有限公司	李明军、赵喜亭、周颖媛、田莹、张文芳、张晓丽、陈明霞、李俊华、马国军、朱玉婷、韩林林、蒋丽微、许言	2016	河南
		怀菊花4号	豫中药品鉴2019016	系统选育	河南省农业科学院芝麻研究中心	梁慧珍、谭政委、许兰杰、余永亮、杨红旗、董薇、张收良、李磊、李红莲	2019	河南
		怀菊花3号	豫中药品鉴2018006	系统选育	河南省农业科学院芝麻研究中心	梁慧珍、谭政委、余永亮、许兰杰、杨红旗、董薇、张收良、李磊、李春明	2018	河南
		金菊3号	浙(非)审药2013002	系统选育	桐乡市农业技术推广服务中心、浙江省中药研究所有限公司		2013	浙江
苦参	豆科植物苦参*Sophora flavescens* Ait.	振苦1号	晋审苦参（认）2015001	系统选育	山西振东道地药材开发有限公司	关扎根、郭宝林、吴尚英、王玉龙、王瑞珍、魏红国、齐永红、张卫杰、张忠先、王建忠	2015	山西
		振苦2号	晋审苦参（认）2015002	系统选育	山西振东道地药材开发有限公司	关扎根、郭宝林、吴尚英、王玉龙、王瑞珍、魏红国、齐永红、张卫杰、张忠先、王建忠	2015	山西
雷公藤	卫茅科植物雷公藤*Tripterygium wilfordii* Hook. f.	浙藤1号	浙认药2008005	野生驯化	浙江省中药研究所、浙江得恩德制药有限公司		2008	浙江
莲子	睡莲科植物莲*Nelumbo nucifera* Gaertn.	寸三莲1号	XPD002-2016	无性系	怀化学院		2016	湖南
灵芝	多孔菌科真菌紫芝*Ganoderma sinense* Zhao，Xuet Zhang	武芝2号	闽认菌2012002	引种驯化	武平县食用菌技术推广服务站、福建仙芝楼生物科技有限公司、武平盛达农业发展有限公司、福建省农业科学院食用菌研究所		2012	福建

续表

药材名称	基原	品种名称	品种编号	选育方法	选育单位	选育人	年份	省份
灵芝	多孔菌科真菌赤芝 *Ganoderma lucidum* (Leyss. ex Fr.) Karst.	八公灵芝2号	皖品鉴登字第1112008		安徽中祝农业发展有限公司	鲁中祝等	2011	安徽
		霍芝1号	皖品鉴登字第1212001		安徽衡济堂灵芝产业开发有限公司	佟曦然、万凌	2012	安徽
		云乐赤芝2号	皖品鉴登字第1612002	系统选育	安徽黄山云乐灵芝有限公司、安徽农业大学生命科学院	张正高、何金铃、周俊、郭力军、程学宏、刘健	2016	安徽
		云乐赤芝1号	皖品鉴登字第1612001	系统选育	安徽黄山云乐灵芝有限公司、安徽农业大学生命科学院	张正高、何金铃、周俊、郭力军、程学宏、余辉	2016	安徽
		云乐赤芝3号	皖品鉴登字第1612003	系统选育	安徽黄山云乐灵芝有限公司、安徽农业大学生命科学院	何金铃、张正高、周俊、郭力军、程学宏、刘健	2016	安徽
		湘赤芝1号	XPD010-2013	野生驯化	湖南农业大学、湖南省致远农业科技发展有限公司、长沙九峰生物科技有限公司		2013	湖南
		中农大阳1号	吉登药2015001		中国农业科学院特产研究所、延边大阳参业有限公司		2015	吉林
		中农阳芝2号	吉登药2016002	系统选育	中国农业科学院特产研究所、延边大阳参业有限公司、大阳丰川林下经济种植专业合作社		2016	吉林
		药灵芝1号	川审药2009005	系统选育	德阳市食用菌专家大院		2009	四川
		药灵芝2号	川审药2011003	系统选育	德阳市食用菌专家大院		2011	四川
		宇泽灵芝	川审药2015008	系统选育	四川省中医药科学院		2015	四川
		三祥灵芝	川审药2015009	系统选育	德阳市食用菌专家大院		2015	四川
		仙芝2号	浙（非）审菌2014003	太空育种	浙江寿仙谷生物科技有限公司、金华寿仙谷药业有限公司		2014	浙江

续表

药材名称	基原	品种名称	品种编号	选育方法	选育单位	选育人	年份	省份
龙胆	龙胆科植物滇龙胆草 *Gentiana rigescens* Franch. ex Hemsl.	雪龙 1 号	云林园植新登第 20120050 号	系统选育	永德县大雪山药用生物科技种植有限公司	李乔英、梁泉、张雅琼、董文汗、张雅琼、李卫东、尹元萍、陈卫平、赵志昆	2012	云南
		雪龙 2 号	云林园植新登第 20120051 号	系统选育	永德县大雪山药用生物科技种植有限公司	梁泉、董文汗、尹元萍、杨生超、李卫东、李乔英、陈卫平、仲一卉	2012	云南
		雪龙 3 号	云林园植新登第 20120052 号	系统选育	永德县大雪山药用生物科技种植有限公司	李卫东、梁泉、张雅琼、董文汗、谢世清、尹元萍、杨生超、陈卫平	2012	云南
		雪龙 4 号	云林园植新登第 20120053 号	系统选育	永德县大雪山药用生物科技种植有限公司	梁泉、张雅琼、董文汗、尹元萍、谢世清、李卫东、李乔英、陈卫平	2014	云南
罗汉果	葫芦科植物罗汉果罗汉果 *Siraitia grosvenorii*（Swingle）C. Jeffrey ex Lu et Z. Y. Zhang	永青 1 号	桂审药 2007001 号	杂交育种 + 无性系	广西壮族自治区药用植物园	马小军、莫长明、白隆华、缪剑华、冯世鑫、蒋向军、楼佳鹏	2007	广西
		亦元生无籽罗汉果	桂登药 2007023 号	化学诱变 + 杂交三倍体	桂林亦元生现代生物技术有限公司		2007	广西
		青皮果	桂登药 2008004 号	系统选育	广西壮族自治区药用植物园	马小军、莫长明、白隆华、冯世鑫	2008	广西
		红毛果	桂登药 2008005 号	系统选育	广西壮族自治区药用植物园	马小军、莫长明、白隆华、冯世鑫、蒋向军、楼佳鹏	2008	广西
		拉江果	桂登药 2008006 号	系统选育	广西壮族自治区药用植物园	马小军、莫长明、白隆华、冯世鑫	2008	广西
		长滩果	桂登药 2008007 号	系统选育	广西壮族自治区药用植物园	马小军、莫长明、白隆华、冯世鑫	2008	广西
		冬瓜果	桂登药 2008008 号	系统选育	广西壮族自治区药用植物园	马小军、莫长明、白隆华、冯世鑫	2008	广西
		白毛果	桂登药 2008009 号	系统选育	广西壮族自治区药用植物园	马小军、莫长明、白隆华、冯世鑫	2008	广西
		雄优 1 号	桂登药 2008011 号	系统选育	广西壮族自治区药用植物园	马小军、莫长明、白隆华、冯世鑫	2008	广西
		早花青皮	桂登药 2008012 号	系统选育	广西壮族自治区药用植物园	马小军、莫长明、白隆华、冯世鑫、蒋向军、楼佳鹏	2008	广西

续表

药材名称	基原	品种名称	品种编号	选育方法	选育单位	选育人	年份	省份
罗汉果	葫芦科植物罗汉果 *Siraitia grosvenorii* (Swingle) C. Jeffrey ex Lu et Z. Y. Zhang	药园无籽1号	桂登药2008029号	系统选育	广西壮族自治区药用植物园	马小军、莫长明、刘为军、缪剑华、白隆华、冯世鑫、黄丽娟、唐其、王海英、刘丽华	2008	广西
		药园败雄1号	桂登药2008030号	系统选育	广西壮族自治区药用植物园	马小军、莫长明、刘为军、缪剑华、白隆华、冯世鑫、黄丽娟、唐其、王海英、刘丽华	2008	广西
		普丰青皮	桂登药2008010号	杂交育种+无性系	广西壮族自治区药用植物园	马小军、莫长明、白隆华、冯世鑫、蒋向军，楼佳鹏	2008	广西
		亦元生长圆形罗汉果	桂登药2010006号	杂交选育+无性系	桂林亦元生现代生物技术有限公司		2010	广西
		雄优1号	桂登药2013012号	选择育种+无性系	桂林亦元生现代生物技术有限公司		2013	广西
		高甜苷富硒无籽罗汉果	桂审药2013001号	杂交选育+无性系	桂林亦元生现代生物技术有限公司		2013	广西
		永青2号	桂登药2014001号	系统选育	广西壮族自治区药用植物园	莫长明、马小军、冯世鑫、潘丽梅、白隆华、唐其	2014	广西
		药园少籽1号	桂审药2015002号	系统选育	广西壮族自治区药用植物园	莫长明、马小军、冯世鑫、白隆华、潘丽梅、翟勇进	2015	广西
麦冬	百合科植物麦冬 *Ophiopogon japonicus* (L. f) Ker-Gawl.	川麦冬1号	川审药2010003	系统选育	西南交通大学		2010	四川
		川麦冬2号	川审药2013002	系统选育	西南交通大学、四川代代为本农业科技有限公司、四川千方中药饮片有限公司		2013	四川
		浙麦冬1号	浙认药2018001	系统选育	浙江省中药研究所有限公司、正大青春宝药业有限公司、三门鸿禾瑞堂中药材专业合作社、慈溪市兴兴麦冬种植场、慈溪莹瑞药材专业合作社	俞旭平、李振峰、杜崇福、罗水盂、陈建钢	2018	浙江

续表

药材名称	基原	品种名称	品种编号	选育方法	选育单位	选育人	年份	省份
迷迭香	唇形科植物迷迭香 *Rosmarinus officinalis* L.	禹迷迭香1号	豫中药品鉴2019009	系统选育	河南省农业科学院长垣分院、禹州市孙思邈医药研究院有限公司	何立威、李国辉、付晨青、孙文喜、胡吉邦、姚珊、李秀杰、逯安新、文艺、周贯勋	2019	河南
魔芋	天南星科植物魔芋 *Amorphopha llus* Blume	德魔芋1号	云林园植新登第2014017号	系统选育	德宏州农业技术推广中心、云南农业大学魔芋研究所	徐文果、黄廷祥、张国云、岩所、张晓梅、韩永连、黄玮、陈军文、赵庆云、梁艳丽、李建	2014	云南
		滇魔芋1号	云林园植新登第2014018号	系统选育	云南农业大学魔芋研究所、德宏州农业技术推广中心	赵庆云、徐文果、杨秀莲、陈军文、梁泉、梁艳丽、杨燕、岩所、赫培炎	2014	云南
		滇魔芋11号	云林园植新登第2014019号	系统选育	云南农业大学魔芋研究所、德宏州农业技术推广中心	赵庆云、徐文果、杨秀莲、陈军文、梁泉、梁艳丽、杨燕、岩所、赫培炎	2014	云南
牡丹皮	芍药科植物牡丹 *Paeonia suffrluticasa* Andr.	秾苑彩凤	国家林业和草原局20190068	远缘杂交	中国农业科学院蔬菜花卉研究所	张秀新、薛璟祺、王顺利、任秀霞、杨若雯	2019	北京
		亳丹皮1号	皖品鉴登字第1106001		安徽德昌药业饮片有限公司	汪维云、葛德州、修效友、韩民	2011	安徽
		凤丹1号	皖品鉴登字第1606010	系统选育	安徽省农业科学院园艺研究所	董玲、李卫文、陈飞虎、赵伟、杨守文、宁志怨、谢晋、王爱听	2016	安徽
		凤丹2号	皖品鉴登字第1606011	系统选育	安徽省农业科学院园艺研究所	董玲、李卫文、陈飞虎、赵伟、谢晋、宁志怨、杨守文、王爱听	2016	安徽
木瓜	蔷薇科植物皱皮木瓜 *Chaenomeles speciosa*（Sweet）Nakai	巨龙木瓜	皖品鉴登字第1406009	系统选育	黄山市多维生物（集团）有限公司	陈光辉、洪光辉、张年龙	2014	安徽
木香	菊科植物木香 *Aucklandia lappa* Decne.	云木香1号	云林园植新登第20100010号	系统选育	丽江华利生物开发药业有限公司	杨斌、李绍平、王馨、董志渊、李林玉、严世武、杨丽英、徐开华、徐有萍	2010	云南
		云木香2号	云林园植新登第20150007号	系统选育	丽江华利生物开发药业有限公司	王馨、李绍平、李佳、马维思、杨丽英、杨斌、董志渊、李林玉、严世武、徐开华、徐有萍	2015	云南

续表

药材名称	基原	品种名称	品种编号	选育方法	选育单位	选育人	年份	省份
牛大力	豆科植物美丽崖豆藤 *Millettia speciosa* Champ.	甘甜牛大力	桂登药2009005号		桂林亦元生现代生物技术有限公司		2009	广西
平贝母	百合科植物平贝母 *Fritillaria ussuriensis* Maxim.	吉贝1号	吉登药2014004	集团选育	吉林农业大学、通化师范学院、通化吉通药业有限公司		2014	吉林
蒲公英	菊科植物蒲公英 *Taraxacum mongolicum* Hand.–Mazz.	郑蒲1号	豫中药品鉴2019006	系统选育	河南省农业科学院长垣分院	姚珊、陈彦亮、于红卫、李兵、周执西、李可彬、胡吉邦、付晨青、何立威、李国辉	2019	河南
千斤拔	豆科植物蔓性千斤拔 *Flemingia philippinensis* Merr. et Rolfe	千斤拔1号	桂登药2007011号	系统选育	广西壮族自治区药用植物园	马小军、施力军、冯世鑫、缪剑华、柯芳	2007	广西
		千斤拔2号	桂登药2007012号	系统选育	广西壮族自治区药用植物园	马小军、施力军、冯世鑫、缪剑华、柯芳	2007	广西
		桂优蔓性千斤拔	桂登药2007021号	选择育种	桂林亦元生现代生物技术有限公司		2007	广西
		千斤拔3号	桂登药2008016号	系统选育	广西壮族自治区药用植物园	马小军、施力军、冯世鑫、柯芳	2008	广西
		蔓性千斤拔6号	桂审药2015001号	系统选育+无性系	桂林亦元生现代生物技术有限公司		2015	广西
		新丰千斤拔	桂审药2015007号	倍性育种	桂林亦元生现代生物技术有限公司	蒋向军、苏伍琴、莫嘉兰、李翠花等	2015	广西
	豆科植物大叶千斤拔 *Flemingia macrophylla*（Willd.）Merr.	大叶千斤拔1号	桂登药2008015号	系统选育	广西壮族自治区药用植物园	马小军、施力军、冯世鑫、柯芳	2008	广西
前胡	伞形科植物前胡 *Peucedanum praeruptorum* Dunn	宁前胡1号	皖品鉴字第1406006	系统选育	安徽农业大学生命科学院、宁国千方中药发展有限公司	汪维云、包勇、杨恩东、杨振兴、孙冬冬	2014	安徽
秦艽	龙胆科植物秦艽 *Gentiana macrophylla* Pall.	陇秦2号	甘认药2016005	集团选育	甘肃省农科院中药材研究所、甘肃省农业科学院经济作物与啤酒原料研究所	漆燕玲、魏莉霞、王国祥、李玉萍、赵玮、彭云霞、蔡子平、王红霞	2016	甘肃

续表

药材名称	基原	品种名称	品种编号	选育方法	选育单位	选育人	年份	省份
秦艽	龙胆科植物秦艽 *Gentiana macrophylla* Pall.	陇秦 1 号	甘认药 2016004	系统选育	甘肃省农科院中药材研究所、甘肃省农业科学院经济作物与啤酒原料研究所	魏莉霞、漆燕玲、王国祥、李玉萍、赵玮、彭云霞、蔡子平、王红霞	2016	甘肃
	龙胆科植物粗茎秦艽 *Gentiana crassicaulis* Duthie ex Burk	云艽 1 号	云林园植新登第 20130002 号	系统选育	云南省农业科学院药用植物研究所	王馨、李绍平、杨斌、严世武、杨丽英、李林玉、董志渊、马维思、李玉棠	2013	云南
青蒿	菊科植物黄花蒿 *Artemisia annua* L.	桂蒿 1 号	桂登药 2006016 号	系统选育	广西壮族自治区药用植物园	马小军、冯世鑫、韦树根、缪剑华、董青松、闫志刚	2006	广西
		桂蒿 2 号	桂登药 2006017 号	系统选育	广西壮族自治区药用植物园	马小军、冯世鑫、韦树根、缪剑华、董青松、闫志刚	2006	广西
		桂蒿 3 号	桂登药 2006018 号	系统选育	广西壮族自治区药用植物园	马小军、冯世鑫、韦树根、缪剑华、董青松、闫志刚	2006	广西
		桂蒿 4 号	桂登药 2008013 号	系统选育	广西壮族自治区药用植物园	马小军、韦树根、冯世鑫、缪剑华、闫志刚、董青松、黄秋银、吴庆华	2008	广西
		桂蒿 5 号	桂登药 2008014 号	系统选育	广西壮族自治区药用植物园	马小军、韦树根、冯世鑫、缪剑华、闫志刚、董青松、黄秋银、吴庆华	2008	广西
		科蒿 2 号	豫中药品鉴 2019		舞阳威森生物医药有限公司、中国科学院近代物理研究所		2019	河南
		科蒿 3 号	豫中药品鉴 2019		禹州市天源生物科技有限公司、中国科学院近代物理研究所、许昌学院		2019	河南
		鄂青蒿 1 号	鄂审药 2007001	系统选育	湖北恩施清江生物工程有限公司、恩施州农科院	向极钎、覃大吉、杨永康、殷红清、邹迎春、曾凡忠	2007	湖北
		黄花蒿 428-A	XPD008-2013	系统选育	湖南农业大学		2013	湖南
		渝青 1 号	渝品审鉴 2009008	系统选育	重庆市中药研究院、重庆通和制药有限公司	李隆云、吴叶宽、钟国跃、王美胜、马鹏	2009	重庆

续表

药材名称	基原	品种名称	品种编号	选育方法	选育单位	选育人	年份	省份
青蒿	菊科植物黄花蒿 *Artemisia annua* L.	渝青2号	渝品审鉴2015017	系统选育	重庆市中药研究院	李隆云、崔广林、马鹏、陈大霞、谭均	2015	重庆
		药客佳蒿1号	渝品审鉴2015016	诱变育种	英国约克大学新型农产品中心、重庆市中药研究院		2015	重庆
人参	五加科植物人参 *Panax ginseng* C. A. Mey.	康美1号	吉登药2012002		集安大地参业有限公司等		2012	吉林
		新开河1号	吉登药2013002	系统选育	中国医学科学院药用植物研究所、集安人参研究所、康美新开河（吉林）药业有限公司	徐昭玺、魏建和、郑殿家、杨成民、王丽华、赵晓龙、李学军、冯秀娟、崔东河、盛书杰、李宝文、金钺、田永全、曲绍义、路政民、朴承熙	2013	吉林
		益盛汉参1号	吉登药2013001		吉林省集安益盛药业股份有限公司、吉林农业大学		2013	吉林
		福星2号	吉登药2014002	系统选育	抚松县参王植保有限责任公司、中国农业科学院特产研究所、抚松县人参研究所		2014	吉林
		百泉人参1号	吉登药2014003	系统选育	通化百泉参业集团股份有限公司、吉林农业大学		2014	吉林
		中大林下参	吉登药2016001	系统选育	中国农业科学院特产研究所、延边大阳参业有限公司		2016	吉林
		中农皇封参	吉登药2016006	系统选育	中国农业科学院特产研究所、长白山皇封参业有限公司		2016	吉林
		边条1号	吉登药2016008	系统选育	吉林联元生物科技有限公司		2016	吉林
		新开河2号	吉登药2016007		康美新开河（吉林）药业有限公司、中国农业科学院特产研究所、集安人参研究		2016	吉林

续表

药材名称	基原	品种名称	品种编号	选育方法	选育单位	选育人	年份	省份
三七	五加科植物三七 *Panax notoginseng*(Burk) F. H. Chen	滇七1号	云林园植新登第20150005号	系统选育	云南农业大学	杨生超、张广辉、陈中坚、魏富刚、陈军文、马春花、龙光强、何霞红、朱书生、朱有勇	2015	云南
		滇七2号	云林园植新登第20190045号	系统选育	云南农业大学	杨生超、张广辉、刘冠泽、卢迎春、余育启、魏富刚、陈中坚、王勇、陈士林、董林林、李莹	2015	云南
		苗乡三七1号	云林园植新登第20150006号	系统选育	苗乡三七实业有限公司、云南农业大学	陈中坚、张广辉、杨生超、魏富刚、陈军文、余育启、王建军、龙光强、朱书生、何霞红、朱有勇	2015	云南
		苗乡抗七1号	云林园植新登第20160060	系统选育	文山学院文山三七研究院、中国中医科学院中药研究所	陈士林、陈中坚、董林林、魏富刚、刘伟林、王勇、余育启	2016	云南
		苗乡1号	云R-SF-PN-057-2016	系统选育	吉林农业大学	陈士林、陈中坚、董林林、魏富刚、刘伟林、王勇、余育启	2016	云南
		苗乡2号	云R-SF-PN-057-2016	系统选育	文山苗乡三七科技有限公司、中国中医科学院中药研究所	陈中坚、王勇、魏富刚、孙玉琴、黄天卫、陈士林、董林林、肖兴磊、高丽芳、熊高、余育启	2016	云南
		滇七3号三七优良家系	云R-SF-PN-034-2019	系统选育	云南农业大学	刘冠泽、杨生超、卢迎春、张广辉、余育启、魏富刚、陈中坚、王勇、陈士林、董林林、李满桥	2019	云南
		苗乡4号三七优良家系	云R-SF-PN-035-2019	系统选育	文山苗乡三七股份有限公司	魏富刚、杨生超、余育启、余子畏、肖兴磊、陈中坚、王勇、刘冠泽、陈士林、董林林、张广辉	2019	云南

续表

药材名称	基原	品种名称	品种编号	选育方法	选育单位	选育人	年份	省份
三七	五加科植物三七 *Panax notoginseng*(Burk) F. H. Chen	苗乡5号三七优良家系	云R-SF-PN-036-2019	系统选育	文山学院	王勇、陈中坚、杨生超、魏富刚、卢迎春、余育启、陈士林、董林林、张广辉、刘冠泽	2019	云南
		文院紫七1号	云林园植新登第20190004		文山苗乡三七股份有限公司、中国中医科学院中药研究所		2019	云南
		苗乡三七2号优良家系			文山苗乡三七股份有限公司等		2019	云南
三叶青	豆科植物绿叶胡枝子 *Lespedeza buergeri* Miq.	泽青1号			浙江万里学院	王忠华等	2019	浙江
山药	薯蓣科植物盾叶薯蓣 *Dioscorea zingiberensis* C. H. Wright	麻沙山药1号	闽认药2012001	选择育种	福建省农业科学院农业生物资源研究所、福建省种植业技术推广总站、建阳市麻沙镇农业技术推广站		2012	福建
		闽选山药1号	闽认药2012002	选择育种	福建省种植业技术推广总站、福建省农业科学院农业生物资源研究所、建阳市麻沙镇农业技术推广站		2012	福建
		铁棍1号	豫鉴中药材2014002	诱变系统选育	河南师范大学生命科学学院、河南省百疗怀药科技开发有限公司	李建军、李景原、李明军、周延清、王太霞、孙树武、孙斌、何二成、王莹、贾国伦、李静云、王君、任美玲	2014	河南
		温山药1号	浙(非)审药2014005	系统选育	浙江省亚热带作物研究所		2014	浙江
		晋山药1号	2014-(R)-50	化学诱变	山西省农业科学院经济作物研究所		2014	山西
山银花	忍冬科植物灰毡毛忍冬 *Lonicera macranthoides* Hand.-Mazz.	山银花早丰1号	桂登(药)2008023号	系统选育	广西壮族自治区药用植物园	吴庆华、凌征柱、黄宝优、蓝祖栽、董青松	2008	广西
		金翠蕾	国S-SV-LM-003-2005	无性系	湖南省林业科学院、隆回县林业局		2005	湖南

续表

药材名称	基原	品种名称	品种编号	选育方法	选育单位	选育人	年份	省份
山银花	忍冬科植物灰毡毛忍冬 *Lonicera macranthoides* Hand.-Mazz.	银翠蕾	国 S-SV-LM-004-2005	无性系	湖南省林业科学院、隆回县林业局		2005	湖南
		白云	国 R-SV-LM-009-2005	无性系	湖南省林业科学院、隆回县林业局		2005	湖南
		花瑶晚熟	湘 S-SV-LM-007-2014	无性系	湖南省林业科学院、隆回县特色产业办		2014	湖南
		龙花	品种权号 20180256	无性系	湖南省林业科学院	王晓明、曾慧杰、李永欣、乔中全、蔡能、陈建军	2018	湖南
		渝蕾 1 号	渝 S-SV-LM-005-2008	系统选育	重庆市中药研究院、秀山县盛达农业有限公司	李隆云、吴叶宽、马鹏、张凤勇、张胜海、陈大霞	2008	重庆
山茱萸	山茱萸科植物山茱萸 *Cornus officinalis* Sieb. et Zucc.	大红枣 1 号	陕 QLS074-J052-2007	系统选育	陕西师范大学、汉中汉江山茱萸开发有限公司	王喆之、白成科、张志勤、关锰、王敬民、王炳利、高晓军、于振秦、吕辉生、刘晓峰、王志友	2007	陕西
		石磙枣 1 号	陕 QLS075-J053-2007	系统选育 + 无性系	陕西师范大学、汉中汉江山茱萸开发有限公司	王喆之、白成科、张志勤、关锰、王敬民、王炳利、高晓军、于振秦、吕辉生、刘晓峰、王志友	2007	陕西
		秦玉	陕 S-SV-JR-006-2012	系统选育 + 无性系	陕西师范大学	张志勤、康杰芳、白成科、王喆之、钱栓提、董军强、刘开志、伍泉霖、丁晓明、陈康健、王耀辉、安君	2012	陕西
		秦丰	陕 S-SV-JR-005-2012	系统选育 + 无性系	陕西师范大学	王喆之、强毅、张志勤、钱栓提、董军强、康杰芳、白成科、刘开治、伍泉霖、丁晓明、王耀辉、刘忠玉	2012	陕西
蛇足石杉	石杉科植物蛇足石杉 *Huperzia serrata*（Thunb. ex Murray） Trev.	容杉 1 号	桂登药 2011022 号	系统选育	广西壮族自治区药用植物园	马小军、闫志刚、冯世鑫、袁经权、周小雷、韦树根	2011	广西

续表

药材名称	基原	品种名称	品种编号	选育方法	选育单位	选育人	年份	省份
蛇足石杉	石杉科植物蛇足石杉 *Huperzia serrata*（Thunb. ex Murray） Trev.	容杉2号	桂登药 2011023号	系统选育	广西壮族自治区药用植物园	闫志刚、马小军、冯世鑫、袁经权、董青松、韦树根、付金娥	2011	广西
		容杉3号	桂登药 2011024号	系统选育	广西壮族自治区药用植物园	冯世鑫、马小军、闫志刚、袁经权、韦树根、付金娥	2011	广西
射干	鸢尾科植物鸢尾 *Iris tectorum* Maxim.	川射干1号	川审药 2014003	系统选育	四川省中医药科学院		2014	四川
石菖蒲	天南星科植物石菖蒲 *Acorus tatarinowii* Schott	金蒲1号	皖品鉴登字第1506006	系统选育	安徽农业大学生命科学院	何金铃、张超、丁洲、王贯海、叶乃全	2015	安徽
石斛	兰科植物霍山石斛 *Dendrobium huoshanense* C. Z. Tang et S. J. Cheng	霍山石斛1号	皖品鉴登字第1306014	系统选育	霍山县长冲中药材种植有限责任公司、安徽中医药大学	何祥林、俞年军、彭代银、刘守金、刘鹤龄	2013	安徽
		霍山石斛2号	皖品鉴登字第1306015	系统选育	霍山县长冲中药材种植有限责任公司、安徽中医药大学	俞年军、何祥林、刘守金、刘鹤龄、彭代银	2013	安徽
		霍山石斛3号	皖品鉴登字第1406003	系统选育	安徽省石斛产业化开发协同创新中心	陈乃富、姚厚军、戴军、李俊、韩邦兴、陈乃东、陈存武	2014	安徽
		霍山石斛4号	皖品鉴登字第1406004	系统选育	安徽省石斛产业化开发协同创新中心	姚厚军、陈乃富、戴军、韩邦兴、李俊、陈存武、陈乃东	2014	安徽
		金米斛1号	皖品鉴登字第1406007	系统选育	安徽农业大学生命科学院、金寨县大别山林艺植物科技开发有限公司	林毅、桂立新、樊洪泓、蔡永萍、张庆福、金青、宋程、滕玉明、张波	2014	安徽
		金米斛2号	皖品鉴登字第1406008	系统选育	安徽农业大学生命科学院、金寨县大别山林艺植物科技开发有限公司	樊洪泓、林毅、桂立新、蔡永萍、张庆福、金青、汪曙、滕玉明、张波	2014	安徽
		九仙尊1号	皖品鉴登字第1506002	系统选育	九仙尊霍山石斛股份有限公司、安徽农业大学生命科学院	戴亚峰、王诗文、蔡永萍、金青	2015	安徽
		九仙尊2号	皖品鉴登字第1506003	系统选育	九仙尊霍山石斛股份有限公司、安徽农业大学生命科学院	戴亚峰、王诗文、蔡永萍、金青	2015	安徽

续表

药材名称	基原	品种名称	品种编号	选育方法	选育单位	选育人	年份	省份
石斛	兰科植物铁皮石斛 *Dendrobium officinale* Kimura et Migo	皖斛 1 号（铁皮）	皖品鉴登字第 1106003		安徽新津铁皮石斛开发有限公司、安徽农业大学生命科学学院	蔡永萍、张建民、金青、朱新民、王俸青、刘字平、冯忠兵、戴建宏	2011	安徽
		皖斛 2 号（铁皮）	皖品鉴登字第 1106004		安徽新津铁皮石斛开发有限公司、安徽农业大学生命科学学院	张建民、蔡永萍、朱新民、金青、戴建宏、冯忠兵、刘字平、王俸青	2011	安徽
		皖斛 3 号	皖品鉴登字第 1606001	系统选育	安徽皖斛堂生物科技有限公司、安徽农业大学生命科学学院	蔡永萍、张建民、金青、周超、 朱新明、樊洪泓、黄丽、张智慧、 张玉、董伟、黄维金	2016	安徽
		皖斛 4 号	皖品鉴登字第 1606002	系统选育	安徽皖斛堂生物科技有限公司、安徽农业大学生命科学学院	金青、张建民、蔡永萍、樊洪泓、朱新明、周超、黄丽、张伯卫、杨天华、裴美玲、方义成、李佳新	2016	安徽
		福斛 1 号	闽认药 2016001	杂交育种	龙岩市农业科学研究所、福建省连城冠江铁皮石斛有限公司		2016	福建
		中科 5 号铁皮石斛	粤审药 20180002	杂交育种	中国科学院华南植物园、国家植物航天育种工程技术研究中心		2018	广东
		中科双春 1 号铁皮石斛	粤审药 20180003	系统选育	中国科学院华南植物园、广州双春生物科技有限公司		2018	广东
		中科 1 号铁皮石斛	粤审药 2011001	系统选育	中科院华南植物园、广州宝健源农业科技有限公司	张建霞、吴坤林、段俊、曾宋君、李冬梅、刘子健。	2011	广东
		中科从都铁皮石斛	粤审药 2013002	系统选育	中国科学院华南植物园、广州市从化鳌头从都园铁皮石斛种植场	段俊、吴坤林、张建霞、曾宋君、李冬梅、吴纪荣。	2013	广东
		双晖 1 号铁皮石斛	粤审药 2013001	杂交育种	深圳市华盛实业股份有限公司、深圳市双晖农业科技有限公司		2013	广东

续表

药材名称	基原	品种名称	品种编号	选育方法	选育单位	选育人	年份	省份
石斛	兰科植物铁皮石斛 *Dendrobium officinale* Kimura et Migo	中科从都2号铁皮石斛	粤审药2015001	系统选育	中国科学院华南植物园、广东从都园生物科技有限公司	张建霞、段俊、吴坤林、曾宋君、梁耀辉、吴纪荣	2015	广东
		雁吹雪3号铁皮石斛	粤审药2015002	杂交育种	深圳市农业生物技术发展有限公司、浙江省乐清市鑫斛堂石斛有限公司		2015	广东
		中科3号铁皮石斛	粤审药2016002	系统选育	中国科学院华南植物园	张建霞、吴坤林、段俊、曾宋君、张新华、段爱李、邓星校、王玉文	2016	广东
		中科4号铁皮石斛	粤审药2016003	系统选育	中国科学院华南植物园	段俊、张建霞、吴坤林、曾宋君、张新华、段爱李、邓星校、王玉文	2016	广东
		白石山1号	桂审药2016001号	驯化+无性系	桂平市经济作物工作站		2016	广西
		白石山2号	桂审药2016002号	驯化+无性系	桂平市经济作物工作站		2016	广西
		桂斛1号	桂审药2012001号	驯化+无性系	广西农业科学院生物技术研究所		2012	广西
		桂斛2号	桂审药2012002号	驯化+无性系	广西农业科学院生物技术研究所		2012	广西
		豫斛4号	豫中药品鉴2019		郑州师范学院、河南联源生物科技有限公司		2019	河南
		滇铁皮1号	云林园植新登第20140027号	系统选育	云南农业大学	杨生超、陈军文、张广辉、徐祥增、海梅荣、朱明旺、李立雷、俞清江、吴人才、张式卫	2012	云南
		普洱铁皮1号	云林园植新登第20120014号	系统选育	云南省普洱市民族传统医药研究所	付开聪、杨生超、梁泉、王进红、董文汗、张雅琼、张雪梅、张祖娟、金亚	2012	云南
		普洱铁皮2号	云林园植新登第20120015号	系统选育	云南省普洱市民族传统医药研究所	付开聪、梁泉、杨生超、张雅琼、董文汗、王进红、邓泽、杨凡、张祖娟	2014	云南

续表

药材名称	基原	品种名称	品种编号	选育方法	选育单位	选育人	年份	省份
石斛	兰科植物铁皮石斛 *Dendrobium officinale* Kimura et Migo	高山铁皮1号	云林园植新登第20140028号	系统选育	云南农业大学	陈军文、朱明旺、杨生超、徐祥增、海梅荣、张广辉、李立雷、梁艳丽、俞清江、吴人才、张式卫	2014	云南
		高山铁皮2号	云林园植新登第20140029号	系统选育	云南农业大学	张广辉、陈军文、徐祥增、杨生超、海梅荣、朱明旺、梁艳丽、李立雷、俞清江、吴人才、张式卫	2014	云南
		滇铁皮2号	云林园植新登第20150026号	系统选育	云南农业大学、云南高山生物农业公司	陈军文、朱明旺、杨生超、张广辉、徐祥增、海梅荣、马春花、孟珍贵、李立雷、俞清江、吴人才	2015	云南
		滇铁皮3号	云林园植新登第20150027号	系统选育	云南农业大学、云南高山生物农业公司	徐祥增、朱明旺、杨生超、陈军文、海梅荣、马春花、张广辉、李立雷、王建军、俞清江、吴人才	2015	云南
		高山铁皮3号	云林园植新登第20150028号	系统选育	云南高山生物农业公司、云南农业大学	陈军文、杨生超、朱明旺、徐祥增、海梅荣、张广辉、王建军、马春花、李立雷、俞清江、吴人才	2015	云南
		高山铁皮4号	云林园植新登第20150029号	系统选育	云南高山生物农业公司、云南农业大学	张广辉、陈军文、海梅荣、徐祥增、马春花、朱明旺、杨生超、李立雷、孟珍贵、俞清江、吴人才	2015	云南
		仙斛1号	浙认药2008003	驯化	金华寿仙谷药业有限公司、浙江省农业科学院园艺研究所		2008	浙江
		仙斛3号	浙（非）审药2015001	杂交育种+航天诱变	金华寿仙谷药业有限公司		2015	浙江
		仙斛2号	浙（非）审药2011001	杂交育种	金华寿仙谷药业有限公司		2011	浙江

续表

药材名称	基原	品种名称	品种编号	选育方法	选育单位	选育人	年份	省份
石斛	兰科植物铁皮石斛 *Dendrobium officinale* Kimura et Migo	晶品 1 号	浙 R-SV-D0-015-2014	杂交育种	浙江农林大学		2014	浙江
	兰科植物紫皮石斛 *Dendrobium devonianum* Paxt.	龙紫 5 号	云 R-SC-DD-024-2018		龙陵县石斛研究所	赵菊润、代家荣、沈定才、李能波、廖勤昌，张宗林、李凡、李丽梅、尹卓平、左大磊、陈绍风	2018	云南
		龙紫 1 号	云 S-SC-DD-003-2018	无性系	龙陵县林业局林业产业工作站	林倩、周莹、俞新水、吴建花、杨晏平、寸德仓、蒋习林、乔艳华、赵菊润、穆立聪、张行	2019	云南
	兰科植物叠鞘石斛 *Dendrobium aurantiacum* Rchb. f. var. *denneanum*（Kerr）Z. H. Tsi	川科斛 1 号	川审药 2010002	系统选育	中国科学院成都生物研究所		2010	四川
		川科斛 2 号	川审药 2015007	系统选育	中国科学院成都生物研究所		2015	四川
		乐斛 1 号	川审药 2016008	系统选育	乐山农业科学研究院、乐山市乐福生物科技有限责任公司		2016	四川
	兰科植物金钗石斛 *Dendrobium nobile* Lindl.	黑金 1 号	云林园植新登第 20160025 号	系统选育	云南丰春坊生物科技有限公司、云南省农业科学院药用植物研究所	王晓云、徐志峰、董志渊、杨斌、王馨、李林玉、马维思、杨丽英、李绍平、严世武	2016	云南
石蒜	石蒜科植物石蒜 *Lycoris radiata*（L' Her.）Herb.	浙蒜 1 号	浙认药 2008004	系统选育	浙江省中药研究所、浙江一新制药股份有限公司		2008	浙江
水飞蓟	菊科植物水飞蓟 *Silybum marianum*（L.）Gaertn.	龙蓟 1 号	皖品鉴登字第 1806012	系统选育	黑龙江省农业科学院经济作物研究所	张树权、陈晶、康庆华、胡莹莹、李岑、范永明、宋喜霞、姜卫东、李敏、吕志群、孙中义、王贵江	2018	安徽
		汪蓟 1 号	吉登药 2011002	系统选育	吉林省延边长白山药业有限公司		2011	吉林
		汪蓟 2 号	吉登药 2012007	系统选育	吉林省延边长白山药业有限公司		2012	吉林

续表

药材名称	基原	品种名称	品种编号	选育方法	选育单位	选育人	年份	省份
太子参	石竹科植物孩儿参 *Pseudostellaria heterophylla*（Miq.）Pax ex Pax et Hoffm.	宣参1号	皖品鉴登字第0506001		安徽宣城市金泉生态科技示范园、安徽中医学院	姚勇等	2005	安徽
		皖参1号	皖品鉴登字第1606006号	系统选育	皖西学院、金寨永惠康有机农业科技有限公司、六安正元中药材科技有限公司		2016	安徽
		皖参2号	皖品鉴登字第1606007号	系统选育	皖西学院、金寨永惠康有机农业科技有限公司、六安正元中药材科技有限公司		2016	安徽
		柘参3号（四倍体）	闽认药2014001	倍体育种	宁德师范学院、福建西岸生物科技有限公司、福建柘参种业有限公司、宁德市种子管理站		2014	福建
		黔太子参1号	黔审药2011001号	系统选育	昌昊金煌（贵州）中药有限公司	贺定翔、郑建立、邓忠、兰才武、罗琳、杨晓斌、石胜花	2011	贵州
		抗毒1号	2009	杂交育种	山东省临沭县农业局农技站		2008	山东
天冬	百合科植物天门冬 *Asparagus cochinchinensis*（Lour.）Merr.	药园天冬1号	桂登药2010009号	系统选育	广西壮族自治区药用植物园	柯芳、马小军、韦树根、黄宝优、黄永才、施力军、付金娥	2010	广西
		药园天冬2号	桂登药2010010号	系统选育	广西壮族自治区药用植物园	马小军、柯芳、韦树根、黄宝优、黄永才、施力军、付金娥	2010	广西
		药园天冬3号	桂登药2010011号	系统选育	广西壮族自治区药用植物园	施力军、柯芳、马小军、韦树根、黄宝优、黄永才、付金娥	2010	广西
		桂冬1号	桂审药2016003号	系统选育	广西壮族自治区农业科学院生物技术研究所		2016	广西

续表

药材名称	基原	品种名称	品种编号	选育方法	选育单位	选育人	年份	省份
天麻	兰科植物天麻 *Gastrodia elata* Bl.	皖麻1号金红天麻	皖品鉴登字第1406001	系统选育	安徽农业大学生命科学院	杜方平、蔡永萍、金青、林毅、樊洪泓、杜若男、杜方毅、叶长喜、陈家良、汪曙、滕玉明、张波	2014	安徽
		皖麻2号金绿天麻	皖品鉴登字第1406002	系统选育	安徽农业大学生命科学院	金青、蔡永萍、林毅、杜方平、樊洪泓、汪曙、杜若男、杜方毅、叶长喜、陈家良、滕玉明、张波	2014	安徽
		川天麻金红1号	川审药2013001	系统选育	西南交通大学、乐山市金口河区森宝野生植物开发有限公司、乐山市金口河区生产力促进中心、四川千方中药饮片有限公司		2013	四川
		川天麻金绿1号	川审药2016004	系统选育	西南交通大学、四川金土地中药材种植集团有限公司、江油市明东生态农业开发有限公司、阿坝州九寨沟汇康中药材开发有限公司、南江县昌全中药材种植专业合作社		2016	四川
	兰科植物乌天麻 *Gastrodia elata* Bl. f. glauca S. Chow	川天麻金乌1号	川审药2011001	系统选育	西南交通大学、乐山市金口河区森宝野生植物开发有限公司、乐山市金口河区生产力促进中心		2011	四川
乌头	毛茛科植物乌头 *Aconitum carmichaeli* Debx.	滇草乌1号	云林园植新登第20160054号	系统选育	云南农业大学、禄劝海资种植专业合作社	字淑慧、沙本才、杨生超、沈勇、马慧祥、段定宏、陈军文、张广辉、廖武、钱世川、钱世权	2016	云南

续表

药材名称	基原	品种名称	品种编号	选育方法	选育单位	选育人	年份	省份
乌头	毛茛科植物乌头 *Aconitum carmichaeli* Debx.	滇草乌2号	云林园植新登第20160055号	系统选育	云南农业大学、禄劝海资种植专业合作社	字淑慧、沙本才、杨生超、沈勇、马慧祥、陈军文、张广辉、段定宏、徐祥增、钱世川、钱世权	2016	云南
		滇草乌3号	云林园植新登第2016056号	系统选育	云南农业大学、禄劝海资种植专业合作社	杨生超、字淑慧、沙本才、马慧祥、沈勇、陈军文、段定宏、徐祥增、陈晶亮、钱世川、钱世权	2019	云南
五味子	五味子科植物五味子 *Schisandra chinesis*（Turcz.）Ball	嫣红	吉登药2012006	系统选育	中国农业科学院特产研究所	李爱民等	2012	吉林
		红珍宝	吉登药2014005	系统选育	中国农业科学院特产研究所		2014	吉林
		金五味1号	吉登药2016003	系统选育	中国农业科学院特产研究所		2016	吉林
西红花	鸢尾科植物番红花 *Crocus sativus* L.	番红1号	浙（非）审药2014002	变异株	浙江中信药用植物种业有限公司		2014	浙江
西洋参	五加科植物西洋参 *Panax quinquefolium* L.	中农洋参1号	吉登药2012001	系统选育	中国农业科学院特产研究所等		2012	吉林
		中农洋参2号	吉登药2016005		中国农业科学院特产研究所、抚松县参王植保有限责任公司、吉林中森药业有限公司		2016	吉林
细辛	马兜铃科植物北细辛 *Asarum heterotropoides* Fr. Schmidt var. *mandshurium*（Maxim.）Kitag.	中农细辛1号	吉登药2013003	集团选育	中国农业科学院特产研究所	王志清等	2013	吉林
仙草	唇形科植物凉粉草 *Platostoma palustre*（Blume）A. J. Paton	闽选仙草1号	闽认药2010001	选择育种	福建省农业科学院农业生物资源研究所		2010	福建
续断	川续断科植物川续断 *Dipsacus asperoides* C. Y. Cheng et T. M. Ai	云续1号	云林园植新登第20140007号	系统选育	云南新源和药业有限公司	杨斌、李晓明、王馨、李林玉、关友、马维思、杨丽英、严世武、董志渊、吴宪明、宋建明	2014	云南

续表

药材名称	基原	品种名称	品种编号	选育方法	选育单位	选育人	年份	省份
玄参	玄参科植物玄参 *Scrophularia ningpoensis* Hemsl.	德参1号	皖品鉴登字第1306006	系统选育	安徽德昌药业饮片有限公司	汪维云、葛德洲、陈琳琳、葛强、修效友	2013	安徽
		恩玄参1号	鄂审药2008001	系统选育	恩施硒都科技园有限公司	邹宗成、吴双清、郭杰、谢玲玲、唐春梓、林先明	2008	湖北
		渝玄参1号	渝品审鉴2014004	系统选育	重庆市中药研究院	李隆云、陈大霞、张雪、宋旭红、谭均、潘媛	2014	重庆
延胡索	罂粟科植物延胡索 *Corydalis yanhusuo* W. T. Wang	浙胡2号	浙（非）审药2014001	系统选育	东阳市农技推广中心、浙江省中药研究所、东阳市农业科学研究所	厉永强、沈晓霞、戚正华、马美兰、胡红强	2014	浙江
益母草	唇形科植物益母草 *Leonurus japonicus* Houtt.	宣和益母草1号	黔审药2016001	系统选育	贵州宣和生物科技有限公司		2016	贵州
		川益1号	川审药2016003	系统选育	成都中医药大学、成都壹瓶科技有限公司		2016	四川
		浙益1号	浙（非）审药2015003	系统选育	浙江省中药研究所有限公司、浙江大德药业集团有限公司、丽水市林业科学研究院	徐建中、王志安、俞旭平、孙乙铭、王建国	2015	浙江
益智	姜科植物益智 *Alpinia oxyphylla* Miq.	琼中1号	热品审2016005	系统选育	中国热带农业科学院热带作物品种资源研究所	王祝年、晏小霞、王建荣、欧文军、王茂媛、王清隆、羊青、邱燕连、陈永锋、叶才华	2016	海南
薏苡仁	禾本科植物薏苡 *Coix lacrymajobi* L.var. *mayuen*.（Roman.）Stapf	太空I号	京品鉴药2012022	系统选育	中国医学科学院药用植物研究所	李艾莲、陈彩霞、杨念婉	2012	北京
		龙薏1号	闽认杂2009001	集团选育	龙岩市龙津作物品种研究所		2009	福建
		浦薏6号	闽认杂2011001	集团选育	浦城县农业科学研究所		2011	福建
		仙薏1号	闽认杂2013001	系统选育	莆田市种子管理站、莆田市城厢区农业技术推广站、福建仙游县金沙薏苡开发专业合作社、仙游县龙华镇金沙村民委员会、莆田市农业科学研究所		2013	福建

续表

药材名称	基原	品种名称	品种编号	选育方法	选育单位	选育人	年份	省份
薏苡仁	禾本科植物薏苡 *Coix lacrymajobi* L. var. *mayuen.*（Roman.）Stapf	翠薏 1 号	闽认杂 2014001	系统选育	宁化县种子管理站、宁化县农业科学研究所		2014	福建
		西农薏苡 1 号	陕药登字 2013001	系统选育	西北农林科技大学	舒志明、杨娟妮、梁宗锁、郭宏波	2013	陕西
		浙薏 1 号	浙认药 2008006	系统选育	浙江省中药研究所		2008	浙江
		浙薏 2 号	浙（非）审药 2014004	辐照选育	浙江省中药研究所有限公司、缙云县康莱特米仁发展有限公司	沈晓霞、王志安、沈宇峰、徐余兔、孙乙铭	2014	浙江
鱼腥草	三白草科植物蕺菜 *Houttuynia cordata* Thunb.	湘白鱼腥草	XPD017–2009	系统选育	怀化学院		2009	湖南
		红玉	XPD012–2013	系统选育	湖南农业大学、湖南正清制药集团股份有限公司		2013	湖南
		白玉	XPD013–2013	系统选育	湖南正清制药集团股份有限公司、湖南农业大学		2013	湖南
		紫韵	XPD013–2014	系统选育	湖南农业大学		2014	湖南
玉竹	百合科植物玉竹 *Polygonatum odoratum*（Mill.）Druce	吉竹 1 号	吉登药 2012003	系统选育	吉林农业科技学院等		2012	吉林
		抚竹 1 号	吉登药 2012004	系统选育	抚松参源长白山人参科技有限公司		2012	吉林
		玉立 1 号	吉登药 2015004	系统选育	长春中医药大学、白山老关东特产品有限公司		2015	吉林
郁金、片姜黄、莪术	姜科植物温郁金 *Curcuma wenyujin* Y. H. Chen et C. Ling	温郁金 1 号	浙认药 2008001	系统选育	浙江省亚热带作物研究所、浙江省中药研究所、乐清市源生中药材种植有限公司		2008	浙江
		温郁金 2 号	浙（非）审药 2015002	系统选育	浙江省中药研究所有限公司、浙江省亚热带作物研究所、温州市天禾生物科技有限公司、瑞安市陶山镇农业公共服务中心	任江剑、王志安、陶正明、徐杰、郑福勃	2015	浙江

续表

药材名称	基原	品种名称	品种编号	选育方法	选育单位	选育人	年份	省份
远志	远志科植物远志 *Polygala tenuifolia* Willd.	晋远 1 号	晋审远志（认）2012001	系统选育	山西省农业科学院经济作物研究所	田洪岭、赵云山、程永钢、郭淑红、王耀琴、南怀林、郝耀鹏	2012	山西
		晋远 2 号	晋审远志（认）2015001	系统选育	山西省农业科学院经济作物研究所	田洪岭、王耀琴、郭淑红、齐永红、李晓霞、程永钢、许陶瑜、吴昌娟、郝耀鹏	2015	山西
云芝	多孔菌科真菌彩绒革盖菌子实体 *Coriolus versicolor*（L. ex Fr.）Quel.	云芝 1 号	川审药 2015010	系统选育	四川省中医药科学院		2015	四川
		仙山云芝	川审药 2016006	系统选育	四川省中医药科学院		2016	四川
皂荚	豆科植物皂荚 *Gleditsia sinensis* Lam.	皂福 2 号	新品种权号 20190352	系统选育	河南师范大学、山东泰瑞药业有限公司	李建军、张光田、尚星晨、崔世昌、马静潇、叶承霖、李因东	2019	河南
浙贝母	百合科植物浙贝母 *Fritillaria thunbergii* Miq.	浙贝 2 号	浙（非）审药 2013002	芽变选育	桐乡市农业技术推广服务中心		2013	浙江
		浙贝 3 号	浙认药 2018002	系统选育	浙江省中药研究所有限公司、浙江万里学院、宁波市海曙富农浙贝母专业合作社	王志安、俞信光、江建铭、王忠华、邵将炜	2018	浙江
知母	百合科植物知母 *Anemarrhena asphodeloides* Bge.	德昌 1 号	皖品鉴登字第 1206001		安徽德昌药业饮片有限公司	葛德州、汪维云等	2012	安徽
栀子	茜草科植物栀子 *Gardenia jasminoides* Ellis.	小红栀 1 号	（2019）第 06 号	系统选育	江西省林业科学院	邓绍勇、朱培林、黄丽莉、袁玮、朱良辉、龚斌、房海灵、贾全全、杨春霞、李康琴、段锦云、李婷、鲍康德、黄宝祥、胡小红	2019	江西
		中精红栀	（2019）第 07 号	系统选育	江西省林业科学院、大理药业股份有限公司	朱培林、杨君祥、黄丽莉、段美仙、邓绍勇、张金华、杨春霞、李红艳、贾全全、杨君卫、李康琴、杨瑜凤、龚斌、袁玮、李婷	2019	江西

续表

药材名称	基原	品种名称	品种编号	选育方法	选育单位	选育人	年份	省份
枳壳	芸香科植物酸橙 *Citrus aurantium* Linnaeus.	新香	（2019）第08号	系统选育	江西省林业科学院	朱培林、黄友荪、黄丽莉、廖学林、胡蓉、邓绍勇、邹流球、李康琴、刘国庆、杨春霞、胡小红、龚斌、房海灵、何国华、李婷	2019	江西
		新秀	（2019）第09号	系统选育	江西省林业科学院	黄丽莉、朱培林、廖学林、邓绍勇、房海灵、李康琴、贾全全、龚斌、邹流球、刘国庆、陈宜均、李婷、叶金山、黄有荪	2019	江西
		樟香	（2019）第10号	系统选育	江西省林业科学院	朱培林、黄丽莉、李康琴、房海灵、朱良辉、邓绍勇、龚斌、杨春霞、黄宝祥、叶金山、贾全全、胡小红、何国华、廖学林、方梅玲	2019	江西
		渝枳1号	渝品审鉴2016017	系统选育	重庆市中药研究院、铜梁子奇药业有限公司	彭锐、孙年喜、谢显奇、莫让瑜、谢光伟、谭均、林国龙、乐博伦	2016	重庆
重楼	百合科植物云南重楼 *Paris polyphylla* var. *yunnanensis*（Franch.）Hand.– Mazz.	滇重楼1号	云园植登第20090013号	系统选育	云南省农业科学院药用植物研究所	李绍平、杨丽英、杨斌、王馨、李林玉、董志渊、严世武、和云、和斌	2009	云南
		滇重楼2号	云林园植新登第20100011号	系统选育	丽江云鑫绿色生物开发有限公司	杨丽英、李绍平、杨斌、董志渊、严世武、王馨、李林玉、和云、和斌	2010	云南
		云农1号	云林园植新登第20140045号	系统选育	云南农业大学、大理俊峰生物科技有限公司	刘涛、张广辉、杨生超、年有云、王玲、许雪峰、陈军文、龙光强、梁艳丽、海梅荣、孟珍贵	2014	云南
		滇重楼3号	云林园植新登第20140034号	系统选育	丽江云鑫绿色生物开发有限公司	杨丽英、杨斌、李林玉、张新华、李佳、马维思、王馨、董志渊、严世武、和云、和斌	2014	云南

续表

药材名称	基原	品种名称	品种编号	选育方法	选育单位	选育人	年份	省份
重楼	百合科植物云南重楼 *Paris polyphylla* var. *yunnanensis*（Franch.）Hand.– Mazz.	云农 2 号	云林园植新登第 20160037 号	系统选育	云南农业大学、大理俊峰生物科技有限公司	刘涛、杨生超、张广辉、陈军文、孟珍贵、梁艳丽、年友云、许雪峰、张金莲、段忠、任炳波	2016	云南
		云农 3 号	云林园植新登第 20160038 号	系统选育	云南农业大学、大理俊峰生物科技有限公司	刘涛、杨生超、张广辉、陈军文、孟珍贵、梁艳丽、年友云、许雪峰、张金莲、段忠、任炳波	2016	云南
		宏康 1 号	云 R–SF–PP–059–2016	系统选育	芒市宏康重楼种植专业合作社	杨正华、林春然、钏加周、郗三旺团、杨恩菊、段兆梅、黄国回、申家兴、段洪瑞、汤成松、段尹	2016	云南
		云农 4 号	云林园植新登第 20170025 号	系统选育	腾冲县百合圆农业科技开发有限责任公司、云南农业大学	刘涛、杨生超、番敞富、番伟、赵茂堂、字淑慧、孟珍贵、尹国敬、老学山、郑志快、僕永庄	2017	云南
		云农 5 号	云林园植新登第 20170026 号	系统选育	腾冲县百合圆农业科技开发有限责任公司、云南农业大学	刘涛、杨生超、番敞富、番伟、赵茂堂、字淑慧、孟珍贵、尹国敬、老学山、郑志快、僕永庄	2017	云南
		云农 6 号	云林园植新登第 20170027 号	系统选育	腾冲县百合圆农业科技开发有限责任公司、云南农业大学	刘涛、杨生超、番敞富、番伟、赵茂堂、字淑慧、孟珍贵、尹国敬、老学山、郑志快、僕永庄	2017	云南
	百合科植物长柱重楼 *Paris forrestii*（Takht）H. Li.	怒江春灵 1 号	云 R–SV–PF–023–2018		云南省林木种苗工作总站	范林元、方向京、陈剑英、李琼、肖志军、李福强、肖仲良、徐明艳、龚怡、黄泽胜、何余花	2018	云南
竹节参	五加科植物竹节参 *Panarja Ponicus* C. A. Mey.	鄂竹节参 1 号	鄂审药 2006001	系统选育	湖北省农业科学院中药材研究所	林先明、廖朝林、由金文、唐春梓、杨永康、郭杰、张国华、刘海华	2006	湖北

续表

药材名称	基原	品种名称	品种编号	选育方法	选育单位	选育人	年份	省份
紫苏子、紫苏叶、紫苏梗	唇形科植物紫苏 *Perilla frutescens*（L.）Britt.	豫紫苏1号	豫中药品鉴2019014	系统选育	河南省农业科学院芝麻研究中心	梁慧珍、余永亮、谭政委、许兰杰、杨红旗、董薇、张收良、李磊、李红莲	2019	河南
		豫紫苏2号	豫中药品鉴2019015	系统选育	河南省农业科学院芝麻研究中心	梁慧珍、余永亮、谭政委、许兰杰、杨红旗、董薇、张收良、李磊、李红莲	2019	河南
		中研肥苏1号	京品鉴药2016054	系统选育	中国中医科学院中药研究所、贵州省油菜研究所	陈士林、沈奇、向丽、李西文、张栋、田世刚、陈莎、张天缘	2016	北京
		中研油苏2号	京品鉴药2016055	系统选育	中国中医科学院中药研究所、贵州省油菜研究所	沈奇、张玉军、杜才富、向丽、李西文、孙伟、陈士林	2016	北京
		陇苏1号	甘认苏2013001	系统选育	甘肃省农业科学院旱地农业研究所		2013	甘肃
		陇苏2号	甘认苏2013002	系统选育	甘肃省农业科学院旱地农业研究所		2013	甘肃
		多紫1号	冀S–SV–PF–019–2012	倍性育种	河北省农林科学院经济作物研究所	温春秀、谢晓亮、周巧梅、田伟、刘铭、刘灵娣、边建波	2012	河北
		冀紫1号	冀S–SV–PF–012–2016	系统选育	河北省农林科学院经济作物研究所	温春秀、谢晓亮、刘灵娣、田伟、刘铭、贾东升、边建波	2016	河北
		冀紫2号	冀S–SV–PF–013–2016	系统选育	河北省农林科学院经济作物研究所	温春秀、刘灵娣、谢晓亮、田伟、刘铭、贾东升、边建波	2016	河北
		多紫2号	冀S–SV–PF–020–2012	倍性育种	河北省农林科学院经济作物研究所	温春秀、谢晓亮、周巧梅、田伟、刘铭、刘灵娣、边建波	2012	河北
		多紫3号	冀S–SV–PF–021–2012	倍性育种	河北省农林科学院经济作物研究所	温春秀、谢晓亮、周巧梅、田伟、刘铭、刘灵娣、边建波	2012	河北
		川紫1号	川审药2011004	系统选育	四川农业大学		2011	四川

注：选择育种包括系统选育、混合选育、集团选育等。

致　谢

资料收集过程中得到了国家中药材现代农业产业技术体系首席办公室万修福老师、云南农业大学杨生超教授、河南师范大学李建军教授、山东省农业科学院农产品研究所王志芬研究员、山东中医药大学张永清教授、中国中医科学院中药研究所李西文副研究员、云南省农业科学院药用植物研究所金航研究员、甘肃农业大学陈垣教授、安徽省农业科学院园艺研究所董玲研究员、宁夏农林科学院安巍研究员、吉林农业大学杨世海教授、中国医学科学院药用植物研究所徐荣研究员、集安人参研究所赵晓龙研究员、河南省农业科学院长垣分院王秀萍副研究员、河南农科院芝麻研究中心谭政委老师、河南中医药大学兰金旭老师、湖南湘九味中药材开发有限公司杨利平高工、昌昊金煌（贵州）中药有限公司兰才武高级农艺师等专家给予的大力支持和帮助，在此表示衷心感谢。

附录2　第四次全国中药资源普查中药材种子种苗繁育基地简况

启动年份	序号	省区	牵头单位	主要繁育中药材	建设单位	基地位置
2012年国家基本药物所需中药材种子种苗繁育基地	1	吉林	长春中医药大学	吉林省种子种苗繁育研究中心	长春中医药大学	长春市
				人参	吉林紫鑫药业股份有限公司	通化市东昌区金厂镇上龙头村
				以五味子为主，西洋参、细辛、黄柏、平贝母、黑枸杞、黑果腺肋花楸等	吉林北佳中药材科技开发有限公司	白山市靖宇县靖宇镇
				人参（新开河1号）	康美新开河（吉林）药业有限公司	集安市台上镇
				玉竹（玉产1号）	吉林省老关东特产开发有限公司	白山市抚松县东岗镇西江村
				黄精、北苍术、辽藁本，关苍术、升麻、威灵仙、柴胡、赤芍、轮叶党参、白鲜皮等	吉林昌农实业有限公司	通化市柳河县
				板蓝根、黄芪、防风等	吉林省盘古中药材开发有限公司	长岭县
	2	江西	江西中医学院	黄栀子	江西普正制药有限公司	吉安市峡江县仁和镇
				草珊瑚	江西普正制药有限公司	吉安市峡江县仁和镇
				龙脑樟	江西普正制药有限公司	井冈山市拿山乡
				广东紫珠	江西普正制药有限公司	井冈山市拿山乡
				吴茱萸	樟树天齐堂中药饮片有限公司	樟树市吴城乡
				枳壳	樟树天齐堂中药饮片有限公司	樟树市吴城乡
				车前	江西修水宁红万春中药材公司	修水县马坳镇
				白木通	九江市回归生物科技发展限公司	九江市庐山区赛阳镇东林村
				掌叶覆盆子	江西天海集团有限公司	上饶市德兴市张村乡
				夏枯草	江西杏林白马药业有限公司	南昌市桑海经济技术开发区南山分场
				夏天无	江西天施康生态中药种植有限公司	余江县平定乡双鱼村
				金银花	江西万茂科技有限公司	九江市德安县车桥镇
				曼地亚红豆杉	江西万茂科技有限公司	九江市德安县车桥镇
				延胡索	江西荣裕药业集团公司	抚州市临川区河埠乡
	3	海南	中国医学科学院药用植物研究所海南分所	白木香	海南香树资源发展有限公司	儋州市东城镇
						海口市演丰镇
				降香	中国医学科学院药用植物研究所海南分所	万宁市南林镇
				莪术	海南碧凯药业有限公司	海口市红旗镇
				裸花紫珠	海南九芝堂药业有限公司	临高多文镇
				海马	海南龙盛生物科技发展有限公司	琼海市长坡镇

续表

启动年份	序号	省区	牵头单位	主要繁育中药材	建设单位	基地位置
				益智	海南正生堂生物工程有限公司	保亭县
				中药材南繁	中国医学科学院药用植物研究所海南分所	万宁市兴隆镇
	4	四川	四川省中医药科学院	附子	四川省中医药科学院、雅安三九中药材科技产业化有限公司	青川县茅坝乡金家村
				川贝母	四川省中医药科学院、四川新荷花川贝母生态药材有限公司	阿坝州松潘县水晶乡寒盼村
				川芎	四川省中医药科学院、四川新荷花中药饮片股份有限公司	成都彭州市小鱼洞镇太子村
				麦冬	四川省中医药科学院、四川新荷花中药饮片股份有限公司	绵阳市三台县老马乡
				川红花	四川省中医药科学院、四川辅正药业有限责任公司	简阳市镇金镇董家埂乡
				赶黄草	四川省中医药科学院、四川锦云堂中药饮片有限公司	泸县云锦镇长潮村
				栀子	四川省中医药科学院、四川弘升药业有限公司	资中县新桥镇清平村
				黄柏	四川省中医药科学院、四川科力立中药材有限公司	都江堰市向峨乡、大邑县悦来镇义和村
				黄连	四川省中医药科学院、乐山市沙湾区范店中药材专业合作社	乐山市沙湾区范店乡先锋村
				姜黄	四川省中医药科学院、成都欣颐现代农业有限公司	成都市双流彭镇
	5	甘肃	甘肃中医学院（甘肃中医药大学）	种植当归、黄芪、黄芩等甘肃大宗药材；引种瓜蒌、升麻等外地药材及野生品种	甘肃中医学院（甘肃中医药大学）	临夏州和政县吊滩乡
				当归	甘肃岷归中药材科技有限公司	定西市岷县闾井镇
				大黄	甘肃岷归中药材科技有限公司	陇南市礼县固城乡
				红芪	陇西县丰收种业有限责任公司	定西市陇西县首阳镇
				苦豆子	甘肃神州红药材科技有限公司	酒泉市肃州区总寨镇
				甘草	酒泉市巨龙农业科技示范园有限责任公司	甘肃东风场区24号
					甘肃神州红药材科技有限公司	酒泉市巨龙科技示范园农场
				肉苁蓉	武威市医药有限责任公司	武威市凉州区长城乡 武威市民勤县西渠镇 武威市民勤县东湖镇
2013年国家基本药物所需中药材种子种苗繁育基地	1	河北	河北省中医药科学院	菊花、山药、沙参、芥穗、紫苑、紫苏、丹参、知母	安国市药业发展局、安国市伊康药业有限公司	安国市明官店乡东固村 安国市北段村乡西照村
	2	山西	山西中医学院（山西中医药大学）	人参、西洋参、领春木、红豆杉等濒危药材	沁水县医药药材公司	晋城市沁水县中村镇下川村

续表

启动年份	序号	省区	牵头单位	主要繁育中药材	建设单位	基地位置
				迷迭香	五寨县金达实业有限责任公司	五寨县砚城镇大棚
						五寨县砚城镇
						五寨县三岔镇
						五寨县三岔镇
						五寨县孙家坪乡
				远志	山西华元医药集团有限公司	永和县交口乡曲沙村
				北柴胡	绛县开发区天龙农科贸有限公司	绛县郝庄乡永青村
				苦参	山西振东道地药材开发有限公司	武乡县韩北乡
				党参	陵川县诚信中药材专业合作社联合社	潞城镇苇水村
				黄芩	榆社县宪忠中药材种植专业合作社	榆社县河峪乡河峪村
				胡麻	五寨县晋润药材种植有限公司	五寨杏岭子乡官咀村
				黄芪	浑源县芪丰中药材种植有限公司	浑源县下韩村乡麻庄村、花疃村
				黄芩	和顺县圣泉中药材种植专业合作社	和顺县平松乡平松村
	3	吉林	吉林省吉林中西医结合医院	细辛、桔梗	吉林省吉林中西医结合医院	昌邑区迎宾路春光村
				人参、五味子、细辛、刺五加、桔梗、玉竹、白鲜、北乌头、北豆根	中国农业科学院特产研究所	昌邑区左家镇
				林下参、刺五加、灵芝、细辛、桔梗	吉林韩边外野山参有限公司	桦甸市二道甸子镇
	4	江苏	南京中医药大学	江苏及华东沿海地区中药材种质资源圃	南京中医药大学	南京市栖霞区仙林大道138号
				茅苍术	江苏茅山地道中药材种植有限公司	句容市茅山风景区方山茶场药材基地
				黄蜀葵	江苏苏中药业集团股份有限公司	宜兴市太华镇 泰州市高港区胡庄镇
				银杏	济川药业集团 江苏银杏产业研究院有限公司	泰兴市刘陈镇果园场
				桑	江苏吉贝尔药业股份有限公司	镇江市丹阳市开发区华都生态林
				芡实	苏州创德兴芡实有限公司	高邮市界首镇
				青蒿	江苏康缘生态农业发展有限公司	东海县李埝林场
				荆芥	亚邦医药股份有限公司	常州市溧阳市天目湖镇天目湖9号农庄内

续表

启动年份	序号	省区	牵头单位	主要繁育中药材	建设单位	基地位置
	5	安徽	安徽中医药大学	白芍、亳菊	安徽济人药业有限公司	亳州市谯城区十八里镇徐寨村
				霍山石斛、铁皮石斛	霍山县长冲中药材开发有限公司	霍山县太平畈乡
				保存栽培药材种苗60种	亳州市新科药材种苗生产有限公司	亳州市谯城区魏岗镇魏岗村
				保存亳州栽培药材种子种苗46种	亳州市皖北药业有限责任公司	亳州市谯城区十八里镇中药材高科技示范园
				桔梗	安徽省太和县利民中药材有限责任公司	太和县李兴镇
				白及、天麻、茯苓等种质资源收集	安徽中医药大学	合肥市新站区前江路1号
	6	海南	琼海市卫生局（琼海市卫生和计划生育委员会）琼海市中医院	胆木	海南制药厂有限公司	五指山市畅好乡
				广藿香	海南科源藿香科技开发有限公司	琼海市塔洋镇、万宁市万城
				槟榔	海南瑞晟生物科技有限公司	万宁市长丰镇
				砂仁	海南瑞晟生物科技有限公司	万宁市南桥乡
				胡椒	琼海冯氏热带作物种植专业合作社	琼海市彬村山华侨经济区
				铁皮石斛	海南净音堂高新农业生物科技有限公司	琼海市上埇
				灵芝	海南仙芝现代农业发展有限公司	琼海市上埇
				牛大力	琼海草寮堂南药开发有限公司	琼海市上埇
	7	四川	四川省中医药科学院	半夏、黄精、丹参、白芷、虎杖	四川省中医药科学院、广药广安医药有限公司	广安市岳池县
	8	贵州	贵阳中医学院（贵州中医药大学）	天麻、萌发菌、蜜环菌	大方县九龙天麻公司	大方县红旗办事处路塘村
				半夏	大方县绿色资源开发有限责任公司	大方县羊场镇、大方镇
					大方县中药产业局	大方县大方镇
					大方县济民专业合作社	大方县羊场镇
				丹参、何首乌、黄精、太子参	贵州信邦制药股份有限公司	松桃苗族自治县正大乡水竹坪村、石阡县坪山乡凤凰屯村
				资源普查贵州种质资源保存	贵阳中医学院（贵州中医药大学）	贵阳市花溪区大学城贵阳中医学院
				头花蓼	贵州威门药业股份有限公司	贵阳市乌当区

续表

启动年份	序号	省区	牵头单位	主要繁育中药材	建设单位	基地位置
	9	云南	中国医学科学院药用植物研究所云南分所	铁皮石斛	光明食品集团云南石斛生物科技开发有限公司	西双版纳州勐海县勐海镇（勐海工业园区）
				重楼、金铁锁	云南白药集团中药材优质种源繁育有限责任公司	武定县白路镇关坡梁子
				三七	文山市苗乡三七实业有限公司	文山州砚山县盘龙乡探科村及平远镇阿三龙村
					昆明圣火药业（集团）有限公司	昆明石林县台湾农民创业园黑龙潭路1号
				阳春砂	中国医学科学院药用植物研究所云南分所、西双版纳周全农业发展有限公司	西双版纳州景洪市基诺乡、景哈乡和勐腊县尚勇镇
				灯盏花	红河千山生物工程有限公司	泸西县中枢镇
				金银花	陆良响叮当农业科技有限公司	陆良县板桥镇后所村委会
				铁皮石斛	光明食品集团云南石斛生物科技开发有限公司	云南省西双版纳州勐海县勐海镇（勐海工业园区）
	10	甘肃	甘肃中医学院（甘肃中医药大学）	种植当归、黄芪、黄芩等甘肃大宗药材；引种瓜蒌、升麻等外地药材及野生品种	甘肃中医学院（甘肃中医药大学）	临夏州和政县吊滩乡
				黄芪	甘肃兰州瑞尔丰农科贸发展有限公司	白银市靖远县北湾镇
				党参	陇西县丰收中药材种植农民专业合作社	定西市陇西县柯寨乡
					陇南远大生物科技有限公司	陇南市宕昌县贾河乡
				柴胡	陇西稷丰种业有限责任公司	定西市陇西县通安驿镇
					陇西县丰收中药材种植农民专业合作社	定西市陇西县通安驿镇
				枸杞	靖远县绿佳园枸杞种植农民专业合作社	白银市靖远县五合乡
				板蓝根	陇南远大生物科技有限公司	陇南市宕昌县南阳镇
	11	宁夏	宁夏明德中药饮片有限公司	金莲花	宁夏明德中药饮片有限公司	隆德县沙塘镇
				甘遂		原州区彭堡镇
				黄芪		
				银柴胡		固原市开发区
				秦艽		原州区张义镇

续表

启动年份	序号	省区	牵头单位	主要繁育中药材	建设单位	基地位置
2015年稀缺中药材种苗基地	1	河北	河北省中医药科学院	射干	内丘县海盟农业发展有限公司	内丘县五郭店乡史村
				知母		内丘县柳林镇樊交台村
				黄精		内丘县獐么乡东秋村
				连翘		内丘县柳林镇苏家庄村
				柴胡		内丘县柳林镇西阳寨村
				远志		内丘县柳林镇西阳寨村
				酸枣		内丘县柳林镇樊交台村
	2	河北	河北省中医药科学院	黄芩	承德久财农牧开发有限责任公司	滦平县金沟屯镇
				黄芪		
				苦参		
				防风		
				北苍术		
	3	内蒙古	内蒙古自治区中医药研究所	黄芪	武川县汇德兴业林业生态开发有限公司	阿左旗巴彦浩特镇通古淖尔嘎查、阿左旗豪苏木阿日呼都格嘎查
					乌拉特前旗额尔登布拉格绿梦种植专业合作社	阿左旗巴润别立镇、巴彦浩特镇
				小秦艽	武川县汇德兴业林业生态开发有限公司	赤峰市喀喇沁旗桥头镇
				桔梗	赤峰荣兴堂药业限责任公司	赤峰市喀喇沁旗桥头镇
				赤芍	赤峰荣兴堂药业限责任公司	呼伦贝尔牙克石市绰源镇
					内蒙古森工集团绰源林业局	赤峰市喀喇沁旗桥头镇
					赤峰荣兴堂药业限责任公司	乌拉特前旗先锋镇
				枸杞	乌拉特前旗华融扶祥农贸专业合作社	乌拉特前旗额尔登布拉格苏木
				肉苁蓉	阿拉善盟蒙医医院	呼和浩特市武川县哈乐镇
				黑果枸杞	阿拉善盟蒙医医院	阿左旗巴彦浩特镇巴彦霍德嘎查
				山沉香	阿拉善盟蒙医医院	阿左旗巴彦浩特镇通古淖尔嘎查、阿左旗豪苏木阿日呼都格嘎查

续表

<table>
<tr><th>启动年份</th><th>序号</th><th>省区</th><th>牵头单位</th><th>主要繁育中药材</th><th>建设单位</th><th>基地位置</th></tr>
<tr><td rowspan="36">2015年稀缺中药材种苗基地</td><td rowspan="12">4</td><td rowspan="12">黑龙江</td><td rowspan="12">黑龙江省中医药科学院</td><td>寒地山楂</td><td rowspan="4">贵龙医药有限公司</td><td rowspan="4">伊春基地</td></tr>
<tr><td>升麻</td></tr>
<tr><td>防风</td></tr>
<tr><td>关黄柏</td></tr>
<tr><td>黄芪</td><td>锦河农场</td><td>锦河农场</td></tr>
<tr><td>金莲花</td><td rowspan="4">加格达奇林业局</td><td rowspan="4">加格达奇林业局古里苗圃\古里林场</td></tr>
<tr><td>黄芪</td></tr>
<tr><td>苍术</td></tr>
<tr><td>龙胆</td></tr>
<tr><td>赤芍</td><td rowspan="2">呼玛县人民政府</td><td rowspan="2">呼玛县</td></tr>
<tr><td>防风</td></tr>
<tr><td>北五味子</td><td>黑龙江省未名制药有限公司</td><td>鹤岗市萝北县</td></tr>
<tr><td rowspan="6">5</td><td rowspan="6">浙江</td><td rowspan="6">浙江中医大学</td><td>铁皮石斛</td><td>浙江寿仙谷医药股份有限公司</td><td>金华市武义县</td></tr>
<tr><td>西红花</td><td>浙江寿仙谷医药股份有限公司</td><td>金华市武义县</td></tr>
<tr><td>覆盆子</td><td>青田县康之源生物科技有限公司</td><td>丽水市青田县海口镇</td></tr>
<tr><td>浙贝母、元胡、黄精、覆盆子</td><td>湖州菱新生态农业发展有限公司</td><td>湖州市</td></tr>
<tr><td>浙贝母、元胡、重楼、西红花、黄精</td><td>建德市启振农业开发有限公司</td><td>建德市新安江</td></tr>
<tr><td>於术</td><td>临安市宏目农业科技开发有限公司</td><td>临安市</td></tr>
<tr><td rowspan="4">6</td><td rowspan="4">安徽</td><td rowspan="4">安徽中医药大学</td><td>茯苓、天麻、灵芝菌种</td><td>金寨县金山寨食药用菌种植专业合作社</td><td>金寨县桃岭乡</td></tr>
<tr><td>颖半夏</td><td>安徽春之蔚农业科技有限公司</td><td>太和县旧张镇</td></tr>
<tr><td>古城丹参</td><td>安徽中大神农生物科技发展有限公司</td><td>含山县昭关镇</td></tr>
<tr><td>白及</td><td>安徽中医药大学</td><td>合肥市新站区</td></tr>
<tr><td rowspan="9">7</td><td rowspan="9">湖北</td><td rowspan="9">湖北中医药大学</td><td>蕲艾</td><td>李时珍医药集团有限公司</td><td>蕲春县蕲州镇</td></tr>
<tr><td>重楼</td><td>湖北神农爱民药业有限公司</td><td>十堰市竹溪县丰溪镇</td></tr>
<tr><td>白及</td><td>湖北神农本草中药饮片有限公司</td><td>十堰市房县军店镇</td></tr>
<tr><td>北柴胡</td><td>湖北神农本草中药饮片有限公司</td><td>十堰市房县军店镇</td></tr>
<tr><td>日本医蛭</td><td>荆州市民康生物科技有限公司</td><td>荆州市公安县斗湖堤工业园区</td></tr>
<tr><td>苍术</td><td>湖北宏图中药材科技有限公司</td><td>英山县陶家河乡</td></tr>
<tr><td>半夏</td><td>潜江市元泽农业发展有限公司</td><td>潜江市东风林场</td></tr>
<tr><td>茯苓3级菌种</td><td>黄冈金贵中药产业发展有限公司</td><td>1. 罗田县九资河镇九资河村；2. 罗田县九资河镇徐凤冲村；3. 罗田县经济开发区</td></tr>
</table>

续表

启动年份	序号	省区	牵头单位	主要繁育中药材	建设单位	基地位置
	8	湖南	湖南省中医药研究院	玉竹、白及、七叶一枝花	湖南恒康农林科技有限公司	双牌县麻江镇白水村
				龙脑樟、多花黄精、百合	湖南省博世康中医药股份有限公司	怀化市鹤城区芦坪乡大门溪村山房组
				茯苓	湖南补天药业有限公司	怀化市靖州县
				龙脑樟	湖南省新晃县龙脑开发有限责任公司	怀化市新晃县波洲镇
				白及、七叶一枝花、多花黄精、百合	湖南省中医药研究院中药研究所	长沙市岳麓区岳华路8号
	9	广西	广西壮族自治区药用植物园	五指毛桃、功劳木、两面针、鸡血藤、白及	广西壮族自治区药用植物园 广西南药园投资有限责任公司 广西药园中药材种苗有限公司	玉林市玉东新区茂林镇新寨村
	10	云南	云南省农业科学院药用植物研究所	云南省稀缺中药材种苗繁育实验室	云南省农业科学院药用植物研究所	昆明市北京路2238号
				云南省稀缺中药材种苗繁育基地	中国医学科学院药用植物研究所云南分所	西双版纳州景洪市
				三七	云南同根三七产业有限公司	文山州西畴县兴街镇拉孩村委牛场坪的大扁山和张家箐
				白及	文山州杏林生物科技开发有限责任公司	文山州文山市古木镇莲花塘
				黄草乌	西畴县百汇药材林果种植有限公司	文山州西畴县西洒镇么洒村委会把独村
				乌天麻	彝良县达康源中药材种植专业合作社	昭通彝良县小草坝乡大桥村朝天马林区
				滇黄精	云南郑保生物科技开发有限公司	文山州西畴县西洒镇马汗塘
					昭通市益雄药业有限公司	昭通昭阳区苏甲乡苏甲村
	11	陕西	陕西中医药大学	丹参	陕西天士力植物药业有限公司	商洛市
					陕西中医药大学	洛南县永丰镇
				连翘	陕西中医学院制药厂	洛南县永丰镇
					陕西中医药大学	咸阳市陕西中医药大学
				元胡	陕西省秦巴山区生物资源保护与利用工程技术研究中心	西安市雁塔区
					陕西白云制药有限公司	城固县三合镇
					陕西中医药大学	城固县三合镇
				黄精	陕西步长制药有限公司	略阳县五龙洞镇

续表

启动年份	序号	省区	牵头单位	主要繁育中药材	建设单位	基地位置
				太白贝母	陕西太白圣峰农林科技有限公司	太白县咀头镇
					太白县中药产业发展服务中心	太白县咀头镇
					陕西中医药大学	咸阳市陕西中医药大学
				丹参	陕西天士力植物药业有限公司	商洛市
					陕西中医药大学	洛南县永丰镇
	12	新疆	新疆维吾尔自治区中药与民族药研究所	甘草	新疆康隆科技股份有限公司	和布克赛尔县察和特农业综合开发区
				罗布麻	新疆阿勒泰戈宝麻有限公司	阿勒泰阿拉哈克乡（保护区）
				黑果枸杞	新疆中药民族药研究所焉耆基地	焉耆县紫泥泉
				香青兰		
				蜀葵		
				驱虫斑鸠菊		

附录3　农作物种子生产经营许可

一、申请依据

1.《中华人民共和国种子法》（2015年11月4日第十二届全国人民代表大会常务委员会第十七次会议修订）

2.《农作物种子生产经营许可管理办法》（2016年7月8日农业部令2016年第5号发布）

3.《×××省/市农作物/中药材种子管理条例》（各省或市自行发布的中药材种子管理相关的条例和管理办法）

二、实施机关

1. 从事主要农作物常规种子生产经营及非主要农作物种子经营的，其种子生产经营许可证由企业所在地县级以上地方农业主管部门核发。

2. 从事主要农作物杂交种子及其亲本种子生产经营以及实行选育生产经营相结合、有效区域为全国的种子企业，其种子生产经营许可证由企业所在地县级农业主管部门审核，省、自治区、直辖市农业主管部门核发。

3. 从事农作物种子进出口业务的，其种子生产经营许可证由企业所在地省、自治区、直辖市农业主管部门审核，农业部核发。

三、许可条件

申请中药材种子生产经营许可证的企业，应当具备以下条件：

1. 基本设施。具有办公场所100平方米以上、检验室50平方米以上、加工厂房100平方米以上、仓库100平方米以上。

2. 检验仪器。具有净度分析台、电子秤、样品粉碎机、烘箱、生物显微镜、电子天平、扦样器、分样器、发芽箱等检验仪器，满足种子质量常规检测需要。

3. 加工设备。具有与其规模相适应的种子加工、包装等设备。

4. 人员。具有种子生产、加工贮藏和检验专业技术人员各2名以上。

5. 品种。应当具有1个以上的登记品种；生产经营授权品种种子的，应当征得品种权人的书面同意。

6. 生产环境。生产地点无检疫性有害生物，并具有种子生产的隔离和培育条件。

7. 农业部规定的其他条件。

申请领取实行选育生产经营相结合、有效区域为全国的中药材种子生产经营许可证的企业，应当具备以下条件：

1. 基本设施。具有办公场所500平方米以上，冷藏库200平方米以上，加工厂房200平方米以上、仓库500平方米以上。

2. 育种机构及测试网络。具有专门的育种机构和相应的育种材料，建有完整的科研育种档案；在全国不同生态区有测试点 10 个以上和相应的播种、收获、考种设施设备。

3. 育种基地。具有自有或租用（租期不少于 5 年）的科研育种基地，具有分布在不同生态区的育种基地 3 处以上、总面积 100 亩以上。

4. 科研投入。在申请之日前 3 年内，年均科研投入不低于年种子销售收入的 5%，年均科研投入不低于 300 万元。

5. 品种。应当具有相应作物的以本企业名义单独申请获得植物新品种权的品种 5 个以上。生产经营授权品种种子的，应当征得品种权人的书面同意。

6. 生产规模。近 3 年年均种子生产的数量不低于该类作物 100 万亩的大田用种量。

7. 种子经营。具有健全的销售网络和售后服务体系；在申请之日前 3 年内至少有 1 年，其种子销售额占该类种子全国市场份额的 1% 以上。

8. 种子加工。具有种子加工成套设备，总加工能力 1 吨 / 小时以上。

9. 人员。具有本科以上学历或中级以上职称的专业育种人员 6 人以上；具有专职的种子生产、加工贮藏和检验专业技术人员各 3 名以上。

10. 生产环境。生产地点无检疫性有害生物，并具有种子生产的隔离和培育条件。

11. 检验仪器。具有净度分析台、电子秤、样品粉碎机、烘箱、生物显微镜、电子天平、扦样器、分样器、发芽箱等检验仪器，满足种子质量常规检测需要；具有 PCR 扩增仪及产物检测配套设备、酸度计、高压灭菌锅、磁力搅拌器、恒温水浴锅、高速冷冻离心机、成套移液器等仪器设备，能够开展种子品种分子鉴定。

12. 农业部规定的其他条件。

以上中药材种子生产经营的许可条件为《农作物种子生产经营许可管理办法》（2016）规定的基本条件，具体各地申请的许可条件，应以各地方政府、机构发布的条例和法规为准。

四、申请材料

申请领取种子生产经营许可证，应当提交以下材料：

1. 种子生产经营许可证申请表（见附件）；

2. 单位性质、股权结构等基本情况，公司章程、营业执照复印件，设立分支机构、委托生产种子、委托代销种子以及以购销方式销售种子等情况说明；

3. 种子生产、加工贮藏、检验专业技术人员的基本情况及其企业缴纳的社保证明复印件，企业法定代表人和高级管理人员名单及其种业从业简历；

4. 种子检验室、加工厂房、仓库和其他设施的自有产权或自有资产的证明材料；办公场所自有产权证明复印件或租赁合同；种子检验、加工等设备清单和购置发票复印件；相关设施设备的情况说明及实景照片；

5. 品种审定证书复印件；生产经营授权品种种子的，提交植物新品种权证书复印件及品种权人的书面同意证明；

6. 委托种子生产合同复印件或自行组织种子生产的情况说明和证明材料；

7. 种子生产地点检疫证明；

8. 农业部规定的其他材料。

申请领取选育生产经营相结合、有效区域为全国的种子生产经营许可证，除提交以上所规定的材料外，还应当提交以下材料：

1. 自有科研育种基地证明或租用科研育种基地的合同复印件；

2. 品种试验测试网络和测试点情况说明，以及相应的播种、收获、烘干等设备设施的自有产权证明复印件及实景照片；

3. 育种机构、科研投入及育种材料、科研活动等情况说明和证明材料，育种人员基本情况及其企业缴纳的社保证明复印件；

4. 近三年种子生产地点、面积和基地联系人等情况说明和证明材料；

5. 种子经营量、经营额及其市场份额的情况说明和证明材料；

6. 销售网络和售后服务体系的建设情况。

以上中药材种子生产经营许可证申请材料为《农作物种子生产经营许可管理办法》（2016）规定的基本条件，具体各地申请的许可条件，应以各地方政府、机构发布的条例和法规为准。

附件　农作物种子生产经营许可证申请表（式样）

（　　）农种申字（　　）第　　号

<table>
<tr><td colspan="2">申请单位名称</td><td colspan="7"></td></tr>
<tr><td colspan="2">统一社会信用代码</td><td colspan="7"></td></tr>
<tr><td colspan="2">注册地址</td><td colspan="7"></td></tr>
<tr><td colspan="2">通讯地址</td><td colspan="7"></td></tr>
<tr><td colspan="2">法定代表人</td><td colspan="2"></td><td colspan="2">法定代表人身份证号</td><td colspan="3"></td></tr>
<tr><td colspan="2">联系人</td><td colspan="2"></td><td colspan="2">联系电话</td><td colspan="3"></td></tr>
<tr><td colspan="2">邮政编码</td><td colspan="2"></td><td colspan="2">电子邮箱</td><td colspan="3"></td></tr>
<tr><td rowspan="6">基本情况</td><td>种子生产人员</td><td colspan="2">名</td><td colspan="2">加工贮藏人员</td><td colspan="3">名</td></tr>
<tr><td>种子检验人员</td><td colspan="2">名</td><td colspan="2">安全管理人员</td><td colspan="3">名</td></tr>
<tr><td>检验仪器</td><td colspan="2">台</td><td colspan="2">检验室面积</td><td colspan="3">平方米</td></tr>
<tr><td>加工成套设备</td><td colspan="2">吨／小时</td><td colspan="2">加工厂房面积</td><td colspan="3">平方米</td></tr>
<tr><td>仓库面积</td><td colspan="2">平方米</td><td colspan="2">办公场所面积</td><td colspan="3">平方米</td></tr>
<tr><td>科研室面积</td><td colspan="2">平方米</td><td colspan="2">生产基地面积</td><td colspan="3">亩</td></tr>
<tr><td rowspan="6">申请事项</td><td>生产经营范围</td><td colspan="7"></td></tr>
<tr><td>生产经营方式</td><td colspan="7"></td></tr>
<tr><td>生产经营区域</td><td colspan="7"></td></tr>
<tr><td>品种名称</td><td>品种审定编号</td><td colspan="2">转基因安全证书编号</td><td>植物新品种权号</td><td colspan="2">生产地点</td><td>加工包装地点</td></tr>
<tr><td></td><td></td><td colspan="2"></td><td></td><td colspan="2"></td><td></td></tr>
<tr><td></td><td></td><td colspan="2"></td><td></td><td colspan="2"></td><td></td></tr>
<tr><td colspan="5">申请单位：

负责人（签章）：
年　　月　　日</td><td colspan="4">审核机关：

负责人（签章）：
年　　月　　日</td></tr>
</table>

注：申请生产经营品种较多的，可另附页。本表一式三份，申请单位一份、受理机关二份。

附录4 涉及中药材种子的生产经营许可的企业

序号	许可编号	申请企业	生产经营范围	发证机关	所属区域
1[#]	E（农）农种许字（2017）第0039号	中国种子集团有限公司	稻、玉米、小麦、棉花、大豆、蔬菜、花卉；其他：向日葵、油菜、甜菜、马铃薯、高粱、大麦、药用植物	农业部	北京
2[#]	D（京海）农种许字（2017）第0002号	国药种业有限公司	中药材种子	海淀区	北京
3	BD（京）农种许字（2019）第0004号	北京奥立沃种业科技有限公司	玉米、蔬菜类、杂粮类、油料类、糖料类、花卉、果苗、中药材、麻类	北京市	北京
4	D（冀定）农种许字（2017）第0002号	定州市众苗旺种子销售有限公司	蔬菜、花卉；其他：油葵、中药材、谷子、高粱、杂粮	定州市	河北
5	D（冀定）农种许字（2017）第0004号	河北耘盛种子有限公司	蔬菜、花卉、杂粮、中药材	定州市	河北
6[#]	D（冀定）农种许字（2017）第0005号	河北慕兰多种子有限公司	蔬菜、花卉、油葵、杂粮、中药材	定州市	河北
7[#]	D（冀保安）农种许字（2018）第0001号	安国市新苗中药材种植农民专业合作社联合社	其他：中药材种子	安国市	河北
8[#]	D（冀承）农种许字（2018）第0002号	承德恒德本草农业科技有限公司	中药材种子	承德市	河北
9	D（冀定）农种许字（2018）第0002号	定州市大林种业有限公司	蔬菜、花卉、杂粮、油葵、中药材	定州市	河北
10[#]	D（冀保安）农种许字（2019）第0002号	安国市惠农中药材良种繁育有限公司	中药材种子	安国市	河北
11[#]	D（冀保安）农种许字（2019）第0001号	安国市伊康药业有限公司	中药材种子、种苗	安国市	河北
12[#]	D（冀承）农种许字（2019）第0001号	承德成功易隆商贸有限公司	中药材种子、种苗	承德市	河北
13[#]	D（冀承）农种许字（2019）第0003号	丰宁满族自治县金圃园农业开发有限公司	中药材种子、种苗	承德市	河北
14[#]	D（冀承）农种许字（2019）第0004号	承德中泽源农业开发有限公司	中药材种子、种苗	承德市	河北
15	D（晋吕梁汾）农种许字（2017）第0001号	山西汾都香种业科技有限公司	蔬菜、谷子、高粱、蓖麻、中药材等	汾阳市	山西
16	D（晋临汾蒲）农种许字（2017）第0001号	蒲县昕源种业有限公司	麻类、蔬菜、马铃薯、向日葵、油菜、西瓜、中药材、食用菌	蒲县	山西
17	BCD（晋）农种许字（2017）第0013号	临汾继农种业有限公司	玉米、小麦、棉花、大豆、蔬菜、花卉、油菜、西瓜、向日葵、马铃薯、中药材、食用菌	山西省	山西

续表

序号	许可编号	申请企业	生产经营范围	发证机关	所属区域
18	BCD（晋）农种许字（2017）第0018号	山西诚信种业有限公司	稻、玉米、小麦、棉花、大豆、蔬菜、花卉、马铃薯、西瓜、谷子、高粱、向日葵、苗木、食用菌、油菜、绿肥、果树、中药材、草类等农作物种子	山西省	山西
19	BCD（晋）农种许字（2017）第0014号	山西大槐种业有限公司	玉米、小麦、棉花、大豆、蔬菜、花卉、油菜、西瓜、向日葵、马铃薯、中药材、食用菌	山西省	山西
20	B（晋）农种许字（2017）第0026号	山西瑞德丰种业有限公司	玉米、小麦、棉花、大豆、蔬菜、花卉，鲜食、爆裂玉米；其他；油菜、西瓜、向日葵、马铃薯、中药材、食用菌	山西省	山西
21	BCD（晋）农种许字（2017）第0019号	山西鑫丰盛农业科技有限公司	玉米、小麦、棉花、大豆、蔬菜、花卉，鲜食，爆裂玉米，西瓜、谷子、高粱、向日葵、苗木、食用菌、油菜、绿肥、果树、中药材、草类	山西省	山西
22	B（晋）农种许字（2017）第0025号	山西亿鑫源农业开发有限公司	稻、玉米、小麦、棉花、大豆、麻类、蔬菜、花卉、谷子、高粱、西瓜、向日葵、油麦菜、马铃薯、油料、桑树、烟草、中药材等农作物种子	山西省	山西
23#	D（晋晋中太）农种许字（2017）第0002号	山西国新晋药集团晋中中药材种子开发有限公司	其他：中药材种子、中药材种苗	太谷县	山西
24	D（晋晋中太）农种许字（2017）第0001号	山西巨鑫伟业农业科技开发有限公司	蔬菜、花卉、蔬菜种苗、花卉种苗、中药材种子种苗	太谷县	山西
25	CD（晋运城新）农种许字（2017）第0001号	新绛县泰丰种业有限公司	小麦、棉花、大豆、蔬菜、油菜、西瓜、向日葵、马铃薯、中药材、食用菌等农作物种子	新绛县	山西
26	CD（晋临汾翼）农种许字（2017）第0001号	山西新翔丰农业科技有限公司	小麦、棉花、大豆、麻类、蔬菜、花卉、油菜、西瓜、向日葵、马铃薯、中药材、食用菌	翼城县	山西
27	CD（晋晋城城）农种许字（2018）第0002号	山西农福农业超市有限公司	小麦、大豆、蔬菜、谷子、马铃薯、中药材、小杂粮	城区	山西
28	CD（晋临汾尧）农种许字（2019）第0001号	山西尧立农业开发有限公司	玉米，小麦，棉花，大豆，蔬菜，花卉，鲜食、爆裂玉米；其他：油菜、西瓜、向日葵、马铃薯、中药材、食用菌	尧都区	山西
29	D（蒙赤阿）农种许字（2017）第0001号	阿鲁科尔沁旗金种子种业有限责任公司	蔬菜、谷子、绿豆、红小豆、常规葵花、瓜类、药材种子	阿鲁科尔沁旗	内蒙
30	D（蒙巴乌）农种许字（2017）第0002号	乌拉特前旗旭荣农业发展有限公司	蔬菜、花卉、向日葵、花生、中药材	乌拉特前旗	内蒙
31	D（蒙赤敖）农种许字（2018）第0001号	敖汉鹏程农业科技发展有限公司	高粱、蔬菜、花卉、药材、粟、谷子、绿豆、黑豆、红小豆	敖汉旗	内蒙

续表

序号	许可编号	申请企业	生产经营范围	发证机关	所属区域
32	D（蒙赤敖）农种许字（2019）第0001号	敖汉旗三丰种业有限责任公司	高粱、谷子、绿豆、黍子、杂豆、荞麦、药材、草籽	敖汉旗	内蒙
33#	D（蒙兴乌）农种许字（2019）第0001号	兴安盟泳胜中草药有限责任公司	药材种子	乌兰浩特市	内蒙
34#	D（辽抚）农种许字（2019）第0001号	辽宁恒德本草科技有限公司	中药材、农作物种植、销售	抚顺市	辽宁
35#	D（吉通柳）农种许字（2019）第0001号	吉林紫鑫红石种养殖有限公司	中药材种子	柳河县	吉林
36#	D（黑佳桦）农种许字（2017）第0001号	黑龙江惠民中草药种子有限公司	中药材	桦南县	黑龙江
37#	D（黑哈通）农种许字（2019）第0002号	哈尔滨瑞源峰健康产业有限公司	其他：中药材种子、种苗	通河县	黑龙江
38#	D（黑哈通）农种许字（2019）第0001号	通河县天成人参种植农民专业合作社	人参种子种苗、中药材种苗	通河县	黑龙江
39#	D（闽南光）农种许字（2019）第0001号	福建承天农林科技发展有限公司	中药材种子、种苗生产销售	光泽县	福建
40#	D（鲁临平邑）农种许字（2019）第0003号	平邑方圆药业有限公司	中药材种子	平邑县	山东
41#	D（鲁临平邑）农种许字（2019）第0001号	平邑县金扁担中药材种植专业合作社	中药材种子	平邑县	山东
42	D（鄂恩巴）农种许字（2016）第0001号	巴东县农丰农业科技有限公司	马铃薯、魔芋、药材、小杂粮	巴东县	湖北
43#	D（鄂孝市）农种许字（2017）第0001号	湖北福良山农业科技有限公司	蔬菜；其他：茶苗、中药材苗	市辖区	湖北
44#	D（鄂恩宣）农种许字（2018）第0011号	宣恩县丰浩农业有限公司	其他：茶苗、水果、花卉、药材	宣恩县	湖北
45	D（鄂宜秭）农种许字（2018）第0007号	秭归县九畹溪宏志生态种植家庭农场	茶叶、中药材、绿化苗、柿树、梨、李等水果苗木	秭归县	湖北
46	D（鄂宜秭）农种许字（2018）第0006号	秭归县蓝波湾家庭农场	茶叶、梨、秋露李、柿、油茶、中药材、绿化苗、经济林苗木	秭归县	湖北
47	D（鄂宜长）农种许字（2019）第0001号	长阳土家人农业科技有限公司	柑橘、木瓜、茶苗、栀果、中药材等种苗生产销售	长阳土家族自治县	湖北
48	D（鄂宜秭）农种许字（2019）第0003号	秭归县九畹溪镇博煜农资经营部	茶叶、甜柿、桃子、百合、李子、绿化苗木、中药材	秭归县	湖北
49#	D（湘怀溆）农种许字（2017）第0001号	溆浦县君健中药材专业合作社	中药材	溆浦县	湖南
50#	D（湘湘龙）农种许字（2019）第0001号	龙山县绿叶百合农民专业合作社	百合、猕猴桃、中药材、茶树	龙山县	湖南
51#	D（湘邵邵东）农种许字（2019）第0002号	邵东县本草堂药材种植农民专业合作社	蔬菜、花卉、中药材、果树种子种苗	邵东县	湖南
52#	D（粤湛遂）农种许字（2018）第0001号	遂溪鑫兴农科技农业有限公司	中草药材、薯类、蔬菜、花卉	遂溪县	广东

续表

序号	许可编号	申请企业	生产经营范围	发证机关	所属区域
53	D（桂百）农种许字（2016）第0001号	广西百色市云中湖农业开发有限公司	柑桔、中药材、芒果、桑、茶	百色市	广西
54#	D（桂河金）农种许字（2016）第0002号	广西东胜农牧科技有限公司	柑橘、中草药	金城江区	广西
55	D（桂南宁）农种许字（2017）第0016号	南宁泰丰植物组培苗繁育基地	香蕉、西贡蕉、罗汉果、马蹄、花卉、中草药、芋头、果蔗	南宁市	广西
56	D（川广邻）农种许字（2018）第0001号	四川蜀耕农业开发有限公司	蔬菜、花卉、中药材种子种苗、苗木	邻水县	四川
57	D（川南南）农种许字（2018）第0009号	南部县鑫源果业有限公司	花卉、苗木、果树、中药材（国家禁种除外）种植，花卉、苗木、果树、中药材（国家禁种除外）销售及种植技术咨询服务	南部县	四川
58	D（川南南）农种许字（2018）第0005号	南部县梓珍果业农民专业合作社	药材、柑橘	南部县	四川
59#	D（川达万）农种许字（2018）第0003号	万源市刚恒农业有限责任公司	其他：草本中药材	万源市	四川
60#	D（川达万）农种许字（2018）第0002号	万源市万泉中药材种植专业合作社	草本中药材	万源市	四川
61#	D（川遂安）农种许字（2019）第0001号	四川地坤生态农业开发有限公司	种植、销售：中药材、水果、蔬菜、苗木；养殖、销售：家禽、家畜、水产品；农业技术推广服务	安居区	四川
62#	D（川遂安）农种许字（2019）第0002号	四川广顺堂生态农业有限公司	为本社成员提供中药材、蔬菜、水果、花卉苗木种植、农副产品收购、初加工销售及技术服务；为本社成员提供家禽、家畜、水产品养殖、销售及技术服务	安居区	四川
63	D（川凉布）农种许字（2019）第0001号	布拖县布江蜀丰生态农业科技有限公司	蔬菜、马铃薯及良种、中药材	布拖县	四川
64#	D（川达万）农种许字（2019）第0001号	万源市互惠农业产业开发有限公司	草本中药材	万源市	四川
65#	D（川达万）农种许字（2019）第0002号	万源市润雨中药有限公司	草本中药材	万源市	四川
66#	D（黔铜德）农种许字（2017）第0003号	德江县绿通天麻发展有限公司	中药材、食药用菌	德江县	贵州
67#	D（黔贵乌）农种许字（2017）第0001号	贵州兴黔科技发展有限公司	中药材（铁皮石斛、头花蓼）种子种苗的选育繁殖及销售	乌当区	贵州
68#	D（黔毕大）农种许字（2018）第0003号	贵州天成农业科技开发有限公司	食药用菌菌种	大方县	贵州
69#	D（黔毕大）农种许字（2018）第0004号	贵州乌蒙腾菌业有限公司	食药用菌菌种	大方县	贵州
70#	D（黔铜德）农种许字（2018）第0001号	贵州德江易盛农业科技发展有限公司	农作物种子加工、中药材、水果、经果林、花卉苗木生产、销售等	德江县	贵州

续表

序号	许可编号	申请企业	生产经营范围	发证机关	所属区域
71#	D（黔毕大）农种许字（2019）第0001号	大方县九龙天麻开发有限公司	食药用菌菌种、中药材种子种苗、中药材	大方县	贵州
72#	D（黔毕大）农种许字（2019）第0003号	大方县丽军林下种植中药材专业合作社	食药用菌菌种	大方县	贵州
73#	D（黔铜德）农种许字（2019）第0001号	德江县长龙天麻农民专业合作社	中药材、食药用菌	德江县	贵州
74#	D（黔毕威）农种许字（2019）第0003号	威宁天露生物科技开发有限公司	中药材种子（苗）	威宁彝族回族苗族自治县	贵州
75	D（滇曲会）农种许字（2017）第0002号	云南广汇种植有限公司	蔬菜、花卉、马铃薯、绿肥、中药材	会泽县	云南
76#	D（滇丽）农种许字（2017）第0006号	丽江老百姓药材生物开发有限公司	中药材	丽江市	云南
77#	D（滇丽）农种许字（2017）第0001号	玉龙县百御种养殖专业合作社	中药材种子生产、培育、经营	丽江市	云南
78#	D（滇丽）农种许字（2018）第0001号	丽江市古城区秋成种养殖有限公司	中药材	丽江市	云南
79#	D（滇丽玉）农种许字（2018）第0003号	丽江得一食品有限责任公司	中药材种子、种苗	玉龙纳西族自治县	云南
80#	D（滇丽玉）农种许字（2018）第0002号	云南白药集团太安生物科技产业有限公司	滇重楼、黄草乌、金铁锁等中药材种植、加工、销售	玉龙纳西族自治县	云南
81#	D（滇丽玉）农种许字（2019）第0002号	丽江绿之源生物药业科技开发有限公司	川贝母、滇重楼、羌活等中药材	玉龙纳西族自治县	云南
82#	D（滇大云）农种许字（2019）第0001号	云龙县丰农中药材种植专业合作社	中药材、茶树	云龙县	云南
83#	D（陕榆佳）农种许字（2018）第0001号	佳县通康中药材种植有限公司	中药材	佳县	陕西
84#	D（陕榆佳）农种许字（2019）第0001号	佳县绿林中药材种植专业合作社	中药材种子	佳县	陕西
85	D（甘张）农种许字（2016）第0006号	甘肃祥和种业有限责任公司	蔬菜、马铃薯、中药材种子	张掖市	甘肃
86	D（甘张）农种许字（2016）第0015号	张掖市盛丰农业科技开发有限公司	蔬菜、花卉、向日葵、油菜、中药材	张掖市	甘肃
87	D（甘定）农种许字（2017）第0009号	定西金麟种业有限责任公司	马铃薯脱毒苗、原原种、原种、一级种、二级种、农作物常规种子、中药材种子种苗、蔬菜种子种苗	定西市	甘肃
88#	D（甘定）农种许字（2017）第0002号	甘肃陇欢种业有限责任公司	蔬菜种子、中药材种子、胡麻种子	定西市	甘肃
89#	D（甘定）农种许字（2017）第0010号	甘肃瑞农种业有限公司	中药材种子、种苗	定西市	甘肃
90#	D（甘定）农种许字（2017）第0012号	甘肃中天药业有限责任公司	中药材种子	定西市	甘肃

续表

序号	许可编号	申请企业	生产经营范围	发证机关	所属区域
91#	D（甘定）农种许字（2017）第0005号	陇西县碧水源生态农业农民专业合作社联合社	胡麻、中药材、马铃薯	定西市	甘肃
92	CD（甘兰）农种许字（2017）第0004号	甘肃瑞尔丰农科贸有限公司	小麦、胡麻、马铃薯、蚕豆、蔬菜、中药材	兰州市	甘肃
93	D（甘兰）农种许字（2017）第0009号	兰州邦夫达农业科技有限公司	马铃薯、百合、中药材	兰州市	甘肃
94#	D（甘兰）农种许字（2017）第0008号	永登县田园农业科技有限公司	马铃薯、中药材、花椰菜、莴苣	兰州市	甘肃
95	D（甘兰）农种许字（2017）第0007号	榆中牧乐农产品科技服务有限公司	马铃薯、中药材、百合	兰州市	甘肃
96	D（甘张）农种许字（2017）第0027号	甘肃汇丰种业有限责任公司	小麦常规种子、大麦种子、油菜杂交种子、中药材种子、洋葱种子	张掖市	甘肃
97#	D（甘白会）农种许字（2018）第0001号	甘肃长征药业集团有限公司	中药材种子、种苗	白银市	甘肃
98#	D（甘定）农种许字（2018）第0009号	甘肃赫博陇药科技有限责任公司	中药材种子、种苗	定西市	甘肃
99#	D（甘定）农种许字（2018）第0010号	甘肃明治药业有限公司	中药材种子、种苗	定西市	甘肃
100#	D（甘定）农种许字（2018）第0006号	陇西稷丰种业有限责任公司	中药材种子、种苗；蔬菜种子、种苗；胡麻种子	定西市	甘肃
101#	D（甘定）农种许字（2018）第0003号	陇西县天裕中药材有限公司	中药材种子、种苗	定西市	甘肃
102	CD（甘兰）农种许字（2018）第0001号	甘肃科隆农业有限责任公司	小麦（常规）、大豆（常规）、蔬菜、花卉、向日葵、瓜类、胡麻、油菜、大麦、中药材	兰州市	甘肃
103#	D（甘兰）农种许字（2018）第0005号	甘肃润枫源农牧生态科技有限公司	中药材、莴苣、花椰菜	兰州市	甘肃
104#	D（甘陇）农种许字（2018）第0001号	西和县广鸿中药材专业合作社	半夏等中药材	陇南市	甘肃
105#	D（甘陇）农种许字（2018）第0003号	西和县恒力半夏专业合作社	中药材	陇南市	甘肃
106#	D（甘陇）农种许字（2018）第0004号	西和县天惠中药材种植专业合作社	中药材	陇南市	甘肃
107	D（甘武）农种许字（2018）第0022号	甘肃绿能农业科技股份有限公司	蔬菜种苗、花卉种苗、中药材种苗	武威市	甘肃
108	D（甘张）农种许字（2018）第0014号	民乐县兴德农业科技开发有限公司	蔬菜、花卉、中药材	张掖市	甘肃
109#	D（甘定）农种许字（2019）第0005号	甘肃参宝药业有限责任公司	中药材种子、种苗；蔬菜种子、种苗	定西市	甘肃
110#	D（甘定）农种许字（2019）第0007号	甘肃省陇西县种子公司	中药材种子、种苗	定西市	甘肃

续表

序号	许可编号	申请企业	生产经营范围	发证机关	所属区域
111	D（甘兰）农种许字（2019）第0002号	甘肃绿色空间生物技术有限公司	蔬菜种苗、中药材种苗	兰州市	甘肃
112#	D（甘新）农种许字（2019）第0001号	甘肃绿色陇药种业有限公司	中药材种子、种苗	兰州新区	甘肃
113#	D（甘陇）农种许字（2019）第0001号	西和县兴民中药材种植专业合作社	中药材种子、种苗	陇南市	甘肃
114#	D（甘张）农种许字（2019）第0010号	甘肃金陇农业科技开发有限公司	蔬菜、花卉、油菜、大麦、藜麦、豆类、中药材	张掖市	甘肃
115#	D（宁固隆）农种许字（2018）第0001号	隆德县葆易圣药业有限公司	中药材	隆德县	宁夏
116#	D（宁固隆）农种许字（2019）第0002号	宁夏六盘山鑫利中药材科技有限公司	中药材	隆德县	宁夏
117#	D（宁固隆）农种许字（2019）第0001号	宁夏西北药材科技有限公司	中药材种子、中药材种植	隆德县	宁夏

注：# 标注企业为以中药材作为审定品种的企业。

附录5　含《中国药典》(一部)收载药用植物的种子种苗类国家标准和行业标准(截至2019年)

表1　国家标准

标准编号	标准名称	主管部门	实施日期
GB 6941—1986	人参种子	农业部	1987/5/1
GB 6942—1986	人参种苗	农业部	1987/5/1
GB/T 20397—2006	银杏种核质量等级	国家林业局	2006/11/1
GB/T 18672—2014	枸杞	国家林业局	2014/10/27
GB/T 19557.10—2018	植物品种特异性、一致性和稳定性测试指南　百合属	农业部	2018/12/1
GB/T 28681—2012	百合、马蹄莲、唐菖蒲种球采后处理技术规程	国家林业局	2012/11/1
GB/T 19557.31—2018	植物品种特异性、一致性和稳定性测试指南　大麦	农业部	2018/12/1
GB/T 19557.9—2017	植物品种特异性、一致性和稳定性测试指南　芥菜	农业部	2018/5/1
GB/T 24883—2010	植物新品种特异性、一致性、稳定性测试指南　连翘属	国家林业局	2011/1/1
GB/T 8232—2008	粟	国家粮食局	2009/1/20
GB/T 35476—2017	罗汉果质量等级	国家林业局	2018/7/1
GB/T 8822.11—1988	中国林木种子区　侧柏种子区	林业部	1988/8/1
GB/T 8822.1—1988	中国林木种子区　油松种子区	林业部	1988/8/1
GB 19173—2010	桑树种子和苗木	农业部	2012/1/1
GB/T 19177—2003	桑树种子和苗木检验规格	农业部	2003/6/4
GB/T 19557.19—2018	植物品种特异性、一致性和稳定性测试指南　菊花	农业部	2018/12/1
GB/T 24884—2010	植物新品种特异性、一致性、稳定性测试指南　梅	国家林业局	2011/1/1
GB/T 26614—2011	麻黄属种子质量分级	农业部	2011/11/1

注：表1为不完全统计，表中所列标准主要查询自工标网、中国政府网－标准信息查询等网站，主要参考《中华人民共和国药典》（2015年版）一部对药用植物和菌类排序。查询结果中，专指栽培、生产、种植、培育的，如生产技术规程、栽培规范等没有列出，明确写了食用、农用、果用、绿化、油用等用途的没有列出。

表2　行业标准

标准编号	标准名称	主管部门	实施日期
NY/T 2748—2015	植物新品种特异性、一致性和稳定性测试指南　人参	农业部	2015/8/1
NY/T 2353—2013	植物新品种特异性、一致性和稳定性测试指南　三七	农业部	2013/8/1

续表

标准编号	标准名称	主管部门	实施日期
NY/T 2505—2013	植物新品种特异性、一致性和稳定性测试指南 姜	农业部	2014/4/1
LY/T 2435—2015	皂荚育苗技术规程	国家林业局	2015/5/1
NY/T2527—2013	植物新品种特异性、一致性和稳定性测试指南 菘蓝	农业部	2014/4/1
NY/T 1398—2007	槟榔种苗	农业部	2007/9/1
LY/T 2816—2017	山茱萸育苗技术规程	国家林业局	2017/9/1
LY/T 2701—2016	黄褐毛忍冬育苗技术规程	国家林业局	2016/12/1
LY/T 2803—2017	植物新品种特异性、一致性、稳定性测试指南 忍冬属	国家林业局	2017/9/1
NY/T 2325—2013	农作物种质资源鉴定评价技术规范 山楂	农业部	2013/8/1
LY/T 3120—2019	植物新品种特异性、一致性、稳定性测试指南 女贞属	国家林业和草原局	2020/4/1
NY/T 2593—2014	植物新品种特异性、一致性和稳定性测试指南 天麻	农业部	2014/6/1
LY/T 2436—2015	贴梗海棠育苗技术规程	国家林业局	2015/5/1
NY/T 2518—2013	植物新品种特异性、一致性和稳定性测试指南 木瓜属	农业部	2014/4/1
LY/T 1825—2009	北五味子实生苗	国家林业局	2009/10/1
LY/T 1302—2016	五倍子	国家林业局	2016/6/1
LS/T 3122—2019	盐肤木果籽	国家粮食和物资储备局	2019/12/6
LY/T 1666—2006	月季苗木质量	国家林业局	2006/12/1
NY/T 1593—2008	月季切花种苗等级规格	农业部	2008/7/1
NY/T 1745—2009	切花月季脱毒种苗	农业部	2009/5/20
NY/T 2526—2013	植物新品种特异性、一致性和稳定性测试指南 丹参	农业部	2014/4/1
NY/T 2569—2014	植物新品种特异性、一致性和稳定性测试指南 大麻	农业部	2014/6/1
NY/T 3252.1—2018	工业大麻种子 第 1 部分：品种	农业农村部	2018/12/1
NY/T 3252.2—2018	工业大麻种子 第 2 部分：种子质量	农业农村部	2018/12/1
NY/T 3252.3—2018	工业大麻种子 第 3 部分：常规种繁育技术规程	农业农村部	2018/12/1
NY/T 2758—2015	植物新品种特异性、一致性和稳定性测试指南 石斛属	农业部	2015/8/1
LY/T 2675—2016	石斛种质鉴定技术规范	国家林业局	2016/12/1
NY/T 1691—2009	荔枝、龙眼种质资源描述规范	农业部	2009/5/1
NY/T 2022—2011	农作物优异种质资源评价规范 龙眼	农业部	2011/12/1
NY/T 2431—2013	植物新品种特异性、一致性和稳定性测试指南 龙眼	农业部	2014/1/1
NY/T 2667.4—2014	热带作物品种审定规范 第 4 部分：龙眼	农业部	2015/1/1
LY/T 3089—2019	冬青播种育苗技术规程	国家林业和草原局	2020/4/1
LY/T 3000—2018	植物新品种特异性、一致性、稳定性测试指南 银杏	国家林业和草原局	2019/5/1
NY/T 3054—2016	植物新品种特异性、一致性和稳定性测试指南 冬瓜	农业部	2017/4/1
LY/T 1849—2009	植物新品种特异性、一致性、稳定性测试指南 丁香属	国家林业局	2009/10/1
NY/T 2501—2013	植物新品种特异性、一致性和稳定性测试指南 丝瓜	农业部	2014/4/1
LY/T 2099—2013	植物新品种特异性、一致性、稳定性测试指南 枸杞属	国家林业局	2013/7/1
LY/T 2212—2013	柽柳更新复壮技术规程	国家林业局	2014/1/1
NY/T 2229—2012	植物新品种特异性、一致性和稳定性测试指南 百合	农业部	2013/3/1
NY/T 2477—2013	百合品种鉴定技术规程 SSR 分子标记法	农业部	2014/4/1

续表

标准编号	标准名称	主管部门	实施日期
NY/T 2477—2013	百合品种鉴定技术规程　SSR 分子标记法	农业部	2014/4/1
NY/T 2577—2014	植物新品种特异性、一致性和稳定性测试指南　灯盏花	农业部	2014/6/1
NY/T 2753—2015	植物新品种特异性、一致性和稳定性测试指南　红花	农业部	2015/8/1
LY/T 2642—2016	杜仲嫁接育苗技术规程	国家林业局	2016/6/1
LY/T 1665—2006	牡丹苗木质量	国家林业局	2006/12/1
NY/T 947—2006	牡丹苗木	农业部	2006/4/1
LY/T 2435—2015	皂荚育苗技术规程	国家林业局	2015/5/1
LY/T 3074—2018	沙棘种质资源异地保存库营建技术规程	国家林业和草原局	2019/5/1
LY/T 2287—2014	植物新品种特异性、一致性、稳定性测试指南　沙棘	国家林业局	2014/12/1
SL 284—2003	沙棘苗木	水利部	2003/6/1
SL 283—2003	沙棘种子	水利部	2003/6/1
SN/T 2869.2—2011	植物种质资源鉴定方法　第 2 部分：中草药青蒿的鉴定	国家质量监督检验检疫总局	2011/12/1
LY/T 2340—2014	西伯利亚杏杏仁质量等级	国家林业局	2014/12/1
NY/T 2929—2016	枇杷种质资源描述规范	农业部	2017/4/1
LY/T 2427—2015	马尾松种子园营建技术规程	国家林业局	2015/5/1
LY/T 1653—2006	刺五加育苗技术	国家林业局	2006/12/1
SC/T 2024—2006	种海带	农业部	2006/4/1
LY/T 2307—2014	侧柏容器育苗技术规程	国家林业局	2014/12/1
LY/T 1852—2009	植物新品种特异性、一致性、稳定性测试指南　杜鹃花属映山红亚属和羊踯躅亚属	国家林业局	2009/10/1
LY/T 2548—2015	羊踯躅育苗技术规程	国家林业局	2016/1/1
LY/T 2635—2016	降香黄檀轻基质容器育苗技术规程	国家林业局	2016/6/1
LY/T 2120—2013	降香黄檀培育技术规程	国家林业局	2013/7/1
NY/T 360—1999	胡椒插条苗	农业部	1999/7/1
NY/T 2564—2014	植物新品种特异性、一致性和稳定性测试指南　荔枝	农业部	2014/6/1
NY/T 2329—2013	农作物种质资源鉴定评价技术规范　荔枝	农业部	2013/8/1
LY/T 1886—2010	柿苗木	国家林业局	2010/6/1
LY/T 1870—2010	植物新品种特异性、一致性、稳定性测试指南　柿	国家林业局	2010/6/1
NY/T 2578—2014	植物新品种特异性、一致性和稳定性测试指南　凤仙花	农业部	2014/6/1
LY/T 2802—2017	植物新品种特异性、一致性、稳定性测试指南　白蜡树属	国家林业局	2017/9/1
LY/T 2068—2012	桔梗种子生产技术规程	国家林业局	2012/7/1
NY/T 2589—2014	植物新品种特异性、一致性和稳定性测试指南　柴胡与狭叶柴胡	农业部	2014/6/1
LY/T 2698—2016	铁皮石斛杂交育种技术规程	国家林业局	2016/12/1
NY/T 1474—2007	益智种苗	农业部	2008/3/1

续表

标准编号	标准名称	主管部门	实施日期
NY/T 2592—2014	植物新品种特异性、一致性和稳定性测试指南　黄芪	农业部	2014/6/1
NY 474—2002	甜瓜种子	农业部	2002/2/1
LY/T 2435—2015	皂荚育苗技术规程	国家林业局	2015/5/1
LY/T 2067—2012	紫花地丁种子生产技术规程	国家林业局	2012/7/1
NY/T 2494—2013	植物新品种特异性、一致性和稳定性测试指南　紫苏	农业部	2014/4/1
NY/T 2568—2014	植物新品种特异性、一致性和稳定性测试指南　蓖麻	农业部	2014/6/1
LY/T 2094—2013	植物新品种特异性、一致性、稳定性测试指南　臭椿属	国家林业局	2013/7/1
LY/T 2285—2014	植物新品种特异性、一致性和稳定性测试指南　槐属	国家林业局	2014/12/1

注：表 2 为不完全统计，表中所列标准主要查询自工标网、中国政府网－标准信息查询等网站，主要参考《中华人民共和国药典》（2015 年版）一部对药用植物和菌类排序。查询结果中，专指栽培、生产、种植、培育的，如生产技术规程、栽培规范等没有列出，明确写了食用、农用、果用、绿化、油用等用途的没有列出。

附录6 中药材种子种苗适用的地方标准（截至2019年）

标准编号	标准名称	发布单位	实施日期
DB53/T 055.2—2000	三七种子质量标准	云南省质量技术监督局	2000/4/1
DB53/T 055.3—2000	三七种苗质量标准	云南省质量技术监督局	2000/4/1
DB63/T 1094—2012	刀豆青刀豆1号	青海省质量技术监督局	2012/5/1
DB61/T 420.1—2007	漆树种子	陕西省质量技术监督局	2007/10/9
DB61/T 420.2—2007	漆树苗木	陕西省质量技术监督局	2007/10/9
DB61/T 420.5—2007	漆树育苗技术规程	陕西省质量技术监督局	2007/10/9
DB13/T 2707—2018	中药材种子质量土木香	河北省质量技术监督局	2018/5/9
DB46/T 381—2016	高良姜种苗生产技术规程	海南省质量技术监督局	2016/11/29
DB46/T 382—2016	中药材种子高良姜	海南省质量技术监督局	2016/11/29
DB50/T 642—2015	姜黄种姜质量分级	重庆市质量技术监督局	2016/3/1
DB50/T 643—2015	姜黄种姜繁育技术规程	重庆市质量技术监督局	2016/3/1
DB14/T 1342—2017	大豆杂交种制种技术规程	山西省质量技术监督局	2017/7/30
DB14/T 1423—2017	大豆杂交种种子	山西省质量技术监督局	2017/7/30
DB14/T 968—2014	皂荚嫁接育苗技术规程	山西省质量技术监督局	2015/1/30
DB41/T 1039—2015	皂荚芽苗嫁接技术规程	河南省质量技术监督局	2015/8/15
DB13/T 1320.2—2010	中药材种子质量标准　第2部分：菘蓝	河北省质量技术监督局	2010/11/25
DB14/T 1245—2016	菘蓝（板蓝根）种子	山西省质量技术监督局	2016/11/18
DB11/T 323.2—2005	药用植物种子质量标准　第2部分：菘蓝、黄芩、甘草、北柴胡	北京市质量技术监督局	2006/3/1
DB42/T 945—2014	中药材掌叶大黄种子生产技术规程	湖北省质量技术监督局	2014/4/7
DB62/T 2699—2016	中药材种子　掌叶大黄	甘肃省质量技术监督局	2016/9/30
DB63/T 1157—2012	唐古特大黄种子检验规程	青海省质量技术监督局	2013/1/1
DB63/T 1158—2012	唐古特大黄种子质量分级	青海省质量技术监督局	2013/1/1
DB13/T 2706—2018	中药材种子质量大蓟	河北省质量技术监督局	2018/5/9
DB46/T 115—2008	槟榔种果和种苗	海南省质量技术监督局	2008/5/1
DB46/T 386—2016	槟榔育苗技术规程	海南省质量技术监督局	2016/11/29
DB45/T 1035—2014	山豆根组培苗质量要求	广西壮族自治区质量技术监督局	2014/7/10
DB45/T 1036—2014	山豆根组培苗生产技术规程	广西壮族自治区质量技术监督局	2014/7/10
DB45/T 1729—2018	山豆根种子检验规程	广西壮族自治区质量技术监督局	2018/5/20
DB45/T 1730—2018	山豆根种子生产技术规程	广西壮族自治区质量技术监督局	2018/5/20
DB13/T 2052—2014	山药芦头种苗质量标准	河北省质量技术监督局	2014/7/31
DB13/T 2053—2014	山药零余子种苗质量标准	河北省质量技术监督局	2014/7/31
DB52/T 747—2012	黄褐毛忍冬育苗技术规程	贵州省质量技术监督局	2012/6/28
DB50/T 645—2015	太白贝母种子质量分级	重庆市质量技术监督局	2016/4/1
DB51/T 773—2008	中药材种苗川芎苓种生产技术规程	四川省质量技术监督局	2008/9/1

续表

标准编号	标准名称	发布单位	实施日期
DB45/T 537—2008	广金钱草种子检验规程	广西壮族自治区质量技术监督局	2008/9/8
DB46/T 385—2016	中药材种子广金钱草	海南省质量技术监督局	2016/11/29
DB46/T 387—2016	广金钱草子种苗生产技术规程	海南省质量技术监督局	2016/11/29
DB32/T 1959—2011	女贞播种育苗技术规程	江苏省质量技术监督局	2012/2/28
DB13/T 2118—2014	中药材种子质量标准　王不留行	河北省质量技术监督局	2015/1/15
DB34/T 368—2015	栝楼种苗生产技术规程	安徽省质量技术监督局	2016/1/30
DB37/T 2591—2014	栝楼种子质量	山东省质量技术监督局	2014/10/5
DB22/T 1189.2—2011	无公害农产品天麻　第2部分：种子与种麻生产技术规程	吉林省质量技术监督局	2011/6/30
DB36/T 958—2017	龙脑樟扦插育苗技术规程	江西省质量技术监督局	2018/1/1
DB54/T 0051.1—2011	西藏天麻半野生生产技术规程　第1部分：麻种生产	西藏自治区质量技术监督局	2011/4/13
DB54/T 0051.2—2011	西藏天麻半野生生产技术规程　第2部分：密环菌菌材生产	西藏自治区质量技术监督局	2011/4/13
DB62/T 2531—2014	陇南市天麻萌发菌、密环菌培养技术规程	甘肃省质量技术监督局	2015/1/20
DB62/T 2532—2014	陇南市天麻种子、种麻培育技术规程	甘肃省质量技术监督局	2015/1/20
DB36/T 958—2017	龙脑樟扦插育苗技术规程	江西省质量技术监督局	2018/1/1
DB21/T 2099—2013	贴梗海棠组培快繁技术规程	辽宁省质量技术监督局	2013/4/6
DB42/T 571—2009	中药材木瓜种苗繁育技术规程	湖北省质量技术监督局	2010/1/1
DB511827/T 002—2015	宝兴云木香标准化种子质量标准	宝兴质量技术监督局	2015/6/15
DB53/T 367.2—2011	云木香综合标准　第2部分：种子	云南省质量技术监督局	2012/3/1
DB36/T 892—2015	木通播种育苗技术规程	江西省质量技术监督局	2016/3/15
DB22/T 1234—2011	五味子种子	吉林省质量技术监督局	2011/12/15
DB22/T 1235—2011	五味子种苗	吉林省质量技术监督局	2011/12/15
DB34/T 3151—2018	盐肤木育苗技术规范	安徽省质量技术监督局	2018/9/8
DB52/T 847.2—2013	施秉太子参种子种根	贵州省质量技术监督局	2013/12/1
DB64/T 967—2014	牛蒡种子生产技术规程	宁夏回族自治区质量技	2014/7/18
DB13/T 1320.8—2010	中药材种子质量标准　第8部分：牛膝	河北省质量技术监督局	2010/11/25
DB45/T 1318—2016	月季扦插育苗生产技术规程	广西壮族自治区质量技术监督局	2016/6/1
DB37/T 2598.1—2014	丹参生产技术规程　第1部分：种子生产	山东省质量技术监督局	2014/10/5
DB37/T 2598.2—2014	丹参生产技术规程　第2部分：育苗	山东省质量技术监督局	2014/10/5
DB37/T 2598.3—2014	丹参生产技术规程　第3部分：种子质量	山东省质量技术监督局	2014/10/5
DB51/T 1044—2010	丹参种子种苗	四川省质量技术监督局	2010/3/1
DB61/T 1102—2017	丹参种子种苗质量标准	陕西省质量技术监督局	2017/11/25
DB46/T 383—2016	巴戟天插穗与扦插苗	海南省质量技术监督局	2016/11/29
DB46/T 384—2016	巴戟天扦插苗生产技术规程	海南省质量技术监督局	2016/11/29
DB15/T 1300—2017	乌拉尔甘草种子质量分级	内蒙古自治区质量技术监督局	2018/3/25

续表

标准编号	标准名称	发布单位	实施日期
DB62/T 2817—2017	中药材种苗甘草	甘肃省质量技术监督局	2017/12/15
DB62/T 2000—2010	中药材种子甘草	甘肃省质量技术监督局	2011/1/1
DB62/T 2237—2012	定西市甘草种苗培育技术规程	甘肃省质量技术监督局	2012/5/30
DB62/T 2835—2017	甘草种子繁育技术规程	甘肃省质量技术监督局	2017/12/15
DB64/T 1099—2015	甘草种子害虫防治技术规程	宁夏回族自治区质量技术监督局	2015/11/27
DB52/T 1154—2016	流苏石斛种苗生产技术规程	贵州省质量技术监督局	2017/5/8
DB45/T 646—2009	药用植物金钗石斛种质资源描述及数据规范	广西壮族自治区质量技术监督局	2010/2/1
DB42/T 1405—2018	湖北主要药用植物石斛组培育苗技术规程	湖北省质量技术监督局	2018/11/24
DB23/T 1447—2011	龙胆种子质量分级及检验规程	黑龙江省质量技术监督局	2011/5/12
DB53/T 378—2012	滇龙胆种子和种苗质量要求	云南省质量技术监督局	2012/5/1
DB510400/T 079—2015	龙眼良种苗木繁育技术规程	攀枝花质量技术监督局	2015/6/22
DB13/T 2705—2018	中药材种子质量北豆根	河北省质量技术监督局	2018/5/9
DB52/T 1153—2016	白及组培种茎生产技术规程	贵州省质量技术监督局	2017/5/8
DB53/T 838—2017	白及组织培养育苗技术规程	云南省质量技术监督局	2017/11/1
DB53/T 839—2017	白及组培苗质量等级	云南省质量技术监督局	2017/11/1
DB33/T 637.2—2007	无公害中药材杭白芍　第 2 部分：种栽	浙江省质量技术监督局	2007/5/16
DB13/T 1320.9—2010	中药材种子质量标准　第 9 部分：白芷	河北省质量技术监督局	2010/11/25
DB13/T 2415—2016	祁白芷种子生产技术规程	河北省质量技术监督局	2016/12/1
DB37/T 2859—2016	银杏品种选育程序与要求	山东省质量技术监督局	2016/11/8
DB32/T 2317—2013	银杏播种育苗技术规程	江苏省质量技术监督局	2013/7/30
DB13/T 2412—2016	祁薏苡种子生产技术规程	河北省质量技术监督局	2016/12/1
DB13/T 2413—2016	中药材种子质量　祁薏苡	河北省质量技术监督局	2016/12/1
DB13/T 2704—2018	中药材种子质量标准　薄荷	河北省质量技术监督局	2018/5/9
DB50/T 486—2012	柑橘容器苗繁育技术规程	重庆市质量技术监督局	2013/3/1
DB13/T 1320.5—2010	中药材种子质量标准　第 5 部分：瞿麦	河北省质量技术监督局	2010/11/25
DB34/T 2959—2017	冬瓜种子生产技术规程	安徽省质量技术监督局	2017/10/15
DB34/T 3023—2017	冬瓜嫁接育苗技术规程	安徽省质量技术监督局	2018/1/30
DB37/T 2177—2012	冬瓜集约化嫁接育苗技术规程	山东省质量技术监督局	2012/8/15
DB37/T 2178—2012	冬瓜集约化嫁接育苗技术规程	山东省质量技术监督局	2012/8/15
DB/T 44168—2003	冬瓜种子生产技术规程	广东省质量技术监督局	2004/2/20
DB45/T 1434—2016	冬瓜嫁接育苗技术规程	广西壮族自治区质量技术监督局	2017/1/15
DB33/T 748.1—2009	北冬虫夏草栽培技术规程　第 1 部分：菌种	浙江省质量技术监督局	2009/6/13
DB63/T 669—2007	实验室冬虫夏草子囊孢子采集、净化、保存技术规程	青海省质量技术监督局	2007/11/1
DB42/T 684—2011	中药材玄参子芽生产技术规程	湖北省质量技术监督局	2011/3/15
DB50/T 596—2015	玄参子芽质量分级	重庆市质量技术监督局	2016/3/1
DB50/T 597—2015	玄参子芽繁育技术规程	重庆市质量技术监督局	2016/3/1

续表

标准编号	标准名称	发布单位	实施日期
DB50/T 598—2015	玄参子芽储藏技术规程	重庆市质量技术监督局	2016/3/1
DB42/T 759—2011	半夏种苗	湖北省质量技术监督局	2012/2/8
DB34/T 2960—2017	丝瓜种子生产技术规程	安徽省质量技术监督局	2017/10/15
DB37/T 2899.7—2016	蔬菜杂交种子网室繁育技术规程　第7部分：丝瓜	山东省质量技术监督局	2017/1/23
DB41/T 1749—2018	丝瓜杂交制种技术规程	河南省市场监督管理局	2019/3/6
DB46/T 140—2009	瓜菜作物种子丝瓜	海南省质量技术监督局	2009/3/31
DB15/T 1288—2017	枸杞扦插育苗及建园技术规程	内蒙古自治区质量技术监督局	2018/3/25
DB64/T 1203—2016	枸杞品种鉴定技术规程　SSR 分子标记法	宁夏回族自治区质量技术监督局	2017/3/28
DB64/T 1210—2016	枸杞优质苗木繁育技术规程	宁夏回族自治区质量技术监督局	2017/3/28
DB64/T 1209—2016	枸杞周年扦插育苗技术规程	宁夏回族自治区质量技术监督局	2017/3/28
DB64/T 676—2010	枸杞苗木质量	宁夏回族自治区质量技术监督局	2010/12/17
DB65/T 2087—2012	枸杞育苗技术规程	新疆维吾尔自治区质量技术监督局	2012/6/20
DB63/T 1714—2018	宁夏枸杞组织培养育苗技术规范	青海省质量技术监督局	2019/3/20
DB63/T 1703—2018	枸杞组织培养育苗技术规程	青海省质量技术监督局	2018/12/1
DB63/T 1448—2015	枸杞扦插育苗技术规程	青海省质量技术监督局	2016/3/20
DB63/T 830—2009	柴达木地区枸杞无性繁殖技术规程	青海省质量技术监督局	2009/11/18
DB23/T 1880—2017	地锦育苗及栽培技术规程	黑龙江省质量技术监督局	2017/5/11
DB13/T 2849—2018	滨海地区柽柳轻基质容器扦插育苗技术规程	河北省质量技术监督局	2018/10/21
DB62/T 1501—2014	柽柳育苗造林技术规程	甘肃省质量技术监督局	2014/11/10
DB63/T 1392—2015	柽柳扦插育苗技术规程	青海省质量技术监督局	2015/9/30
DB64/T 1034—2014	柽柳育苗及造林技术规程	宁夏回族自治区质量技术监督局	2014/12/8
DB23/T 2359—2019	无林地西洋参种苗繁育技术规程	黑龙江省市场监督管理局	2019/5/2
DB22/T 811—2018	西洋参种子	吉林省质量技术监督局	2018/8/30
DB37/T 2913.1—2017	西洋参生产技术规程　第1部分：种子处理	山东省质量技术监督局	2017/3/10
DB61/T 445.2—2008	西洋参种苗	陕西省质量技术监督局	2008/7/21
DB61/T 445.1—2008	西洋参种子	陕西省质量技术监督局	2008/7/21
DB11/T 323.1—2005	药用植物种子质量标准　第1部分：西洋参	北京市质量技术监督局	2006/3/1
DB11/T 1046—2013	百合种球繁育技术规程	北京市质量技术监督局	2014/4/1
DB43/T 1270—2017	药用百合卷丹种苗繁育技术规程	湖南省质量技术监督局	2017/4/25
DB65/T 3639—2014	百合种球繁育技术规程	新疆维吾尔自治区质量技术监督局	2014/8/10
DB63/T1737—2019	当归育苗技术规范	青海省市场监督管理局	2019/6/20
DB62/T 2832—2017	当归种子繁育技术规程	甘肃省质量技术监督局	2017/12/15
DB62/T 2833—2017	当归种苗繁育技术规程	甘肃省质量技术监督局	2017/12/15
DB53/T 733—2015	云当归种子和种苗	云南省质量技术监督局	2016/2/1
DB62/T 2549—2014	中药材种苗当归	甘肃省质量技术监督局	2015/1/20
DB62/T 2548—2014	中药材种子当归	甘肃省质量技术监督局	2015/1/20

续表

标准编号	标准名称	发布单位	实施日期
DB46/T 393—2016	肉豆蔻种苗生产技术规程	海南省质量技术监督局	2016/11/29
DB46/T 394—2016	中药材种子肉豆蔻	海南省质量技术监督局	2016/11/29
DB64/T 934—2013	肉苁蓉种子	宁夏回族自治区质量技术监督局	2013/12/17
DB65/T 3714—2015	荒漠肉苁蓉种子带生产技术规程	新疆维吾尔自治区质量技术监督局	2015/6/1
DB65/T 3715—2015	荒漠肉苁蓉种子质量分级及检验技术规程	新疆维吾尔自治区质量技术监督局	2015/6/1
DB65/T 3716—2015	荒漠肉苁蓉制种技术规程	新疆维吾尔自治区质量技术监督局	2015/6/1
DB45/T 652—2009	药用植物肉桂种质资源描述及数据规范	广西壮族自治区质量技术监督局	2010/2/1
DB45/T 712—2010	肉桂苗木质量要求	广西壮族自治区质量技术监督局	2011/1/30
DB42/T 329—2005	竹节参种子生产技术规程	湖北省质量技术监督局	2005/12/30
DB42/T 330—2005	竹节参种苗生产技术规程	湖北省质量技术监督局	2005/12/30
DB13/T 2048—2014	合欢育苗技术规程	河北省质量技术监督局	2014/7/31
DB13/T 2722—2018	黄檗育苗及造林技术规程	河北省质量技术监督局	2018/5/9
DB53/T 366.2—2011	灯盏细辛综合标准　第 2 部分：种子种苗	云南省质量技术监督局	2012/3/1
DB13/T 1320.10—2010	中药材种子质量标准　第 10 部分：防风	河北省质量技术监督局	2010/11/25
DB23/T 1448—2011	防风种子质量分级及检验规程	黑龙江省质量技术监督局	2011/5/12
DB45/T 647—2009	药用植物红大戟种质资源描述及数据规范	广西壮族自治区质量技术监督局	2010/2/1
DB62/T 2377—2013	陇南市红芪育苗技术规程	甘肃省质量技术监督局	2013/9/1
DB53/T 686—2015	滇红花种子生产技术规程	云南省质量技术监督局	2015/7/22
DB63/T 1406—2015	青椒 3 号种子生产技术规程	青海省质量技术监督局	2015/12/20
DB13/T 2279—2015	花椒苗木繁育技术规程	河北省质量技术监督局	2016/2/1
DB14/T 1413—2017	花椒播种育苗技术规程	山西省质量技术监督局	2017/7/30
DB61/T 72.1—2011	花椒育苗技术规程	陕西省质量技术监督局	2011/7/1
DB61/T 72.2—2011	花椒苗木	陕西省质量技术监督局	2011/7/1
DB62/T 553—2012	陇南市花椒育苗及高接换优技术规程	甘肃省质量技术监督局	2012/5/25
DB42/T 1077—2015	中药材茅苍术种子种苗质量检验规程	湖北省质量技术监督局	2015/10/1
DB13/T 2692—2018	中药材种子种苗质量标准　北苍术	河北省质量技术监督局	2018/4/13
DB32/T 2427—2013	芡实早春设施育苗技术规程	江苏省质量技术监督局	2014/1/20
DB34/T 2942—2017	杜仲播种育苗技术规程	安徽省质量技术监督局	2017/10/15
DB14/T 977—2014	杜仲播种育苗技术规程	山西省质量技术监督局	2015/1/30
DB45/T 651—2009	药用植物两面针种质资源描述及数据规范	广西壮族自治区质量技术监督局	2010/2/1
DB13/T 2405—2016	药林兼用型连翘容器育苗技术规程	河北省质量技术监督局	2016/12/1
DB41/T 655—2010	连翘全光照喷雾嫩枝扦插育苗技术	河南省质量技术监督局	2011/3/1
DB33/T 613.2—2006	无公害中药材吴茱萸　第 2 部分：种苗	浙江省质量技术监督局	2006/10/1
DB34/T 2779—2016	牡丹种苗繁育技术规程	安徽省质量技术监督局	2017/1/30
DB45/T 1657—2017	何首乌扦插育苗技术规程	广西壮族自治区质量技术监督局	2018/1/30
DB45/T 1659—2017	何首乌组培苗生产技术规程	广西壮族自治区质量技术监督局	2018/1/30
DB45/T 775—2011	何首乌扦插苗质量要求	广西壮族自治区质量技术监督局	2011/12/5

续表

标准编号	标准名称	发布单位	实施日期
DB23/T 2361—2019	皂荚播种育苗技术规程	黑龙江省市场监督管理局	2019/5/2
DB41/T 1039—2015	皂荚芽苗嫁接技术规程	河南省质量技术监督局	2015/8/15
DB14/T 968—2014	皂荚嫁接育苗技术规程	山西省质量技术监督局	2015/1/30
DB45/T 1028—2014	佛手苗木质量要求	广西壮族自治区质量技术监督局	2014/7/10
DB35/T 1229—2011	余甘子品种（品系）	福建省质量技术监督局	2012/3/15
DB35/T 1230—2011	余甘子育苗技术规范	福建省质量技术监督局	2012/3/15
DB51/T 1904—2014	辛夷嫁接育苗技术规程	四川省质量技术监督局	2014/12/1
DB51/T 1858—2014	羌活种子种苗	四川省质量技术监督局	2014/12/1
DB62/T 2836—2017	羌活种子繁育技术规程	甘肃省质量技术监督局	2017/12/15
DB62/T 2837—2017	羌活种苗繁育技术规程	甘肃省质量技术监督局	2017/12/15
DB15/T 1299—2017	沙棘种子质量分级	内蒙古自治区质量技术监督局	2018/3/25
DB14/T 1697—2018	沙棘扦插育苗技术规程	山西省质量技术监督局	2018/9/30
DB14/T 1696—2018	沙棘播种育苗技术规程	山西省质量技术监督局	2018/9/30
DB13/T 535—2004	沙棘果实质量	河北省质量技术监督局	2004/3/29
DB62/T 2168—2012	庆阳市沙棘育苗及造林技术规程	甘肃省质量技术监督局	2012/8/30
DB21/T 1832—2010	沙棘扦插育苗技术规程	辽宁省质量技术监督局	2010/10/15
DB23/T 2002—2017	沙棘家系和优良杂交组合选育技术规程	黑龙江省质量技术监督局	2017/12/23
DB53/T 453—2013	沉香育苗技术规程	云南省质量技术监督局	2013/4/1
DB46/T 197—2010	白木香种子种苗	海南省质量技术监督局	2011/1/16
DB46/T 358—2016	白木香种苗繁育技术规程	海南省质量技术监督局	2016/4/1
DB46/T 457—2018	白木香种苗	海南省质量技术监督局	2018/6/1
DB44/T 868—2011	灵芝（赤芝）菌种	广东省质量技术监督局	2011/7/15
DB44/T 868—2011	灵芝（赤芝）菌种	广东省质量技术监督局	2011/7/15
DB51/T 1866—2014	灵芝菌种	四川省质量技术监督局	2014/12/1
DB65/T 3923—2016	新疆阿魏种苗生产技术规程	新疆维吾尔自治区质量技术监督局	2016/10/15
DB45/T 774—2011	鸡血藤种苗质量要求	广西壮族自治区质量技术监督局	2011/12/5
DB45/T 710—2010	鸡血藤扦插繁育技术规程	广西壮族自治区质量技术监督局	2011/1/30
DB45/T 542—2008	广州相思子种子质量要求	广西壮族自治区质量技术监督局	2008/9/8
DB41/T 1899—2019	鸡冠花种子生产技术规程	河南省市场监督管理局	2019/12/30
DB35/T 1158—2011	橄榄种质资源鉴定技术规程	福建省质量技术监督局	2011/10/1
DB50/T 651—2015	青蒿原种繁育技术规程	重庆市质量技术监督局	2016/3/1
DB50/T 652—2015	青蒿良种种子生产技术规程	重庆市质量技术监督局	2016/3/1
DB50/T 655—2015	青蒿种子质量分级	重庆市质量技术监督局	2016/3/1
DB50/T 653—2015	青蒿育苗技术规程	重庆市质量技术监督局	2016/3/1
DB50/T 654—2015	青蒿种苗质量分级	重庆市质量技术监督局	2016/3/1
DB45/T 776—2011	黄花蒿种子生产技术规程	广西壮族自治区质量技术监督局	2011/12/5
DB45/T 541—2008	黄花蒿种子质量要求	广西壮族自治区质量技术监督局	2008/9/8
DB37/T 3003—2017	玫瑰野生种质资源鉴定评价技术规范	山东省质量技术监督局	2017/11/25

续表

标准编号	标准名称	发布单位	实施日期
DB45/T 1041—2014	苦玄参种子检验规程	广西壮族自治区质量技术监督局	2014/7/10
DB45/T 872—2012	苦玄参种苗繁育技术规程	广西壮族自治区质量技术监督局	2012/12/30
DB21/T 2461—2015	山杏嫩枝扦插育苗技术规程	辽宁省质量技术监督局	2015/6/20
DB21/T 2462—2015	山杏种质资源调查及评价技术规程	辽宁省质量技术监督局	2015/6/20
DB23/T 1750—2016	山杏育苗技术规程	黑龙江省质量技术监督局	2016/6/16
DB14/T 1153—2015	苦参种子 ITS2 序列鉴定方法	山西省质量技术监督局	2016/1/20
DB33/T 782—2010	枇杷果实采后程序降温（LTC）贮藏技术规程	浙江省质量技术监督局	2010/5/7
DB33/T 782—2010	枇杷果实采后程序降温（LTC）贮藏技术规程	浙江省质量技术监督局	2010/5/7
DB33/T 782—2010	枇杷果实采后程序降温（LTC）贮藏技术规程	浙江省质量技术监督局	2010/5/7
DB34/T 3039—2017	马尾松嫁接苗培育技术规程	安徽省市场监督管理局	2018/1/30
DB35/T 1093—2011	马尾松种子园种子及苗木生产技术规程	福建省质量技术监督局	2011/2/20
DB43/T 100—1996	马尾松播种育苗技术规程	湖南省质量技术监督局	1997/5/1
DB14/T 1194—2015	欧李嫩枝扦插育苗技术规程	山西省质量技术监督局	2016/5/30
DB64/T 1138—2015	欧李嫩枝扦插育苗技术规程	宁夏回族自治区质量技术监督局	2015/11/30
DB22/T 2264—2015	欧李播种育苗技术规程	吉林省质量技术监督局	2015/3/1
DB61/T 560.1—2013	长柄扁桃育苗技术规程	陕西省质量技术监督局	2013/7/10
DB61/T 560.2—2013	长柄扁桃苗木质量等级	陕西省质量技术监督局	2013/7/10
DB33/654.2—2007	无公害中药材温郁金　第 2 部分：种茎	浙江省质量技术监督局	2007/11/18
DB46/T 388—2016	温郁金种茎	海南省质量技术监督局	2016/11/29
DB45/T 773—2011	药用植物广西莪术种质资源描述与数据规范	广西壮族自治区质量技术监督局	2011/12/5
DB63/T 1567—2017	罗布麻播种育苗及栽培技术规程	青海省质量技术监督局	2017/9/20
DB35/T 1265—2012	海带育苗技术规范	福建省质量技术监督局	2012/10/20
DB37/T 1190—2009	海带苗种生产技术规程	山东省质量技术监督局	2009/3/1
DB37/T 2768—2016	海带种质资源收集与保存技术规范	山东省质量技术监督局	2016/5/29
DB45/T 630—2009	罗汉果组培苗	广西壮族自治区质量技术监督局	2010/2/1
DB45/T 539—2008	罗汉果组培苗生产技术规程	广西壮族自治区质量技术监督局	2008/9/8
DB45/T 481—2008	罗汉果组培苗质量标准	广西壮族自治区质量技术监督局	2008/5/18
DB13/T 2225—2015	中药材种苗质量标准　西陵知母	河北省质量技术监督局	2016/1/1
DB62/T 622—2016	侧柏育苗技术规程	甘肃省质量技术监督局	2016/10/31
DB52/T 1159—2016	黔金荞麦 1 号种子生产技术规程	贵州省市场监督管理局	2017/5/14
DB62/T 2818—2017	中药材种苗金银花	甘肃省质量技术监督局	2017/12/15
DB62/T 2838—2017	金银花种苗繁育技术规程	甘肃省质量技术监督局	2017/12/15
DB37/T 2764.1—2016	金银花种植技术规程　第 1 部分：扦插育苗	山东省质量技术监督局	2016/5/29
DB35/T 1346—2013	草珊瑚苗木培育技术规程	福建省质量技术监督局	2013/11/1
DB21/T 3103—2019	油松容器育苗技术规程	辽宁省市场监督管理局	2019/3/1

续表

标准编号	标准名称	发布单位	实施日期
DB64/T 1002—2014	宁夏黄土丘陵区油松育苗技术规程	宁夏回族自治区质量技术监督局	2014/9/25
DB14/T 971—2014	油松移植容器苗育苗技术规程	山西省质量技术监督局	2015/1/30
DB62/T 621—2016	油松育苗技术规程	甘肃省质量技术监督局	2016/10/31
DB62/T 2134—2011	油松容器育苗技术规程	甘肃省质量技术监督局	2011/7/30
DB21/T 2437—2015	油松育苗技术规程	辽宁省质量技术监督局	2015/5/1
DB61/T 932—2014	油松育苗技术规程	陕西省质量技术监督局	2014/10/14
DB63/T 1277—2014	油松育苗和人工造林技术规程	青海省质量技术监督局	2014/7/1
DB46/T 458—2018	降香黄檀种苗	海南省质量技术监督局	2018/6/1
DB46/T 353—2016	降香黄檀种苗繁育技术规程	海南省质量技术监督局	2016/4/1
DB44/T 1141—2013	降香黄檀育苗技术规程	广东省质量技术监督局	2013/8/31
DB46/T 199—2010	降香檀种子种苗	海南省质量技术监督局	2011/1/16
DB22/T 2014—2014	北细辛种子	吉林省质量技术监督局	2014/4/30
DB22/T 2434—2016	北细辛种苗	吉林省质量技术监督局	2016/5/1
DB13/T 2416—2016	祁荆芥种子生产技术规程	河北省质量技术监督局	2016/12/1
DB13/T 1320.4—2010	中药材种子质量标准　第 4 部分：荆芥	河北省质量技术监督局	2010/11/25
DB53/T 682—2015	草果播种育苗技术规程	云南省质量技术监督局	2015/6/12
DB43/T 842—2013	靖州茯苓菌种	湖南省质量技术监督局	2014/1/1
DB42/T 570—2009	中药材茯苓菌种生产技术规程	湖北省质量技术监督局	2010/1/1
DB5305/T 7—2019	保山胡椒插条苗繁育技术规程	保山市市场监督管理局	2019/11/1
DB46/T 26—2012	胡椒优良种苗培育技术规程	海南省质量技术监督局	2012/5/5
DB45/T 791—2011	荔枝嫁接育苗技术规程	广西壮族自治区质量技术监督局	2011/12/10
DB45/T 1765—2018	荔枝有性杂交技术规程	广西壮族自治区质量技术监督局	2018/6/10
DB15/T 1656—2019	北沙参种子质量分级	内蒙古自治区市场监督管理局	2019/9/20
DB13/T 2594—2017	中药材种子质量标准祁沙参	河北省质量技术监督局	2017/12/22
DB13/T 2414—2016	祁沙参种子生产技术规程	河北省质量技术监督局	2016/12/1
DB61/T 535.1—2012	柿子嫁接苗培育技术规程	陕西省质量技术监督局	2012/5/10
DB61/T 535.2—2012	柿子嫁接苗木质量等级	陕西省质量技术监督局	2012/5/10
DB34/T 3246—2018	厚朴育苗技术规程	安徽省市场监督管理局	2019/1/29
DB42/T 432—2007	厚朴种子生产技术规程	湖北省质量技术监督局	2007/9/1
DB51/T 1801—2014	厚朴育苗技术规程	四川省质量技术监督局	2014/9/1
DB46/T 470—2018	海南砂仁分株繁殖技术规程	海南省质量技术监督局	2018/12/1
DB37/T 1549—2010	韭菜种子质量标准	山东省质量技术监督局	2010/4/1
DB37/T 2663.2—2015	集约化穴盘育苗技术规程　第 2 部分：韭菜	山东省质量技术监督局	2015/9/9
DB41/T 1407—2017	韭菜常规种生产技术规程	河南省质量技术监督局	2017/10/7
DB64/T 1634—2019	韭菜育苗技术规程	宁夏回族自治区市场监督管理局	2019/5/12
DB23/T 2021—2017	杠柳育苗栽培技术规程	黑龙江省质量技术监督局	2018/1/22
DB13/T 2600—2017	杠柳繁育技术规程	河北省质量技术监督局	2017/12/22

续表

标准编号	标准名称	发布单位	实施日期
DB53/T 359—2011	滇重楼品种评价技术规程	云南省质量技术监督局	2011/12/1
DB34/T 3167—2018	七叶一枝花育苗技术规程	安徽省市场监督管理局	2018/9/8
DB42/T 498—2008	七叶一枝花种子生产技术规程	湖北省质量技术监督局	2008/10/8
DB42/T 499—2008	七叶一枝花种苗生产技术规程	湖北省质量技术监督局	2008/10/8
DB46/T 395—2016	中药材种子胖大海	海南省质量技术监督局	2016/11/29
DB42/T 1369—2018	中药材独活种苗生产技术规程	湖北省质量技术监督局	2018/9/20
DB42/T 1149—2016	中药材独活种子生产技术规程	湖北省质量技术监督局	2016/3/20
DB34/T 3157—2018	中药材种子前胡	安徽省质量技术监督局	2018/9/8
DB42/T 1179—2016	中药材前胡种子质量分级	湖北省质监技术监督局	2016/9/16
DB45/T 1037—2014	穿心莲种子质量要求	广西壮族自治区质量技术监督局	2014/7/10
DB15/T 1138—2017	内蒙古中西部地区小秦艽育苗移栽技术规程	内蒙古自治区质量技术监督局	2017/4/20
DB62/T 2568—2015	秦艽温室育苗技术规程	甘肃省质量技术监督局	2015/4/1
DB51/T 1766—2014	秦艽种苗生产技术规程	四川省质量技术监督局	2014/7/1
DB63/T 555.2—2005	秦艽生产操作规程　第 2 部分：种子及种苗生产技术（SOP）	青海省质量技术监督局	2005/9/1
DB63/T 555.8—2005	秦艽生产操作规程　第 8 部分：种子、药材质量及检测技术	青海省质量技术监督局	2005/9/1
DB63/T 555.7—2005	秦艽生产操作规程　第 7 部分：种子、种苗分级及检测技术	青海省质量技术监督局	2005/9/1
DB14/T 970—2014	白蜡树嫁接育苗技术规程	山西省质量技术监督局	2015/1/30
DB21/T 3124—2019	萝卜杂交种子生产技术规程	辽宁省市场监督管理局	2019/4/30
DB53/T 425.3—2012	蔬菜种子生产技术规程　第 3 部分：萝卜	云南省质量技术监督局	2012/12/1
DB11/T 198.4—2003	蔬菜种子生产技术操作规程　第 4 部分：萝卜	北京市质量技术监督局	2003/8/1
DB11/T 199.5—2003	蔬菜品种真实性和纯度田间检验规程　第 5 部分：萝卜	北京市质量技术监督局	2003/8/1
DB34/T 2244—2014	萝卜种子生产技术规程	安徽省质量技术监督局	2015/1/17
DB37/T 2879.1—2016	杂交种子生产技术规程　第 1 部分：萝卜	山东省质量技术监督局	2017/1/6
DB37/T 1548—2010	萝卜种子质量标准	山东省质量技术监督局	2010/4/1
DB14/T 152—2006	萝卜种子质量标准	山西省质量技术监督局	2006/12/1
DB32/T 2760—2015	萝卜品种试验技术规范	江苏省质量技术监督局	2015/4/15
DB45/T 712—2010	肉桂苗木质量要求	广西壮族自治区质量技术监督局	2011/1/30
DB45/T 652—2009	药用植物肉桂种质资源描述及数据规范	广西壮族自治区质量技术监督局	2010/2/1
DB15/T 1297—2017	桔梗种子质量分级	内蒙古自治区质量技术监督局	2018/3/25
DB13/T 1320.3—2010	中药材种子质量标准　第 3 部分：桔梗	河北省质量技术监督局	2010/11/25
DB15/T 1296—2017	北柴胡种子质量分级	内蒙古自治区质量技术监督局	2018/3/25
DB11/T 323.2—2005	药用植物种子质量标准　第 2 部分：菘蓝、黄芩、甘草、北柴胡	北京市质量技术监督局	2006/3/1

续表

标准编号	标准名称	发布单位	实施日期
DB14/T 1394—2017	北柴胡良种繁育技术规程	山西省质量技术监督局	2017/7/30
DB62/T 2815—2017	中药材种子柴胡	甘肃省质量技术监督局	2017/12/15
DB62/T 2831—2017	柴胡种子繁育技术规程	甘肃省质量技术监督局	2017/12/15
DB14/T 1152—2015	党参良种繁育技术规程	山西省质量技术监督局	2016/1/20
DB42/T 1269—2017	中药材板桥党参种子生产技术规程	湖北省质量技术监督局	2017/9/1
DB50/T 648—2015	川党参种苗繁育技术规程	重庆市质量技术监督局	2016/3/1
DB62/T 2001—2010	中药材种子党参	甘肃省质量技术监督局	2011/1/1
DB62/T 2239—2017	党参种苗繁育技术规程	甘肃省质量技术监督局	2017/12/15
DB62/T 2698—2016	中药材种子素花党参	甘肃省质量技术监督局	2016/9/30
DB62/T 2816—2017	中药材种苗党参	甘肃省质量技术监督局	2017/12/15
DB62/T 2839—2017	党参种子繁育技术规程	甘肃省质量技术监督局	2017/12/15
DB63/T 1532—2017	党参种苗繁育及栽培技术规程	青海省质量技术监督局	2017/6/17
DB14/T 1662—2018	党参种苗质量要求	山西省市场监督管理局	2018/4/13
DB14/T 1662—2018	党参种苗质量要求	山西省市场监督管理局	2018/4/13
DB32/T 2736—2015	铁皮石斛无菌播种苗生产技术规程	江苏省质量技术监督局	2015/4/15
DB34/T 1770—2012	铁皮石斛种苗繁殖技术规程	安徽省质量技术监督局	2013/1/24
DB45/T 1532—2017	铁皮石斛种苗组培快繁技术规程	广西壮族自治区质量技	2017/6/10
DB13/T 1320.7—2010	中药材种子质量标准　第7部分：射干	河北省质量技术监督局	2010/11/25
DB46/T 381—2016	高良姜种苗生产技术规程	海南省质量技术监督局	2016/11/29
DB46/T 382—2016	中药材种子高良姜	海南省质量技术监督局	2016/11/29
DB46/T 355—2016	益智种苗繁育技术规程	海南省质量技术监督局	2016/4/1
DB46/T 389—2016	中药材种子益智	海南省质量技术监督局	2016/11/29
DB36/T 892—2015	木通播种育苗技术规程	江西省质量技术监督局	2016/3/15
DB65/T 4215—2019	桑树育苗技术规程	新疆维吾尔自治区市场监督管理局	2019/8/1
DB22/T 725—2018	桑树育苗及栽培技术规程	吉林省质量技术监督局	2018/8/30
DB14/T 1414—2017	桑树播种育苗技术规程	山西省质量技术监督局	2017/7/30
DB45/T 1020—2014	桑树杂交一代种子与苗木生产技术规程	广西壮族自治区质量技术监督局	2014/6/25
DB37/T 2484—2014	桑树嫁接苗木繁育技术规程	山东省质量技术监督局	2014/11/1
DB34/T 1865—2013	桑苗繁育技术规程	安徽省质量技术监督局	2013/4/7
DB53/T 464.2—2013	桑树　第2部分：育苗	云南省质量技术监督局	2013/4/1
DB43/T 516—2010	杂交桑种子和苗木质量	湖南省质量技术监督局	2010/2/22
DB61/T 388.1—2007	桑树种苗繁育技术规程	陕西省质量技术监督局	2007/3/3
DB62/T 632—1999	优质良种桑苗繁育技术规程	甘肃省质量技术监督局	2000/1/1
DB62/T 2241—2017	黄芩种苗繁育技术规程	甘肃省质量技术监督局	2017/12/15
DB62/T 2840—2017	黄芩种子繁育技术规程	甘肃省质量技术监督局	2017/12/15
DB62/T 2820—2017	中药材种苗黄芩	甘肃省质量技术监督局	2017/12/15
DB14/T 1402—2017	黄芩良种繁育技术规程	山西省质量技术监督局	2017/7/30

续表

标准编号	标准名称	发布单位	实施日期
DB14/T 1403—2017	黄芩种子 ITS2 序列鉴定方法	山西省质量技术监督局	2017/7/30
DB14/T 1244—2016	黄芩种子	山西省质量技术监督局	2016/11/18
DB11/T 323.2—2005	药用植物种子质量标准　第 2 部分：菘蓝、黄芩、甘草、北柴胡	北京市质量技术监督局	2006/3/1
DB13/T 1320.6—2010	中药材种子质量标准　第 6 部分：黄芪	河北省质量技术监督局	2010/11/25
DB14/T 1408—2017	蒙古黄芪良种繁育技术规程	山西省质量技术监督局	2017/7/30
DB15/T 1298—2017	蒙古黄芪种子质量分级	内蒙古自治区质量技术	2018/3/25
DB62/T 2002—2010	中药材种子黄芪	甘肃省质量技术监督局	2011/1/1
DB62/T 2238—2017	黄芪种苗繁育技术规程	甘肃省质量技术监督局	2017/12/15
DB62/T 2819—2017	中药材种苗黄芪	甘肃省质量技术监督局	2017/12/15
DB62/T 2834—2017	黄芪种子繁育技术规程	甘肃省质量技术监督局	2017/12/15
DB64/T 1462—2017	黄芪种子质量标准	宁夏回族自治区质量技术监督局	2017/4/19
DB50/T 601—2015	黄连种子繁育技术规程	重庆市质量技术监督局	2016/3/1
DB50/T 602—2015	黄连种子质量分级	重庆市质量技术监督局	2016/3/1
DB50/T 603—2015	黄连种苗质量分级	重庆市质量技术监督局	2016/3/1
DB34/T 3015—2017	多花黄精种子育苗技术规程	安徽省质量技术监督局	2018/1/30
DB45/T 709—2010	黄藤种苗质量要求	广西壮族自治区质量技术监督局	2011/1/30
DB31/T 770—2013	菊花种苗生产技术规程	上海市质量技术监督局	2014/4/1
DB32/T 3115—2016	菊花脱毒种苗生产技术规程	江苏省质量技术监督局	2016/11/20
DB32/T 3627—2019	菊花种质资源离体保存技术规程	江苏省质量技术监督局	2019/8/1
DB45/T 633—2009	园林植物铁冬青苗木的出圃质量要求（药材名救必应）	广西壮族自治区质量技术监督局	2010/2/1
DB64/T 1461—2017	银柴胡种子质量标准	宁夏回族自治区质量技术监督局	2017/4/19
DB45/T 1969—2019	甜瓜嫁接苗生产技术规程	广西壮族自治区市场监督管理局	2019/6/30
DB34/T 1458—2018	甜瓜种子生产技术规程	安徽省市场监督管理局	2019/1/29
DB64/T 1242—2016	甜瓜嫁接育苗生产技术规程	宁夏回族自治区质量技术监督局	2017/3/28
DB15/T 1082—2016	西瓜甜瓜育苗技术规程	内蒙古自治区质量技术监督局	2017/3/15
DB46/T 326—2015	甜瓜嫁接育苗技术规程	海南省质量技术监督局	2015/9/1
DB14/T 1574—2018	甜瓜穴盘嫁接育苗技术规程	山西省质量技术监督局	2018/3/10
DB64/T 892—2013	甜瓜集约化穴盘育苗技术规程	宁夏回族自治区质量技术监督局	2013/12/5
DB64/T 633—2010	西瓜甜瓜杂交种子贮藏技术规程	宁夏回族自治区质量技术监督局	2010/8/30
DB12/T 649—2016	甜瓜品种纯度 SSR 分子标记检测方法	天津市质量技术监督局	2016/11/1
DB23/T 2361—2019	皂荚播种育苗技术规程	黑龙江省市场监督管理局	2019/5/2
DB41/T 1039—2015	皂荚芽苗嫁接技术规程	河南省质量技术监督局	2015/8/15
DB14/T 968—2014	皂荚嫁接育苗技术规程	山西省质量技术监督局	2015/1/30
DB42/T 683—2011	中药材续断种子生产技术规程	湖北省质量技术监督局	2011/3/15
DB50/T 641—2015	葛根种根质量分级	重庆市质量技术监督局	2016/3/1
DB13/T 1320.1—2010	中药材种子质量标准　第 1 部分：紫苏	河北省质量技术监督局	2010/11/25

续表

标准编号	标准名称	发布单位	实施日期
DB65/T 2196—2005	新疆紫草种苗	新疆维吾尔自治区质量技术监督局	2005/5/20
DB65/T 2199—2005	新疆紫草种子生产技术规程	新疆维吾尔自治区质量技术监督局	2005/5/20
DB65/T 2195—2005	新疆紫草种子	新疆维吾尔自治区质量技术监督局	2005/5/20
DB13/T 1532—2012	紫菀种苗质量分级	河北省质量技术监督局	2012/4/30
DB13/T 1533—2012	紫菀良种繁育技术规程	河北省质量技术监督局	2012/4/30
DB65/T 2298—2011	黑种草子生产技术规程	新疆维吾尔自治区质量技术监督局	2011/4/2
DB45/T 1460—2016	狭叶番泻组培苗生产技术规程	广西壮族自治区质量技术监督局	2017/1/25
DB13/T 2885—2018	中药材种子质量标准　蒲公英	河北省质量技术监督局	2018/12/31
DB13/T 1151—2009	臭椿育苗生产技术规程	河北省质量技术监督局	2009/10/24
DB64/T 1035—2014	臭椿育苗及造林技术规程	宁夏回族自治区质量技术监督局	2014/12/8
DB11/T 1244—2015	国槐育苗技术规程	北京市质量技术监督局	2016/1/1
DB64/T 1129—2015	国槐育苗及造林技术规程	宁夏回族自治区质量技术监督局	2015/11/27
DB14/T 976—2014	国槐播种育苗技术规程	山西省质量技术监督局	2015/1/30
DB65/T 4211—2019	国槐育苗技术规程	新疆维吾尔自治区市场监督管理局	2019/8/1
DB13/T 1043—2009	国槐苗木生产技术规程	河北省质量技术监督局	2009/3/24
DB45/T 443—2007	中药材蔓荆子生产技术规程	广西壮族自治区质量技术监督局	2007/12/18
DB15/T 1482—2018	酸枣容器播种育苗技术规程	内蒙古自治区质量技术监督局	2018/12/5
DB63/T 1343—2015	暴马丁香育苗及造林技术规程	青海省质量技术监督局	2015/3/15
DB64/T 1571—2018	宁南山区暴马丁香育苗技术规程	宁夏回族自治区市场监督管理局	2019/1/17

注：本表为不完全统计，表中所列标准主要查询自工标网、中国政府网－标准信息查询等网站，主要参考《中华人民共和国药典》（2015年版）一部对药用植物和菌类排序。查询结果中，专指栽培、生产、种植、培育的，如生产技术规程、栽培规范等没有列出，明确写了食用、农用、果用、绿化、油用等用途的没有列出。

附录7　中药材种子种苗团体标准（中华中医药学会）

标准编号	标准名称	实施日期
T/CACM 1055—2017	中药材良种繁育技术规程编制通则	2017/12/25
T/CACM 1056.1—2017	中药材种子种苗质量标准编制通则	2017/12/25
T/CACM 1056.26—2017	中药材种子种苗　白花蛇舌草种子	2017/12/25
T/CACM 1056.140—2019	中药材种子种苗　白及种苗	2019/1/20
T/CACM 1056.16—2017	中药材种子种苗　白及种子	2017/12/25
T/CACM 1056.94—2019	中药材种子种苗　白芍种苗	2019/1/20
T/CACM 1056.93—2019	中药材种子种苗　白芍种子	2019/1/20
T/CACM 1056.57—2017	中药材种子种苗　白术种栽	2017/12/25
T/CACM 1056.56—2017	中药材种子种苗　白术种子	2017/12/25
T/CACM 1056.139—2019	中药材种子种苗　百合种球	2019/1/20
T/CACM 1056.20—2017	中药材种子种苗　半夏种苗	2017/12/25
T/CACM 1056.46—2017	中药材种子种苗　北沙参种子	2017/12/25
T/CACM 1056.78—2019	中药材种子种苗　北乌头种根	2019/1/20
T/CACM 1056.12—2017	中药材种子种苗　苍术种子	2017/12/25
T/CACM 1056.125—2019	中药材种子种苗　草珊瑚种苗	2019/1/20
T/CACM 1056.124—2019	中药材种子种苗　草珊瑚种子	2019/1/20
T/CACM 1056.21—2017	中药材种子种苗　柴胡种子	2017/12/25
T/CACM 1056.127—2019	中药材种子种苗　车前种苗	2019/1/20
T/CACM 1056.126—2019	中药材种子种苗　车前种子	2019/1/20
T/CACM 1056.76—2019	中药材种子种苗　重楼种子	2019/1/20
T/CACM 1056.68—2019	中药材种子种苗　川白芷种子	2019/1/20
T/CACM 1056.80—2019	中药材种子种苗　川丹参种根	2019/1/20
T/CACM 1056.69—2019	中药材种子种苗　川党参种子	2019/1/20
T/CACM 1056.50—2017	中药材种子种苗　川乌及附子（乌头）种根	2017/12/25
T/CACM 1056.49—2017	中药材种子种苗　川乌及附子（乌头）种子	2017/12/25
T/CACM 1056.42—2017	中药材种子种苗　川芎种苗	2017/12/25
T/CACM 1056.62—2017	中药材种子种苗　川续断种子	2017/12/25
T/CACM 1056.67—2019	中药材种子种苗　刺梨种苗	2019/1/20
T/CACM 1056.63—2017	中药材种子种苗　刺五加种子	2017/12/25
T/CACM 1056.34—2017	中药材种子种苗　丹参种苗	2017/12/25
T/CACM 1056.33—2017	中药材种子种苗　丹参种子	2017/12/25
T/CACM 1056.10—2017	中药材种子种苗　当归种苗	2017/12/25
T/CACM 1056.9—2017	中药材种子种苗　当归种子	2017/12/25
T/CACM 1056.134—2019	中药材种子种苗　党参种苗	2019/1/20

续表

标准编号	标准名称	实施日期
T/CACM 1056.133—2019	中药材种子种苗　党参种子	2019/1/20
T/CACM 1056.4—2017	中药材种子种苗　灯盏花种子	2017/12/25
T/CACM 1056.15—2017	中药材种子种苗　滇龙胆种子	2017/12/25
T/CACM 1056.11—2017	中药材种子种苗　茯苓菌种	2017/12/25
T/CACM 1056.51—2017	中药材种子种苗　甘草种子	2017/12/25
T/CACM 1056.109—2019	中药材种子种苗　甘遂种子	2019/1/20
T/CACM 1056.103—2019	中药材种子种苗　干姜种苗	2019/1/20
T/CACM 1056.54—2017	中药材种子种苗　关防风种子	2017/12/25
T/CACM 1056.121—2019	中药材种子种苗　广东紫珠种苗	2019/1/20
T/CACM 1056.120—2019	中药材种子种苗　广东紫珠种子	2019/1/20
T/CACM 1056.89—2019	中药材种子种苗　国槐种苗	2019/1/20
T/CACM 1056.88—2019	中药材种子种苗　国槐种子	2019/1/20
T/CACM 1056.39—2017	中药材种子种苗　何首乌种子	2017/12/25
T/CACM 1056.66—2019	中药材种子种苗　红禾麻株芽	2019/1/20
T/CACM 1056.22—2017	中药材种子种苗　红花种子	2017/12/25
T/CACM 1056.91—2019	中药材种子种苗　红橘种苗	2019/1/20
T/CACM 1056.70—2019	中药材种子种苗　虎杖种苗	2019/1/20
T/CACM 1056.18—2017	中药材种子种苗　黄精种子	2017/12/25
T/CACM 1056.24—2017	中药材种子种苗　黄连种子	2017/12/25
T/CACM 1056.77—2019	中药材种子种苗　黄芩种苗	2019/1/20
T/CACM 1056.58—2017	中药材种子种苗　黄芩种子	2017/12/25
T/CACM 1056.104—2019	中药材种子种苗　黄蜀葵种子	2019/1/20
T/CACM 1056.61—2017	中药材种子种苗　灰毡毛忍冬种子	2017/12/25
T/CACM 1056.73—2019	中药材种子种苗　霍山石斛种苗	2019/1/20
T/CACM 1056.65—2019	中药材种子种苗　箭叶淫羊藿种苗	2019/1/20
T/CACM 1056.64—2019	中药材种子种苗　箭叶淫羊藿种子	2019/1/20
T/CACM 1056.79—2019	中药材种子种苗　姜黄种根	2019/1/20
T/CACM 1056.71—2019	中药材种子种苗　金荞麦种苗	2019/1/20
T/CACM 1056.59—2017	中药材种子种苗　金荞麦种子	2017/12/25
T/CACM 1056.86—2019	中药材种子种苗　金铁锁种子	2019/1/20
T/CACM 1056.28—2017	中药材种子种苗　金银花种苗	2017/12/25
T/CACM 1056.105—2019	中药材种子种苗　荆芥种子	2019/1/20
T/CACM 1056.98—2019	中药材种子种苗　九里香种苗	2019/1/20
T/CACM 1056.97—2019	中药材种子种苗　九里香种子	2019/1/20
T/CACM 1056.47—2017	中药材种子种苗　桔梗种子	2017/12/25
T/CACM 1056.27—2017	中药材种子种苗　菊花种苗	2017/12/25
T/CACM 1056.82—2019	中药材种子种苗　决明种子	2019/1/20
T/CACM 1056.30—2017	中药材种子种苗　栝楼种根	2017/12/25

续表

标准编号	标准名称	实施日期
T/CACM 1056.29—2017	中药材种子种苗　栝楼种子	2017/12/25
T/CACM 1056.43—2017	中药材种子种苗　连翘种子	2017/12/25
T/CACM 1056.100—2019	中药材种子种苗　两面针种苗	2019/1/20
T/CACM 1056.99—2019	中药材种子种苗　两面针种子	2019/1/20
T/CACM 1056.138—2019	中药材种子种苗　龙脑樟种苗	2019/1/20
T/CACM 1056.118—2019	中药材种子种苗　麦冬种苗	2019/1/20
T/CACM 1056.90—2019	中药材种子种苗　毛冬青种子	2019/1/20
T/CACM 1056.35—2017	中药材种子种苗　玫瑰花种苗	2017/12/25
T/CACM 1056.45—2017	中药材种子种苗　蒙古黄芪种苗	2017/12/25
T/CACM 1056.44—2017	中药材种子种苗　蒙古黄芪种子	2017/12/25
T/CACM 1056.111—2019	中药材种子种苗　膜荚黄芪种子	2019/1/20
T/CACM 1056.72—2019	中药材种子种苗　牡丹种苗	2019/1/20
T/CACM 1056.36—2017	中药材种子种苗　牡丹种子	2017/12/25
T/CACM 1056.85—2019	中药材种子种苗　牛蒡种子	2019/1/20
T/CACM 1056.112—2019	中药材种子种苗　牛膝种子	2019/1/20
T/CACM 1056.19—2017	中药材种子种苗　前胡种子	2017/12/25
T/CACM 1056.106—2019	中药材种子种苗　芡实种子	2019/1/20
T/CACM 1056.17—2017	中药材种子种苗　青蒿种子	2017/12/25
T/CACM 1056.48—2017	中药材种子种苗　肉苁蓉种子	2017/12/25
T/CACM 1056.96—2019	中药材种子种苗　三叉苦种苗	2019/1/20
T/CACM 1056.95—2019	中药材种子种苗　三叉苦种子	2019/1/20
T/CACM 1056.3—2017	中药材种子种苗　三七种苗	2017/12/25
T/CACM 1056.2—2017	中药材种子种苗　三七种子	2017/12/25
T/CACM 1056.107—2019	中药材种子种苗　桑树种苗	2019/1/20
T/CACM 1056.40—2017	中药材种子种苗　山药零余子	2017/12/25
T/CACM 1056.41—2017	中药材种子种苗　山药芦头	2017/12/25
T/CACM 1056.25—2017	中药材种子种苗　射干种子	2017/12/25
T/CACM 1056.81—2019	中药材种子种苗　菘蓝种子	2019/1/20
T/CACM 1056.53—2017	中药材种子种苗　酸枣种苗	2017/12/25
T/CACM 1056.52—2017	中药材种子种苗　酸枣种子	2017/12/25
T/CACM 1056.38—2017	中药材种子种苗　太子参种根	2017/12/25
T/CACM 1056.37—2017	中药材种子种苗　太子参种子	2017/12/25
T/CACM 1056.14—2017	中药材种子种苗　天麻种苗	2017/12/25
T/CACM 1056.13—2017	中药材种子种苗　天麻种子	2017/12/25
T/CACM 1056.92—2019	中药材种子种苗　天南星种子	2019/1/20
T/CACM 1056.135—2019	中药材种子种苗　铁棒锤种子	2019/1/20
T/CACM 1056.8—2017	中药材种子种苗　铁皮石斛种苗	2017/12/25
T/CACM 1056.7—2017	中药材种子种苗　铁皮石斛种子	2017/12/25

续表

标准编号	标准名称	实施日期
T/CACM 1056.114—2019	中药材种子种苗　王不留行种子	2019/1/20
T/CACM 1056.119—2019	中药材种子种苗　温郁金种苗	2019/1/20
T/CACM 1056.137—2019	中药材种子种苗　吴茱萸种苗	2019/1/20
T/CACM 1056.32—2017	中药材种子种苗　西洋参种苗	2017/12/25
T/CACM 1056.31—2017	中药材种子种苗　西洋参种子	2017/12/25
T/CACM 1056.23—2017	中药材种子种苗　夏枯草种子	2017/12/25
T/CACM 1056.128—2019	中药材种子种苗　夏天无种茎	2019/1/20
T/CACM 1056.136—2019	中药材种子种苗　湘玉竹种苗	2019/1/20
T/CACM 1056.74—2019	中药材种子种苗　宣木瓜种苗	2019/1/20
T/CACM 1056.84—2019	中药材种子种苗　玄参种子	2019/1/20
T/CACM 1056.75—2019	中药材种子种苗　阳春砂种苗	2019/1/20
T/CACM 1056.87—2019	中药材种子种苗　阳春砂种子	2019/1/20
T/CACM 1056.60—2017	中药材种子种苗　益母草种子	2017/12/25
T/CACM 1056.55—2017	中药材种子种苗　薏苡种子	2017/12/25
T/CACM 1056.108—2019	中药材种子种苗　银柴胡种子	2019/1/20
T/CACM 1056.110　2019	中药材种子种苗　银杏种子	2019/1/20
T/CACM 1056.113—2019	中药材种子种苗　远志种子	2019/1/20
T/CACM 1056.102—2019	中药材种子种苗　掌叶大黄种苗	2019/1/20
T/CACM 1056.101—2019	中药材种子种苗　掌叶大黄种子	2019/1/20
T/CACM 1056.130—2019	中药材种子种苗　掌叶覆盆子种苗	2019/1/20
T/CACM 1056.129—2019	中药材种子种苗　掌叶覆盆子种子	2019/1/20
T/CACM 1056.117—2019	中药材种子种苗　浙贝母鳞茎	2019/1/20
T/CACM 1056.116—2019	中药材种子种苗　知母种苗	2019/1/20
T/CACM 1056.115—2019	中药材种子种苗　知母种子	2019/1/20
T/CACM 1056.123—2019	中药材种子种苗　栀子种苗	2019/1/20
T/CACM 1056.122—2019	中药材种子种苗　栀子种子	2019/1/20
T/CACM 1056.132—2019	中药材种子种苗　枳壳种苗	2019/1/20
T/CACM 1056.131—2019	中药材种子种苗　枳壳种子	2019/1/20
T/CACM 1056.6—2017	中药材种子种苗　珠子参种苗	2017/12/25
T/CACM 1056.5—2017	中药材种子种苗　珠子参种子	2017/12/25
T/CACM 1056.83—2019	中药材种子种苗　紫苏种子	2019/1/20

附录8 全国主要具有高级职称的育种专家

（按姓氏拼音字母排序）

序号	专家姓名	职称	工作单位	研究药材	选育品种名称	信箱
1	艾军	教授	吉林农业大学	五味子	金五味1号	aijun1005@163.com
2	安巍	研究员	宁夏农科院枸杞工程技术研究所	枸杞子	宁杞菜1号、宁杞5号、宁杞7号	13037986722@163.com
3	白成科	副教授	陕西师范大学	山茱萸	大红枣1号、石磙枣1号、秦玉、秦丰	baichengke@snnu.edu.cn
4	白隆华	研究员	广西壮族自治区药用植物园	罗汉果	永青1号、青皮果、红毛果、拉江果、长滩果、冬瓜果、白毛果、普丰青皮、雄优1号、早花青皮、药园无籽1号、药园败雄1号、永青2号、药园少籽1号。	whitefh2008@126.com
5	曹有龙	研究员	宁夏农林科学院枸杞工程技术研究所	枸杞子	宁农杞9号、科杞6081、科杞608-2	youlongchk@163.com
6	陈存武	教授	皖西学院	多花黄精	皖黄精1号、皖黄精2号	328169974@qq.com
7	陈君	研究员	中国医学科学院药用植物研究所	黄芩	中芩1号、中芩2号	jch@implad.ac.cn
8	陈乃富	教授	皖西学院	霍山石斛	霍山石斛3号	cnf505@126.com
9	陈跃华	研究员	新疆农科院	红花	新红花1号、新红花2号、新红花3号、新红花4号、新红花6号、新红花7号	chenyuehua@xaas.ac.cn
10	戴好富	研究员	中国热带农业科学院热带生物技术研究所	沉香/黎药资源植物	热科1号沉香、热科2号沉香	daihaofu@itbb.org.cn
11	单成钢	研究员	山东省农科院农产品研究所	丹参	鲁原丹参1号、鲁丹参1号、鲁梗1号、鲁梗2号、鲁原桔梗1号	shanchenggang@126.com
12	邓庭伟	药师	国药种业有限公司	甘草	国甘1号	dengtw1986@126.com
13	邓志强	高级农艺师	裕民县农业农村局的种子站	红花	云南大头红花	
14	董诚明	教授	河南中医药大学	地黄	怀中1号	dcm371@hactcm.edu.cn
15	董玲	研究员	安徽省农业科学院园艺研究所	栝楼、白芍、牡丹等	皖蒌系列栝楼品种等	674549072@qq.com

续表

序号	专家姓名	职称	工作单位	研究药材	选育品种名称	信箱
16	杜红岩	研究员	中国林业科学研究院经济林研究开发中心	杜仲	华仲5、6、7、8、9、10、11、12、13、14、15号	dhy515@126.com
17	杜弢	教授	甘肃中医药大学	当归、黄芪、党参、板蓝根、黄芩等	松鸣1号菘蓝、D20黄芩	gslzdt@163.com
18	冯世鑫	副研究员	广西壮族自治区药用植物园	罗汉果、青蒿	罗汉果：永青1号、青皮果、红毛果、拉江果、长滩果、冬瓜果、白毛果、普丰青皮、雄优1号、早花青皮、药园无籽1号、药园败雄1号、永青2号、药园少籽1号； 青蒿：桂蒿1号、桂蒿2号、桂蒿3号、桂蒿4号、桂蒿5号	shixin1996@126.com
19	郭杰	副研究员	湖北省农业科学院中药材研究所	黄连	鄂竹节参1号、鄂半夏2号、恩玄参1号	17211592@qq.com
20	郭靖	研究员	中国农科院特产研究所	桔梗	桔梗2号	guojing635@163.com
21	郭淑红	副研究员	山西省农业科学院经济作物研究所	黄芪、党参、连翘、远志、柴胡、黄芩	晋远1号、晋远2号	guo602079@163.com
22	何立威	实习研究员	河南省农科院长垣分院	迷迭香	禹迷迭香一号	heliweia@yeah.net
23	贺定翔	中药师	昌昊金煌（贵州）中药有限公司	太子参	黔太子参1号	dxhe@purapharm.com
24	胡忠庆	研究员	中宁县枸杞产业管理局	枸杞子	宁杞4号	604774576@qq.com
25	黄丽莉	高级工程师	江西省林业科学院	枳壳	新秀、新香、樟香	hll6571@163.com
26	贾东海	高级农艺师	新疆农科院经济作物研究所	红花	新红花1号、新红花2号、新红花4号、新红花6号、新红花7号、吉选3号	545507831@qq.com
27	江建铭	正高级工程师	浙江省中药研究所有限公司	贝母等	浙贝3号	jmboat@163.com
28	荆彦明	研究员	定西市农业科学研究院	当归、黄芪、党参、板蓝根、黄芩等	岷归6号、陇芪4号、渭党4号、定蓝1号等	jym.68@163.com
29	柯芳	副研究员	广西壮族自治区药用植物园	天冬	药园天冬1号、药园天冬2号、药园天冬3号	32937561@qq.com
30	李艾莲	研究员	中国医学科学院药用植物研究所	薏苡、金荞麦	太空1号、金荞1号	alli@implad.ac.cn
31	李建军	副教授	河南师范大学	金银花、皂荚、地黄、山药	豫金1号、豫金2号、豫金3号、特蕾1号、皂福2号、怀地81、铁棍1号	043081@htu.cn

续表

序号	专家姓名	职称	工作单位	研究药材	选育品种名称	信箱
32	李林玉	副研究员	云南省农业科学院药用植物研究所	灯盏花	灯盏花2号	583287474@qq.com
33	李隆云	研究员	重庆市中药研究院	青蒿、玄参、粉葛、川党参	渝青1号、渝青2号、渝青3号、渝玄参1号、渝玄参2号、渝玄参3号、粉葛地金2号等	lilongyun8@163.com
34	李明军	教授	河南师范大学	菊花、山药、地黄	怀菊1号、怀菊2号	limingjun2002@263.net
35	李先恩	研究员	中国医学科学院药用植物研究所	丹参	北丹1号	xeli@implad.ac.cn
36	李秀杰	副研究员	河南省农科院长垣分院	艾草、白芷	郑艾一号、禹白芷一号	lixiujie2009@126.com
37	梁慧珍	研究员	河南省农业科学院芝麻研究中心	红花、金银花、菊花、辛夷、艾草、怀地黄、怀山药、板蓝根、紫苏、藏红花等	豫红花1号、豫红花2号、豫红花3号、怀菊花3号、怀菊花4号、密银花1号、豫紫苏1号、豫紫苏2号及大豆品种共22个	lhzh66666@163.com
38	林先明	研究员	湖北省农业科学院中药材研究所	厚朴、竹节参	双河紫油厚朴、鄂竹节参1号、鄂半夏2号、恩玄参1号	1341019656@qq.com
39	刘灵娣	研究员	河北省农林科学院	紫苏、丹参、菘蓝、菊花	冀紫1号、冀紫2号、多紫1号、多紫2号、多紫3号、冀丹1号、冀丹2号、冀丹3号、丹杂1号、丹杂2号、冀蓝1号、河北香菊	nkyliulingdi@126.com
40	刘玉霞	副研究员	河南农科院植保所	金银花	封花1号	Liuyx158@yahoo.com.cn
41	马维思	助理研究员	云南省农业科学院药用植物研究所	川贝母、金荞麦	雪山贝、金荞麦2号	522623983@qq.com
42	马小军	研究员	广西医学科学院药用植物研究所	罗汉果、千斤拔、钩藤、天冬、青蒿、蛇足石杉	罗汉果：永青1号、青皮果、红毛果、拉江果、长滩果、冬瓜果、白毛果、普丰青皮、雄优1号、早花青皮、药园无籽1号、药园败雄1号、永青2号、药园少籽1号； 千斤拔：千斤拔1号、千斤拔2号、千斤拔3号； 大叶千斤拔：大叶千斤拔1号； 钩藤：药园钩藤1号、药园钩藤2号； 天冬：药园天冬1号、药园天冬2号、药园天冬3号； 青蒿：桂蒿1号、桂蒿2号、桂蒿3号、桂蒿4号、桂蒿5号； 蛇足石杉：容杉1号、容杉2号、容杉3号	xjma@public.bta.net.cn
43	马友德	副总经理	抚松县参王植保有限公司	人参、西洋参	福星1号、2号	

续表

序号	专家姓名	职称	工作单位	研究药材	选育品种名称	信箱
44	梅文莉	研究员	中国热带农业科学院热带生物技术研究所	黎药资源植物	热科1号沉香、热科2号沉香	meiwenli@itbb.org.cn
45	缪剑华	研究员	广西壮族自治区药用植物园	罗汉果、千斤拔、青蒿	罗汉果：永青1号、药园无籽1号、药园败雄1号； 千斤拔：千斤拔1号、千斤拔2号； 青蒿：桂蒿1号、桂蒿2号、桂蒿3号、桂蒿4号、桂蒿5号	mjh1962@vip.163.com
46	莫长明	副研究员	广西农科院	罗汉果	永青1号、青皮果、红毛果、拉江果、长滩果、冬瓜果、白毛果、普丰青皮、雄优1号、早花青皮、药园无籽1号、药园败雄1号、永青2号、药园少籽1号	309258519@qq.com
47	倪大鹏	副研究员	山东省农科院农产品研究所	丹参	鲁原丹参1号、鲁丹参1号	ndp007@163.com
48	彭芳	助理研究员	四川省农科院经济作物研究所	川芎	蜀芎1号、蜀芎2号	prefer1134@163.com
49	朴承熙	高级农艺师	集安人参研究所	人参、西洋参	康美1号、新开河1号、新开河2号	13944536880@163.com
50	秦垦	研究员	宁夏农林科学院枸杞工程技术研究所	枸杞子	宁杞3号、宁杞5号、宁杞7号、宁农杞9号	qinken7@163.com
51	任江剑	高级工程师	浙江省中药研究所有限公司	温郁金	温郁金2号	jjren@163.com
52	任跃英	教授	吉林农业大学	人参	百泉人参1号	381717169@qq.com
53	尚虎山	副研究员	定西市农业科学研究院	当归、黄芪、党参、板蓝根、黄芩等	岷归6号、陇芪4号、渭党4号、定蓝1号等	94789137@qq.com
54	沈晓霞	正高级工程师	浙江省中药研究所有限公司	薏苡、元胡、白术、菊花、葛根等	浙薏1号、浙薏2号、浙胡2号，金菊3号、浙术1号	xiaoxiashen@sina.com
55	沈宇峰	高级工程师	浙江省中药研究所有限公司	菊花	金菊3号	28900686@qq.com
56	施力军	副研究员	广西壮族自治区药用植物园	千斤拔	千斤拔：千斤拔1号、千斤拔2号、千斤拔3号 大叶千斤拔：大叶千斤拔1号	51600443@qq.com
57	田洪岭	副研究员	山西省农业科学院经济作物研究所	黄芪、党参、连翘、远志、柴胡、黄芩	晋远1号、晋远2号	thl2003@163.com
58	童文	副研究员	四川省农科院经作所	赶黄草	赶黄草1号	tongwen222@163.com

续表

序号	专家姓名	职称	工作单位	研究药材	选育品种名称	信箱
59	王飞	助理研究员	河南农科院植保所	地黄	地黄金九	yunfeiren@163.com
60	王凤宝	研究员	河北科技师范学院	枸杞菜、枸杞子	昌选1号、天精1号、天精3号	wfb2005@163.com
61	王富胜	研究员	定西市农业科学研究院	当归、黄芪、党参、板蓝根、黄芩等	岷归6号、陇芪4号、渭党4号、定蓝1号等	wangfs1974@163.com
62	王锦秀	研究员	宁夏林业研究所有限公司	枸杞子	宁杞6、8号，叶用枸杞1号	429190339@qq.com
63	王锦绣	研究员	宁夏林业研究院股份有限公司	枸杞子	宁杞6号	429190339@qq.com
64	王文全	教授	北京中医药大学	黄芩	京芩1号	wwq57@126.com
65	王馨	副研究员	云南省农业科学院药用植物研究所	灯盏花、粗茎秦艽、当归、木香	生物谷1号、艾瑞杰1号、云艽1号、中维当归、云木香2号	77060306@qq.com
66	王兴政	副研究员	定西市农业科学研究院	当归、黄芪、党参、板蓝根、黄芩等	岷归6号、陇芪4号、渭党4号、定蓝1号等	77644052@qq.com
67	王耀琴	副研究员	山西省农业科学院经济作物研究所	黄芪、党参、连翘、远志、柴胡、黄芩	晋远1号、晋远2号	wyq784258@163.com
68	王英平	教授	吉林农业大学	西洋参、人参	中农洋参1号、中农参2号	yingpingw@126.com
69	王瑛	研究员	中科院华南植物园	枸杞子	中科绿川1号	yingwang@wbgcas.cn
70	王喆之	教授	陕西师范大学	山茱萸、白及	山茱萸：大红枣1号、石磙枣1号、秦玉、秦丰；白及：秦白1号	zzw@snnu.edu.cn
71	王志安	正高级工程师	浙江省中药研究所有限公司	贝母、温郁金、麦冬、元胡、薏苡等	浙薏1、2号、浙葛1号、浙藤1号、温郁金1、温郁金2号、浙贝3号	13805786846@qq.com
72	王志芬	研究员	山东省农科院农产品研究所	桔梗、丹参	鲁梗1号、鲁梗2号、鲁原桔梗1号、鲁丹参1号	wzfchm@163.com
73	王祝年	研究员	中国热带农业科学院热带作物品种资源研究所	益智	琼中1号	13807596560@163.com
74	韦树根	研究员	广西壮族自治区药用植物园	钩藤、天冬、青蒿	药园钩藤1号、药园钩藤2号、药园天冬1号、药园天冬2号、药园天冬3号、桂蒿1号、桂蒿2号、桂蒿3号、桂蒿4号、桂蒿5号	weishugen2@163.com

续表

序号	专家姓名	职称	工作单位	研究药材	选育品种名称	信箱
75	魏建和	研究员	中国医学科学院药用植物研究所	桔梗、柴胡、荆芥、人参、丹参	中梗1号、中梗2号、中梗3号、中梗白花1号，中梗粉花1号、中梗9号；中柴1号、中柴2号、中柴3号、中红柴1号、川红柴1号、川北柴1号；中荆1号、中荆2号；新开河1号；中丹药植1号、中丹药植2号	wjianh@263.net
76	温春秀	研究员	河北省农林科学院	紫苏、丹参、菘蓝、菊花	冀紫1号、冀紫2号、多紫1号、多紫2号、多紫3号、冀丹1号、冀丹2号、冀丹3号、丹杂1号、丹杂2号、冀蓝1号、河北香菊	wenchunxiu@126.com
77	吴昌娟	助理研究员	山西省农业科学院经济作物研究所	黄芪、党参、连翘、远志、柴胡、黄芩	晋远2号	soil_tcm2013@163.com
78	谢晓亮	研究员	河北省农林科学院	紫苏、丹参、菘蓝、菊花	冀紫1号、冀紫2号、多紫1号、多紫2号、多紫3号、冀丹1号、冀丹2号、冀丹3号、丹杂1号、丹杂2号、冀蓝1号、河北香菊	xie7652137@126.com
79	徐建中	高级工程师	浙江省中药研究所有限公司	益母草	浙益1号	xxjz691@sohu.com
80	徐荣	研究员	中国医学科学院药用植物研究所	黄芩	中芩1号、中芩2号	rxu@implad.ac.cn
81	许怀友	董事长	抚松县参王植保有限公司	人参、西洋参	福星1号、福星2号	
82	许世泉	副研究员	中国农科院特产研究所	人参、西洋参	康美1号、中农洋参1号、新开河2号	jlzjxsq@126.com
83	许陶瑜	助理研究员	山西省农业科学院经济作物研究所	黄芪、党参、连翘、远志、柴胡、黄芩	晋远2号	496979327@qq.com
84	许永华	副教授	吉林农业大学	防风、人参	关防风1号、康美1号	xuyoughua777@yeah.net
85	闫志刚	主任药师	广西壮族自治区药用植物园	蛇足石杉	容杉1号、容杉2号、容杉3号	lzg7898@163.com
86	杨斌	研究员	云南省农业科学院药用植物研究所	川贝母、木香、金荞麦、忍冬、当归、续断	云贝1号、云木香1号、金荞麦1号、云花1号、云归1号、云续1号	53436184@qq.com
87	杨成民	副研究员	中国医学科学院药用植物研究所	桔梗、柴胡、荆芥、人参、丹参	中梗1号、中梗2号、中梗3号、中梗白花1号、中梗粉花1号、中梗9号；中柴2号、中柴3号、中红柴1号；新开河1号；中丹药植1号、中丹药植2号	343850093@qq.com
88	杨丽英	研究员	云南省农业科学院药用植物研究所	滇重楼、桔梗	滇重楼2号、滇重楼3号、云桔梗1号	1224755083@qq.com

续表

序号	专家姓名	职称	工作单位	研究药材	选育品种名称	信箱
89	杨美权	研究员	云南省农业科学院药用植物研究所	滇黄精	滇黄精云农1号	158364106@qq.com
90	杨绍兵	副研究员	云南省农业科学院药用植物研究所	草果、滇龙胆	云草果3号、滇龙胆航天2号、滇龙胆航天3号	315293981@qq.com
91	杨生超	教授	云南农业大学	三七、灯盏花、铁皮石斛	滇铁皮1号、普洱铁皮1号、普洱铁皮2号、高山铁皮1号、高山铁皮2号；千山1号、千山2号；滇七1号、滇七2号、苗乡三七1号、滇七3号三七优良家系、苗乡4号三七优良家系、苗乡5号三七优良家系	13099437499@163.com
92	杨晓	研究员	四川省农科院经济作物研究所	红花、赶黄草、白芍	川红花2号、川红花3号、赶黄草2号、川红1号、赶黄1号	21sctcm@163.com
93	姚厚军	研究员	皖西学院	太子参	皖参1号、皖参2号	328169974@qq.com
94	姚珊	实习研究员	河南省农科院长垣分院	蒲公英	郑蒲一号	309560946@qq.com
95	俞旭平	正高级工程师	浙江省中药研究所有限公司	麦冬	浙麦冬1号	fisher@21cn.com
96	张超	研究员	四川省农科院经济作物研究所	川芎	蜀芎1号、蜀芎23号	jychaozhang@163.com
97	张建霞	副研究员	华南农业大学	铁皮石斛、	中科1号、中科3号、中科4号、中科从都2号、中科从都	zhangjianxia@scau.edu.cn
98	张金渝	研究员	云南省农业科学院药用植物研究所	滇黄精、草果、滇龙胆	滇黄精云农2号、滇黄精云农3号、云草果1号、云草果2号、云草果4号、滇龙胆航天1号	1085498267@qq.com
99	张秀新	研究员	中国农业科学院蔬菜花卉研究所	牡丹皮	秾苑彩凤	zhangxiuxin@cass.cn
100	张永清	教授	山东中医药大学	金银花	华金2号、华金3号、华金6号	zyq622003@126.com
101	赵晓龙	正高级农艺师	集安人参研究所	人参、西洋参	康美1号、新开河1号、新开河2号	xiaolong_1964@163.com
102	朱培林	研究员	江西省林业科学院	栀子、枳壳	小红栀1号、中精红栀、樟香、新香	yczpl@126.com

附录 9 2005—2020 年度中药材品种选育项目

序号	项目类别	立项单位	课题名称	承担单位	选育药材（品种）名称	状态
2016—2020 年度						
1	国家中药材产业技术体系	农业部	遗传改良研究室－种质资源收集与评价	中国中药有限公司	甘草、黄芩、金荞麦	在研
2			遗传改良研究室－育种技术与方法	中国医学科学院药用植物研究所	柴胡、桔梗、砂仁、白木香	在研
3			遗传改良研究室－花类药材岗位	河南省农业科学院芝麻研究中心	菊花、金银花、红花、辛夷、灯盏花	在研
4			遗传改良研究室－全草类药材	河北省农林科学院经济作物研究所	紫苏：冀紫 1 号、冀紫 2 号	在研
5			海口综合试验站	中国热带农业科学院热带生物技术研究所	沉香：热科 1 号、热科 2 号	在研
6	国家重点研发计划	科技部	栀子等三种高品质江西道地中药材规模化种植及精准扶贫示范研究——栀子等 3 种道地药材种质资源创新研究及种质资源库建立	江西省林业科学院	栀子：小红栀 1 号，中精红栀	在研
7	国家自然基金面上项目	国家基金委	沉香色酮合成途径中关键聚酮环化酶基因的挖掘及调控机制	中国热带农业科学院热带生物技术研究所	沉香：热科 1 号、热科 2 号	在研
8	农业部国际合作与交流项目	农业部	“一带一路”热带国家农业资源联合调查与开发评价项目任务——沉香种质资源联合调查与评价	中国热带农业科学院热带生物技术研究所	沉香：热科 1 号、热科 2 号	结题
9	四川省育种攻关	四川省科技厅	川芎、红花新材料创制及突破性新品种选育	四川农科院经作所	蜀芎 1 号、蜀芎 2 号、川红 1 号	在研
10			赶黄草品种选育及产业化应用	四川新荷花饮片公司、四川农科院经作所	赶黄 1 号	在研
11	四川省财政专项	四川省财政厅	白芍、赶黄草品种选育及配套技术研究	四川农科院经作所	白芍、赶黄草	在研
12			丹参、川芎等中药材新材料创制及高效栽培模式研究	四川农科院经作所	丹参、川芎	在研
13	四川省重点研发	四川省科技厅	基于镉低富集种质筛选的川芎安全栽培技术研究	四川农科院经作所	川芎	在研
14	湖北省技术创新专项重大项目	湖北省科技厅	湖北道地药材荆半夏品种选育与生产加工的关键技术研发	湖北中医药大学	半夏	在研

续表

序号	项目类别	立项单位	课题名称	承担单位	选育药材（品种）名称	状态
15	海南省重点研发计划项目	海南省财政厅	生产含有较高色酮类化合物的沉香的白木香品系的选育	中国热带农业科学院热带生物技术研究所	沉香：热科1号、热科2号	在研
16			马来西亚沉香属种质资源发掘与评价	中国热带农业科学院热带生物技术研究所	沉香：热科1号、热科2号	在研
17	中国热带农业科学院院创新团队项目	中国热带农业科学院	南药产业技术创新团队	中国热带农业科学院热带生物技术研究所	沉香：热科1号、热科2号	在研
18	湖北省技术创新专项（重大项目）	湖北省科技厅	湖北省重点道地药材品种选育及配套关键技术研究	湖北省农业科学院中药材研究所、华中农业大学	独活、白术、石斛、半夏	在研
19	湖北省农业科技创新中心	湖北省农业科学院	湖北省地道中药材优质新品种选育	湖北省农业科学院中药材研究所	党参、白术	在研
20	湖北省民族专项	湖北省科技厅	白术选育与高效栽培	湖北省农业科学院中药材研究所	白术	在研
21	湖北省中药材科技创新团队	湖北省农业厅	黄连品种选育与生态种植	湖北省农业科学院中药材研究所	黄连	在研
22			珍稀药材品种选育与生态种植	湖北省农业科学院中药材研究所	白术、湖北贝母、独活	在研
23	湖北省青年英才开发计划	共青团湖北省委	湖北贝母新品种选育	湖北省农业科学院中药材研究所	湖北贝母	在研
24	宁夏育种重大专项	宁夏科技厅、宁夏财政厅	枸杞新品种选育	宁夏农林科学院枸杞工程技术研究所	宁农杞6、7、8、9、10号	结题
25	云南省项目	云南省临沧市农业农村局	滇龙胆航天育种项目	云南省农业科学院药用植物研究所	滇龙胆：滇龙胆航天1号、滇龙胆航天2号、滇龙胆航天3号	结题
26	云南省科技惠民计划	云南省科技厅	低纬山区滇黄精和白及优良种选育及其林药复合规范化种植技术研究与示范	永德县大雪山药用生物科技种植有限公司、云南省农业科学院药用植物研究所	滇黄精：滇黄精云农1号、滇黄精云农2号、滇黄精云农3号	结题
27	云南省重点项目	云南省昆明市科技局	石斛新品种培育研究与试验种植	云南省农业科学院药用植物研究所、云南丰春坊生物科技有限公司	石斛：黑金1号	在研
28	河南省教育厅重点研究应用项目	河南省教育厅、河南省财政厅	皂荚良种选育与丰产技术研究及示范	河南师范大学、四川秦巴药业有限公司	皂荚：皂福1号、皂福2号	结题
29	河南省产学研项目	河南省科学技术厅	金银花新品种配套优化集成技术应用与产业化	河南师范大学、贾庄金银花种植合作社	忍冬：特蕾1号、豫金3号	在研

续表

序号	项目类别	立项单位	课题名称	承担单位	选育药材（品种）名称	状态
30	河南省重点科技攻关项目	河南省科学技术厅	金银花资源评价和新品种创制与质量标准建立研究	河南师范大学	豫金1号、豫金2号	结题
31	浙江省重点研发计划	浙江省科技厅	浙江省农业新品种选育重大专项	浙江省中药研究所有限公司、浙江农林大学、浙江省中药研究所有限公司、浙江省农技推广中心、金华寿仙谷药业有限公司	麦冬：浙麦冬1号；浙贝母：浙贝3号；黄精：丽精1号；三叶青；泽青1号；浙八味、新浙八味、薏苡、益母草、西红花等	在研
32	甘肃省中药材产业技术体系	甘肃省农业农村厅	党参、黄芪、当归新品种选育	甘肃农业大学	党参、黄芪、当归、大黄	在研
33			药用植物新品种选育	定西农业科学研究院	渭党4号、陇芪4号、岷归5号、岷归6号、定蓝1号	在研

2011—2015年度

1	国家中医药行业专项	财政部	荆芥等9种大宗药材优良种质挖掘与利用研究——子课题：丹参新品种选育	中国医学科学院药用植物研究所	丹参：中丹药植1号、中丹药植2号	结题
2	国家科技支撑计划项目	科技部	海南黎药现代化关键技术研究	中国热带农业科学院热带生物技术研究所	沉香：热科1号、热科2号	结题
3			罗汉果质量改进和综合开发利用	广西壮族自治区药用植物园	罗汉果：永青2号、药园少籽1号	结题
4			甘草质量标准提高及其综合利用研究	甘肃农业大学	甘育甘草1、2、3号	结题
5	公益性行业专项	科技部	热带药用植物资源保护利用技术研究与示范(201303117)	中国热带农业科学院热带生物技术研究所	沉香：热科1号、热科2号	结题
6	国家科技惠民项目	科技部	甘肃省定西市道地中药材产业化推广及惠民示范工程	定西市农业科学研究院	渭党3号、陇芪3号、岷归4号	结题
7	河北省科技支撑计划指导计划	河北省科技厅	紫苏多倍体新品种选育研究	河北省农林科学院经济作物研究所	紫苏：多紫1号、多紫2号、多紫3号	结题
8			板蓝根新品种选育	河北省农林科学院经济作物研究所	冀蓝1号菘蓝	结题
9			丹参种质资源收集及品种创新研究	河北省农林科学院经济作物研究所	丹参：丹杂1号、丹杂2号	结题
10	四川省育种攻关	四川省科技厅	川红花品种选育研究	四川农科院经作所	川红花3号	结题
11			中药材资源收集整理与应用	四川农科院经作所	赶黄草2号	结题

续表

序号	项目类别	立项单位	课题名称	承担单位	选育药材（品种）名称	状态
12	广西科学研究与技术开发计划项目	广西科技厅	珍稀药材蛇足石杉（千层塔）种质资源评价及繁育技术研究	广西壮族自治区药用植物园	蛇足石杉：容杉1号、容杉2号、容杉3号	结题
13	湖北省农业科技创新中心	湖北省农业科学院	湖北省地道中药材优质新品种选育	湖北省农业科学院中药材研究所	竹节参、湖北贝母、黄精	验收
14	湖北省生物产业专项	湖北省发改委	优质药材窑归等系列品种选育及推广产业化	湖北省农业科学院中药材研究所	鄂半夏2号、窑归1号	验收
15	宁夏育种重大专项	宁夏科技厅、宁夏财政厅	枸杞新品种选育	宁夏农林科学院枸杞工程技术研究所	宁杞7号、宁农杞9号	验收
16	云南省应用基础研究面上项目	云南省科技厅	灯盏细辛人工多倍体创制与育种利用的基础研究	云南省农业科学院药用植物研究所	灯盏花	结题
17	云南省科技惠民计划	云南省科技厅	红河县豆腐渣果良种选育及规范化种植示范	红河县云龙生物开发有限责任公司、云南省农业科学院药用植物研究所、红河县农业和科学技术局	豆腐渣果	结题
18	河南省重点科技攻关项目	河南省科学技术厅	怀地黄种质资源评价及新品种选育研究	河南师范大学、河南省百疗怀药科技开发有限公司	地黄：怀地81	结题
19	河南省教育厅自然科学研究计划项目	河南省教育厅	金银花种质资源圃建设和新品种选育及产业化研究	河南师范大学	忍冬：豫金1号、豫金2号	结题
20	浙江省重大科技专项	浙江省科技厅	浙江省农业新品种选育重大专项	浙江省中药研究所有限公司、浙江大学等省内高校、院所、技术推广中心和企业共24家单位	铁皮石斛：仙斛2号、晶品1号、仙斛3号；蝉拟青霉：蝉花草1号；灵芝：龙芝2号、仙芝2号；贝母：浙贝2号；延胡索：浙胡2号；西红花：番红1号；白术：浙术1号；薏苡：浙薏2号；参薯：温山药1号；温郁金：温郁金2号；益母草：浙益1号	结题
21	甘肃科技支出计划	甘肃省科技厅	黄芪新品种选育	陇西稷丰种业有限责任公司	西芪1号	结题
22			柴胡新品种选育	陇西稷丰种业有限责任公司	陇柴1号	结题
23	甘肃省农业生物技术研究与应用开发项目	甘肃省农牧厅	半夏秦艽新品种选育	甘肃省农科院	陇秦1、2号	结题

续表

序号	项目类别	立项单位	课题名称	承担单位	选育药材（品种）名称	状态
2005—2010 年度						
1	国家科技支撑计划	科技部	生物技术与中药材优良品种选育研究：（柴胡子课题）–生物技术与常规育种方法结合选育柴胡新品种	中国医学科学院药用植物研究所	北柴胡：中柴 2 号、中柴 3 号	结题
2			人参等中药材的优良品种选育研究：（子课题）–枳壳优良品种选育研究	江西省林业科学院	枳壳：新香、新秀、樟香	结题
3			三七的新品种选育及其育种技术体系建设	文山三七科学技术研究所、云南省农业科学院药用植物研究所	三七	结题
4			金银花优良品种选育研究	山东中医药大学	金银花	结题
5			罗汉果种质资源评价及繁育技术研究与示范	广西壮族自治区药用植物园	罗汉果：永青 1 号、青皮果、红毛果、拉江果、长滩果、冬瓜果、白毛果、普丰青皮、雄优 1 号、早花青皮、药园无籽 1 号、药园败雄 1 号	结题
6	河北省科技支撑计划	河北省科技厅	丹参优良品种选育及应用	河北省农林科学院经济作物研究所	冀丹 1 号、冀丹 2 号、冀丹 3 号	结题
7			药用菊花新种质“河北香菊”的发现及其评价	河北省农林科学院经济作物研究所	河北香菊	结题
8	四川省育种攻关	四川省科技厅	川红花品种选育研究	四川农科院经作所	川红花 2 号	结题
9			中药材资源收集整理与应用	四川农科院经作所	赶黄草 1 号	结题
10	广西科学研究与技术开发计划项目	广西科技厅	罗汉果种质资源评价及繁育技术研究与示范	广西壮族自治区药用植物园	罗汉果	结题
11			千斤拔种质资源评价及繁育技术研究与示范	广西壮族自治区药用植物园	千斤拔：千斤拔 1 号、千斤拔 2 号、千斤拔 3 号；大叶千斤拔：大叶千斤拔 1 号	结题
12			黄花蒿种质资源评价及繁育技术研究与示范	广西壮族自治区药用植物园	青蒿：桂蒿 1 号、桂蒿 2 号、桂蒿 3 号、桂蒿 4 号、桂蒿 5 号	结题
13			广西金银花优良种质资源筛选研究及繁育基地建设	广西壮族自治区药用植物园	山银花：山银花早丰 1 号	结题
14			钩藤优良品种选育及野生抚育研究	广西壮族自治区药用植物园	钩藤：药园钩藤 1 号、药园钩藤 2 号	结题
15			广西天冬药材种质资源评价及优良品种选育研究与示范	广西壮族自治区药用植物园	天冬：药园天冬 1 号、药园天冬 2 号、药园天冬 3 号	结题

续表

序号	项目类别	立项单位	课题名称	承担单位	选育药材（品种）名称	状态
16	湖北省农业科技创新中心	湖北省农业科学院	湖北省地道中药材优质新品种选育	湖北省农业科学院中药材研究所	鄂竹节参1号、恩玄参1号	验收
17	湖北省研究与开发计划	湖北省科技厅	石窑当归主根系新品种选育	湖北省农业科学院中药材研究所	窑归1号	验收
18	宁夏重大科技专项	宁夏科技厅	枸杞产业化关键技术研究	宁夏农林科学院枸杞工程技术研究所	宁杞5号	结题
19	山东省农业良种工程项目	山东省科技厅	桔梗优良品种筛选	山东农科院原子能农业应用研究所	鲁梗1号、鲁梗2号	结题
20	云南省项目	云南省农业科学院	黄花蒿植物新品种（系）的引进筛选及多点试验研究	云南省农业科学院药用植物研究所	黄花蒿	结题
21	山东省农业良种工程项目	山东省科技厅	大宗道地中药材（金银花、桔梗、丹参、黄芩）优良品种筛选	山东中医药大学	金银花、丹参	结题
22	甘肃省重点研发项目	甘肃省科技厅	中药材新品种选育	定西市农业科学研究院	渭党1号、2号，陇芪1号、2号，岷归1号、2号、3号	结题
23	新疆自治区科技厅科技攻关项目	新疆科技厅	油、药兼用红花新品种选育与新材料创新	新疆农业科学院	新红花1号、新红花2号、新红花4号、新红花6号、新红花7号、吉选3号	结题
24	新疆农业科学院院长基金	新疆农业科学院	红花抗病性状分子标记辅助选择育种技术研究	新疆农业科学院	红花	结题
25	新疆自治区公益性科研院所基本科研业务经费	新疆科技厅	新疆红花机采品种筛选及栽培技术研究与示范	新疆农业科学院	红花	结题

附录10 2005—2020年度中药材品种繁育、推广项目

编号	项目类别	立项单位	课题名称	承担单位	繁育推广品种	状态
2016—2020年度						
1	惠民计划	科技部	恩施紫油厚朴产业化技术集成与示范	恩施九州通中药发展有限公司、湖北省农业科学院中药材研究所	双河紫油厚朴、鄂竹节参1号、恩玄参1号、窑归1号、鄂半夏2号、黄连、独活	验收
2	国家中药材产业技术体系	农业部	海口综合试验站	中国热带农业科学院热带生物技术研究所	沉香：热科1号、热科2号	在研
3	中央财政林业科技推广示范项目	国家林草局	大果枸杞新品种高效栽培示范与推广	宁夏林业研究院股份有限公司	宁杞8号	在研
4			叶用枸杞优新品种绿色高效栽培技术示范推广	宁夏林业研究院股份有限公司	宁杞6号	结题
5	国家林业科技成果转化	国家林业局	枸杞新品种宁杞10号示范推广	杞鑫枸杞种业有限公司	宁杞10号	结题
6	国家农村综合改革扶持村集体经济试点项目	国家农村综合改革办公室	国家农村综合改革扶持村集体经济试点－抚顺中药材产业科技服务示范	辽宁省经济作物研究所	人参、玉竹、龙胆草、西洋参	结题
7	河北新品种推广项目	河北省农业农村厅	丹参、板蓝根新品种示范与推广	河北省农林科学院经济作物研究所	丹参：冀丹1号、冀丹2号、冀丹3号、丹杂1号、丹杂2号；菘蓝：冀蓝1号	在研
8	四川农业重大技术协同推广计划	农业农村部	四川省中药材高产优质配套技术推广应用	四川省农业农村厅、四川省农业科学院、四川农业大学、四川省中医科学院等	川芎、丹参、芍药、川明参、天麻	在研
9	四川省育种攻关	四川省科技厅	川芎、红花新材料创制及突破性新品种选育	四川农科院经作所	蜀芎1号、蜀芎2号、川红1号	在研
10			赶黄草品种选育及产业化应用	四川新荷花饮片公司、四川农科院经作所	赶黄1号	在研
11	四川省财政专项	四川省财政厅	白芍、赶黄草品种选育及配套技术研究	四川农科院经作所	白芍、赶黄草	在研
12			丹参、川芎等中药材新材料创制及高效栽培模式研究	四川农科院经作所	丹参、川芎	在研
13	湖北省技术创新专项重大项目	湖北省科技厅	湖北道地药材荆半夏品种选育与生产加工的关键技术研发	湖北中医药大学	半夏	在研
14			湖北道地药材苍术品种选育与生产加工的关键技术研发	湖北中医药大学	苍术	在研

续表

编号	项目类别	立项单位	课题名称	承担单位	繁育推广品种	状态
15	内蒙古自治区科技创新引导项目	内蒙古自治区科学技术厅/内蒙古自治区财政厅	高品质黄芪种植与开发产业化精准扶贫示范研究	内蒙古自治区中医药研究所	天创黄芪种子1号	在研
16	内蒙古自治区科技计划项目	内蒙古自治区科学技术厅	内蒙古5种特色中蒙药材种植区划研究与种子种苗示范基地建设	内蒙古自治区中医药研究所	肉苁蓉、蒙古黄芪、桔梗、赤芍、小秦艽	在研
17	海南省重点研发计划项目	海南省	白木香优良嫁接无性系种苗的繁育	中国国热带农业科学院热带生物技术研究所	热科2号	结题
18	中央财政林业科技推广示范资金	海南省	白木香良种“热科1号”的示范推广	中国国热带农业科学院热带生物技术研究所	热科1号	结题
19	中央事业单位基本科研业务费	中国热带农业科学院	沉香种植技术集成与示范	中国国热带农业科学院热带生物技术研究所	热科2号	结题
20	河南省“四优四化”优质中药材专项	河南省财政厅	河南省优质中药材安全高效生产技术集成与示范	河南省农业科学院芝麻研究中心	豫红花1号、豫红花2号、怀菊花3号、怀菊花4号、密银花1号、怀山药、怀地黄、艾草、辛夷、连翘、丹参、冬凌草、山茱萸、颠茄草、石斛、藏红花等	在研
21	河南省重大科技专项	河南省科技厅	河南珍稀道地中药材规范化种植关键技术研究与示范	河南省农业科学院芝麻研究中心	豫红花1号、豫红花2号、豫红花3号	在研
22	河南省农业科学院“现代农业科技示范精品工程”院地合作项目	河南省财政厅、河南省农科院	院地合作项目“中药材标准化种植	河南省农业科学院芝麻研究中心	怀菊花3号	已结题
23	河南省农业科学院“现代农业科技示范精品工程”院地合作项目	河南省财政厅、河南省农科院	中药材病虫草害绿色防控与高效生产技术示范	河南省农业科学院芝麻研究中心	怀菊花3号、怀菊花4号	已结题
24	商品粮大省奖励资金示范推广项目	河南省财政厅	红花新品种农药减施增效技术示范	河南省农业科学院芝麻研究中心	豫红花1号	已结题
25	河南省科普及适用技术传播工程	河南省科技厅	金银花生产栽培关键技术示范	河南省农业科学院芝麻研究中心	密银花1号	已结题
26	河南省财政预算示范推广类项目	河南省财政厅	金银花生产关键技术示范推广	河南省农业科学院芝麻研究中心	密银花1号	已结题
27	河南省农业科学院“现代农业科技示范精品工程”院地合作项目	河南省财政厅、河南省农科院	经济与观赏兼用型菊花的标准化种植与开发利用	河南省农业科学院芝麻研究中心	怀菊花3号、怀菊花4号	在研
28	河南省产学研项目	河南省科学技术厅	金银花新品种配套优化集成技术应用与产业化	河南师范大学、贾庄金银花种植合作社	忍冬：豫金1号、豫金2号、豫金3号、特蕾1号	在研

续表

编号	项目类别	立项单位	课题名称	承担单位	繁育推广品种	状态
29	云南省重大科技专项	云南省科技厅	滇红花、金铁锁等特色中药材种子种苗繁育关键技术研究与应用	云南省农业科学院药用植物研究所、云南白药集团丽江药业有限公司、云南龙海天然植物药业有限公司、普洱淞茂谷林下中药材开发有限公司、宣威市农硕农特产品开发有限公司	滇红花；川贝母：云贝1号；草果：云草果1号、云草果2号、云草果3号、云草果4号	在研
30			灯盏花产业链关键技术开发及产业化应用子课题——灯盏花GAP技术优化升级研究及示范	云南生物谷药业股份有限公司、云南省农业科学院药用植物研究所、红河灯盏花生物技术有限公司	灯盏花：生物谷1号	结题
31			云南道地中药材良种选育及繁育基地示范——云当归良种选育及繁育基地示范、云木香良种选育及繁育基地示范	云南省农业科学院药用植物研究所、云南省农业大学	云当归、云木香	在研
32	云南省科技惠民计划	云南省科技厅	湿热区林下药材生态复合种植及种子种苗繁育关键技术研究与示范	云南省农业科学院药用植物研究所、中国医学科学院药用植物研究所、镇沅桂花甲生物产业有限公司	滇重楼、滇黄精、石斛	结题
33	云南省项目	云南省环保厅	白及、黄精资源保护、引种驯化及繁育示范	云南省农业科学院药用植物研究所	白及、黄精	结题
34	云南省科技惠民计划	云南省科技厅	道地药材黄草乌良种繁育及栽培、加工关键技术研究与示范	云南省农业科学院药用植物研究所、宁蒗县海翼海生物开发有限公司	黄草乌	在研
35	抚顺市科技共建项目	抚顺市政府	东部山区中草药示范基地建设	辽宁省经济作物研究所	龙胆草、人参、王竹、细辛	在研
36	辽阳市科技共建项目	辽阳市政府	辽阳道地中药材科技小院建设	辽宁省经济作物研究所	林下参、轮叶党参、蒲公英、黄精	在研
2011—2015年度						
1	国家中医药行业专项课题	财政部	荆芥等9种大宗药材优良种质挖掘与利用研究——荆芥、柴胡、桔梗、丹参优良种质繁育与推广	中国医学科学院药用植物研究所	荆芥：中荆1号、中荆2号；桔梗：中梗2号、中梗9号；丹参：北丹1号；柴胡：中柴2号	结题
2			国家基本药物所需中药材种子种苗繁育基地——栀子、草珊瑚、枳壳、车前子、三叶木通等14个品种种子种苗标准化	江西中医药大学	栀子、草珊瑚、车前子、枳壳、龙脑樟、掌叶覆盆子、夏枯草	结题
3			薏苡优良种质资源挖掘和育成新品种的繁育及推广	浙江省中药研究所有限公司	浙薏1号	结题

续表

编号	项目类别	立项单位	课题名称	承担单位	繁育推广品种	状态
4	国家科技成果转化	科技部	枸杞新品种宁杞7号示范推广	国家枸杞工程技术研究中心，宁夏易捷庄园有限公司	宁杞7号	结题
5	国家科技支撑计划子课题	科技部	栝楼规范化种植基地及其SOP优化升级研究	山东省分析测试中心	栝楼	结题
6			中药材枸杞资源研究与特色产品开发	宁夏农林科学院枸杞工程技术研究所	宁杞7号、宁杞5号	结题
7			杭白菊规范化种植及综合利用研究	浙江省中药研究所有限公司	小洋菊、金菊3号	结题
8			罗汉果质量改进和综合开发利用	广西壮族自治区药用植物园	罗汉果：永青2号	结题
9	星火计划	科技部	大果枸杞宁杞5号种苗繁育与产业化示范	宁夏农林科学院枸杞工程技术研究所	宁杞5号	结题
10		财政部	杭菊绿色栽培与加工新技术应用及推广	浙江省中药研究所有限公司	小洋菊、金菊3号	结题
11	中药材生产扶持专项	工信部	浙麦冬和温郁金良种繁育与规范化种植技术集成及示范	浙江省中药研究所有限公司	浙麦冬、温郁金	结题
12	中小企业创新基金	科技部	运用组培快繁漂浮式育苗技术大规模生产恩玄参1号	恩施硒都科技园有限公司、湖北省农业科学院中药材研究所	恩玄参1号	验收
13	国家林业科技成果转化	国家林业局	枸杞新品种宁杞7号示范推广	国家枸杞工程技术研究中心	宁杞7号	结题
14	四川省育种攻关	四川省科技厅	川红花品种选育研究	四川农科院经作所	川红花3号	结题
15			中药材资源收集整理与应用	四川农科院经作所	赶黄草2号	结题
16	浙江省科技农业项目	浙江省科技厅	薏苡优良种质资源挖掘和育成新品种的繁育和推广	浙江省中药研究所有限公司	浙薏1号	结题
17	广西科学研究与技术开发计划项目	广西科技厅	珍稀药材蛇足石杉(千层塔)种质资源评价及繁育技术研究	广西壮族自治区药用植物园	蛇足石杉：容杉1号、容杉2号、容杉3号	结题
18	湖北省农转资金项目	湖北省科技厅	双河紫油厚朴新品种繁育中试与示范	恩施济源药业科技开发有限公司、湖北省农业科学院中药材研究所	双河紫油厚朴	验收
19	云南省项目	云南省环保厅	滇龙胆资源引种驯化与繁育及产业种植示范	云南省农业科学院药用植物研究所	滇龙胆	结题

续表

编号	项目类别	立项单位	课题名称	承担单位	繁育推广品种	状态
20	云南省社会发展计划	云南省科技厅	金银花产业化关键技术研究及种植基地建设	云南鸿翔一心堂药业（集团）股份有限公司、云南省农业科学院药用植物研究所	忍冬：云花1号	结题
21			秦艽种苗产业化关键技术研究与示范	维西县综合贸易股份合作公司、云南省农业科学院药用植物研究所	秦艽：云艽1号	结题
22			当归规模化规范化种植关键技术研究与加工	云南益康中药饮片有限责任公司、云南省农业科学院药用植物研究所	云当归：云归1号	结题
23	云南省科技创新强省计划	云南省科技厅	滇重楼产业化关键技术研究及示范	丽江云鑫绿色生物开发有限公司、云南省农业科学院药用植物研究所、丽江华利生物开发药业有限公司	滇重楼：滇重楼3号	结题
24			重要彝药资源收集、研究及产业化开发	武定新源药业有限责任公司、楚雄州彝族医药研究所、云南省农业科学院药用植物研究所	续断：云续1号	结题
25			高山药材优良种源繁育、选育及野生药材引种驯化集成创新研究与示范基地建设	维西宏达生物资源有限公司、云南省农业科学院药用植物研究所	桔梗：云桔梗1号、滇重楼、金铁锁、粗茎秦艽	结题
26	云南省科技惠民计划	云南省科技厅	高产优质云木香良种繁育关键技术研究及基地建设	丽江华利生物开发药业有限公司、云南省农业科学院药用植物研究所	云木香：云木香2号	结题
27			云当归有机种植及加工关键技术研究与产业化示范	昆明中农贸易有限公司、云南省农业科学院药用植物研究所、昆明理工大学、香港科技大学	云当归：中维当归	结题
28	河南省超级产粮大省奖励资金扶持粮油良种培育等项目	河南省财政厅	红花简化栽培模式推广应用	河南省农业科学院经济作物研究所	红花	已结题
29	新乡市重点科技攻关计划项目	新乡市科学技术局	金银花新品种创制与质量标准建体系建立研究	河南师范大学	忍冬：豫金1号、豫金2号	结题
			2005—2010年度			
1	国家科技成果转化	科技部	枸杞新品种宁杞5号示范推广	国家枸杞工程技术研究所	宁杞5号	结题
2	国家林业科技成果转化	国家林业局	枸杞新品种宁杞5号示范推广	国家枸杞工程技术研究所	宁杞5号	结题
3	国家星火项目	科技部	枸杞新品种宁杞5号示范推广	银川育新枸杞种业有限公司、国家枸杞工程技术研究所	宁杞5号	结题

续表

编号	项目类别	立项单位	课题名称	承担单位	繁育推广品种	状态
4	国家科技重大专项	科技部	金银花、丹参等种子（苗）质量标准和良种繁育技术规程研究	山东中医药大学	金银花、丹参	结题
5	国家科技支撑课题	科技部	宁夏道地药材——宁夏枸杞新品种选育	宁夏农林科学院枸杞工程技术研究所	宁杞 5 号	结题
6	国家科技成果转化项目	国家发改委	大果鲜食枸杞产业化开发	宁夏农林科学院	宁杞 3 号	结题
7	农业成果转化资金项目	科技部	鄂竹节参 1 号新品种中试示范	恩施济源药业科技开发有限公司、湖北省农业科学院中药材研究所	鄂竹节参 1 号	验收
8	中小企业创新基金	科技部	柴胡新品种“中柴 1 号”的良种繁育	中国医学科学院药用植物研究所	北柴胡：中柴 1 号	结题
9			双河紫油厚朴应用开发	恩施济源药业科技开发有限公司、湖北省农业科学院中药材研究所	双河紫油厚朴	验收
10	科技部攻关项目	科技部	罗汉果种质资源评价及繁育技术研究与示范	广西壮族自治区药用植物园	罗汉果：永青 1 号、普丰青皮	结题
11	国家中药材扶持资金专项	国家发展改革委	荆芥、桔梗品种选育及良种繁育基地建设	中国医学科学院药用植物研究所	荆芥：中荆 1 号；桔梗：中梗 2 号	结题
12	四川省育种攻关	四川省科技厅	川红花品种选育研究	四川农科院经作所	川红花 2 号	结题
13	四川省育种攻关	四川省科技厅	中药材资源收集整理与应用	四川农科院经作所	赶黄草 1 号	结题
14	山东省农业科技成果转化资金项目	山东省科技厅	良种金银花种植加工推广应用与产业化示范	山东省分析测试中心	金银花	结题
15	广西科学研究与技术开发计划项目	广西科技厅	罗汉果种质资源评价及繁育技术研究与示范	广西壮族自治区药用植物园	罗汉果：永青 1 号、普丰青皮	结题
16			千斤拔种质资源评价及繁育技术研究与示范	广西壮族自治区药用植物园	千斤拔：千斤拔 3 号	结题
17			黄花蒿种质资源评价及繁育技术研究与示范	广西壮族自治区药用植物园	青蒿：桂蒿 1 号、桂蒿 2 号、桂蒿 3 号	结题
18			广西金银花优良种质资源筛选研究及繁育基地建设	广西壮族自治区药用植物园	山银花：早丰 1 号	结题
19			钩藤优良品种选育及野生抚育研究	广西壮族自治区药用植物园	钩藤：药园钩藤 1 号、药园钩藤 2 号	结题
20			广西天冬药材种质资源评价及优良品种选育研究与示范	广西壮族自治区药用植物园	天冬：药园天冬 3 号	结题
21	湖北省研究与开发计划	湖北省科技厅	玄参良种繁育与配套技术试验示范	恩施硒都科技园有限公司、湖北省农业科学院中药材研究所	恩玄参 1 号	验收
22	科技成果转化	宁夏科技厅	菜用枸杞新品种“宁杞菜 1 号”区域示范	宁夏枸杞研究所	宁杞菜 1 号	结题

续表

编号	项目类别	立项单位	课题名称	承担单位	繁育推广品种	状态
23	山东省农业良种工程项目	山东省科技厅	优良品种繁育和栽培技术研究	山东农科院原子能农业应用研究所	桔梗：鲁梗1号、鲁梗2号；丹参：鲁丹参1号	结题
24	山东省攻关项目	云南省科技厅	黄花蒿优良种源选育及优质高效栽培关键技术研究与示范	云南省农业科学院药用植物研究所、曲靖市三木种植有限公司、文山州三七研究所、昆明华曦牧业集团有限公司、云南省农科院瑞丽农业试验推广站	黄花蒿	结题
25	云南省攻关项目	云南省科技厅	重要濒危药材金铁锁育种驯化及规模化栽培技术研究及示范	云南省农业科学院药用植物研究所、云南白药集团股份有限公司、云南省农业科学院高山经济植物研究所	金铁锁	结题
26			滇重楼优势种源繁育及三段栽培法的研究与应用示范	云南省农业科学院药用植物研究所、丽江云鑫绿色生物开发有限公司	滇重楼：滇重楼1号、滇重楼2号	结题
27	云南省重点产业创新工程	云南省科技厅	6种云南道地中药材病虫害防控技术研究与示范	云南省农业科学院药用植物研究所、云南省农业科学院农业环境资源研究所、云南省农业科学院生物技术与种质资源研究所、云南施普瑞生物工程有限公司、丽江云鑫绿色生物开发有限公司、丽江华利生物开发药业有限责任公司、沾益县益康中药饮片有限责任公司	灯盏花：艾瑞杰1号、艾瑞杰17号；云木香：云木香1号	结题
28	科技成果转化	宁夏科技厅	菜用枸杞新品种“宁杞菜1号”区域示范	宁夏枸杞研究所	宁杞菜1号	结题

附录11 中国中药协会中药材种子种苗专业委员会

中国中药协会中药材种子种苗专业委员会（以下简称种子专委会）是中国中药协会主管的在国内代表中药行业中药材种子种苗的权威专业组织，于2016年4月13日经中国中药协会（国中药协[2016]19号）批准成立。

发起成立种子专委会

由中国中医科学院中药资源中心、中国医学科学院药用植物研究所、中国中药公司等联合发起成立的中国中药协会中药材种子种苗专业委员会，旨在联合从事中药材种子种苗标准研究、优良品种育繁推的科研教学单位和生产经营企业，以选好种、育好苗、种好药的源头工程行动，促进中药材种子种苗向标准化、规范化、产业化方向发展，培育良种、培育企业、培育产业，实现绿色发展、健康发展、持续发展，规范生产、规范流通、规范产品，提升品质、提升品牌、提升信誉，为保障中药质量安全优质做出新的贡献。这是贯彻落实《中药材保护发展规划》的重大举措，也是针对制售假劣种子坑害药农行为和药材种子市场混乱局面采取的联合主动行动。

种子专委会宗旨

以市场需求为导向、以种子繁育为核心、以良种选育为支撑，指导中药材种子种苗的规范化生产加工、种子标准的制定和推广应用，构建全国中药材种子种苗创新、协调、绿色、开放、共享的专业化服务平台，推动中药材种业的规范化、标准化和产业化发展，从源头上确保中药材质量，提升中药农业的现代化水平。

种子专委会业务范围

中药材种子种苗标准制定、技术服务、良种选育、品牌建设、商业合作、人才培训、技术服务、信息服务、调查研究。

专委会成立

2016年5月28日–29日，中国中药协会中药材种子种苗专业委员会和中国中药协会甘草专业委员会在京成立，同期召开了中药材种业及甘草产业发展研讨会。从事中药材及种子种苗科研教学的专家学者和会员企业代表共300余人聚首本次盛会。

出席会议的领导有中国中医科学院常务副院长黄璐琦院士，中国中药协会会长房书亭，中国中药协会常务副会长、中国中药公司总经理吴宪，国家中医药管理局科技司司长曹洪欣，农业部种子管理局局长张延秋，工业和信息化部消费品司副司长吴海东，国家食品药品监督管理总局药品化妆品监管司叶家辉，国家濒危物种科学委员会办公室主任孟智斌，国家濒危物种进出口管理办公室处长巫忠泽、袁良琛等。

会议由中国中药协会执行副会长王瑛和秘书长王桂华主持。张世臣副会长宣读成立专委会的批复。两个会员代表大会分别选举产生了理事会并聘任专家委员会成员。赵润怀、兰青山分别担任种子种苗和甘草专业委员会理事长，黄璐琦院士和王文全教授分别担任两个专业委员会的专家委员会主任委员。

国家中医药管理局科技司司长曹洪欣指出，“十二五”末，国家加强了中医药发展的战略研究，相继颁布多项重要文件，为中医药发展指明方向。国家中医药管理局组织实施的中药资源普查和中药标准化行动都是立足于中药安全和质量保障，而作为中药的源头，种子的规范化管理对于国人用药安全至关重要，这也将为健康中国建设及两个百年计划发展奠定坚实基础。

农业部种子管理局局长张延秋明确表示，中药材种业是民族种业不可分割的一部分，习近平总书记曾指出，要加快发展民族种业。从2010年开始，国家相继出台相关政策，推进种业现代化建设，主要包括建立国家种子生产基地、扶持种子企业做大做强，推进种子科技创新、加强种子法制建设。农业部种子管理局将联合国家中医药管理局做好中药材种子管理，制定科学且符合发展规律的中药材种子种苗管理办法，促进中医药事业的发展。

工业和信息化部消费品司副司长吴海东强调，两个专业委员会的成立恰逢其时，意义重大，是贯彻落实《中药材保护和发展规划》最有力的行动。两个专业委员会要坚持目标导向，中药材发展既要为健康中国服务也要为美丽中国服务，既要提供优质原料也要强化生态保护。同时还要坚持问题导向，提高中药材质量，满足消费升级需求。甘草专业委员会要发挥好桥梁纽带作用，以精益求精的工匠精神，为中药材发展起到模范带头作用。

国家食品药品监督管理总局药品化妆品监管司叶家辉介绍了总局关于加大飞行检查力度的有关情况，并就总局关于取消中药材生产质量管理规范认证有关事宜的公告进行了解读。

中国中药协会会长房书亭在会员选举大会上讲话指出，两个专业委员会是顺应中药产业发展趋势和需求而生，呼吁行业同仁携手同行，共同夯实中医药事业健康发展的坚实基础。中国中药协会常务副会长、中国中药公司总经理吴宪作会议总结发言指出，从本次成立大会规模超出预期以及两个专业委员会囊括国内知名专家可以看出，业内对于种子种苗和甘草寄予厚望，两个专业委员会要发挥好桥梁纽带作用，在推动中药材标准规范制定、技术咨询服务、信息交流共享等方面，既要为会员和政府做好服务，更要发挥好指导和引领作用。

召开首届研讨会

中药材种业和甘草产业发展研讨会由南京中医药大学副校长段金廒、中国农业大学郭玉海教授和重庆市中药研究院副院长李隆云主持，黄璐琦院士做了“中药材种子管理的思考”的主题报告，中国医学科学院药用植物研究所魏建和副所长和王文全教授、南京农业大学中药材研究所所长郭巧生教授、广西药用植物园主任缪剑华、昌昊金煌（贵州）中药材种植有限公司董事长贺定翔、四川省中医药科学院赵军宁院长（李军代）、中国中药公司技术总监赵润怀做了有关中药材种子种苗和甘草研究开发的学术报告，为会员企业提供了有益参考和指导。学术报告会还以提问和座谈方式，就大家关心的问题进行了热烈的讨论，互动交流的气氛十分活跃，使本次学术研讨会取得了圆满成功。

中药材种子种苗专业委员会组成

一、顾问（按拼音排序）

陈士林　中国中医科学院中药研究所

段金廒　南京中医药大学

林瑞超　北京中医药大学中药学院

钱忠直　国家药典委员会

孙晓波　中国医学科学院药用植物研究所

屠鹏飞　北京大学中医药现代研究中心

肖小河　解放军302医院全军中药研究所

叶祖光　中国中医科学院中药研究所

二、专家委员会主任委员

黄璐琦　中国中医科学院

三、专家委员会副主任委员（按拼音排序）

魏建和　中国医学科学院药用植物研究所

郭兰萍　中国中医科学院资源中心

缪剑华　广西药用植物园

郭玉海　中国农业大学

郭巧生　南京农业大学中药材研究所

彭　成　成都中医药大学

曲晓波　长春中医药大学

王伟明　黑龙江中医药科学院

张冬晓　农业部种子管理局

李隆云　重庆市中药研究院

吴启南　南京中医药大学

杨世海　吉林农业大学中药材学院

四、专家委员会委员

安　钰　宁夏农林科学院荒漠化治理研究所

白吉庆　陕西中医药大学

陈菁瑛　福建省农科院农业生物资源所

杜　弢　甘肃中医药大学

范圣此　山东宏济堂药业有限公司

方清茂　四川省中医药科学院

冯前进　山西中医学院

郭　靖　中国农业科学院特产研究所

郭顺星　中国医学科学院药用植物研究所

晋　玲　甘肃中医药大学
乐智勇　康美（北京）药物研究院有限公司
李　军　四川省中医药科学院
李　敏　成都中医药大学
李　明　宁夏农林科学院荒漠化治理研究所
李艾莲　中国医学科学院药用植物研究所
李成义　甘肃中医药大学
李旻辉　内蒙古科技大学包头医学院
李先恩　中国医学科学院药用植物研究所
梁宗锁　浙江理工大学
蔺海明　甘肃省农科院中药材研究所
刘保财　福建省农科院农业生物资源所
刘春生　北京中医药大学
马小军　中国医学科学院药用植物研究所云南分所
马云桐　成都中医药大学
毛碧增　浙江大学
孟智斌　中国濒危物种科学委员会办公室
裴　瑾　成都中医药大学
蒲高斌　山东中医药大学
齐力旺　中国林业科学院
乔永刚　山西农业大学
秦民坚　中国药科大学
斯金平　浙江农林大学
王　沫　华中农业大学
王英平　中国农业科学院特产研究所
王志安　浙江省中药研究所
魏升华　贵阳中医学院
魏胜利　北京中医院大学
巫忠泽　国家濒危物种进出口管理办公室
谢晓亮　河北农科院药用植物技术研究中心
杨　光　中国中医科学院资源中心
杨　全　广东药科大学
杨太新　河北农业大学农学院中药材科学系
余丽莹　广西药用植物园
张　芳　山东中医药大学
张春红　包头医学院
张永清　山东中医药大学

张重义　福建农林大学作物科学学院
赵云清　福建省农科院农业生物资源所
赵云生　宁夏医科大学
钟国跃　江西中医药大学
周　涛　贵阳中医学院

五、种子专委会理事长

赵润怀　中国中药公司

六、种子专委会副理事长

白　建　同仁堂科技发展股份有限公司
王继永　国药种业有限公司
许冬瑾　康美药业股份有限公司
雷振宏　山西振东道地药材开发有限公司
贺定翔　昌昊金煌（贵州）中药材种植有限公司
赵宪斌　黑龙江贵龙医药有限公司
唐仁茂　江苏苏中药业集团股份有限公司
吴卫刚　九州天润中药产业发展有限公司
刘　峰　陕西步长制药有限公司
李　琦　上海市药材公司
张春宏　太极集团有限公司
元英群　天津市中新药业药材公司
苏　豹　云南白药中药资源有限公司
曹海禄　亳州中药控股集团有限公司

七、种子专委会秘书长

史玉宝　国药种业有限公司

八、种子专委会副秘书长

杨　光　中国中医科学院中药资源中心
杨成民　中国医学科学院药用植物研究所
孙赫赫　国药种业有限公司

九、专委会办公地址

通讯地址：北京市大兴区生物医药产业基地永旺路25号
邮政编码：100166
联系电话：010–89259539
传真电话：010–89259561
电子信箱：zwh@gyzy–tcm.com

专委会培训研讨

普及技术　提升能力　规范经营
——第一届中药材种子种苗技术培训研讨会在京召开

2017年11月8~9日，第一届中药材种子种苗技术培训研讨会在北京市召开，来自全国各地40多家企业和科研单位的80余人参加会议。培训和研讨围绕中药材种子种苗的规范化生产经营的主题。本次会议由中国中药协会中药材种子种苗专业委员会主办、国药种业有限公司承办，中国医学科学院药用植物研究所和中国中医科学院中药资源中心提供技术支持。会议邀请了6位种子专家讲课，《中药材种子管理办法》起草工作组作起草和修订说明，农业部种子管理局市场管理处张冬晓处长到会对审批进程和重点条款进行了现场解答。会议期间组织参观了中国中药公司研究院种子研究室和国药种业公司。

培训技术　针对实用

赵润怀理事长主持培训会并强调指出，按照种子专委会工作计划，正式启动一系列技术培训，为从事中药材种子种苗选育、繁育、加工、经营提供技术培训服务。首届培训班的开讲，具有非常重要的意义，得到技术依托单位的大力支持，也受到产学研各方面的关注和参与，为我们今后的培训工作开了一个好头。本次培训的主题内容和授课老师，都是经过认真研究安排，目的就是既要符合生产经营一线的基础需要，也要适当考虑开展种子科研开发的交流需要，所以讲授内容包括从种子检验、种子繁育、种子标准、种子加工、包装以及销售全过程。本次以丹参、桔梗、甘草、柴胡和黄芪等北方大宗药材为例，进行系统讲解，确保技术的系统性和实用性。

研讨法规　经营合规

本次会议安排专题研讨，提供交流平台，让来自生产经营和科研一线的同志发表意见，为制订好、宣传好、实施好《中药材种子种子管理办法》提供参考和帮助，最终促进种子产业的培育和规范化发展。专委会邀请《中药材种子管理办法》起草工作组组长、农业部种子管理局市场管理处张冬晓副处长和中国中医科学院中药资源中心王升博士到会做专题讲解，广泛征求各方面意见，既是学习会，也是研讨会，更是实施前的动员会，促进中药种子种苗生产经营活动的合法合规。

执行检验规程　制订分级标准

种子检验规程与质量分级标准制订，由中国医学科学院药用植物研究所栽培中心主任李先恩研究员讲授，他结合所承担的国家课题“中药材种子种苗和种植（养殖）标准平台”，简要总结了101种中药材种子种苗质量标准研究制订情况。重点对丹参、柴胡、黄芩种子检测规程和种子质量分级标准制定进行了系统讲解，并就有关问题与参会代表们进行了互动交流。

研究繁育技术　建设繁育基地

培训第二讲的主题是种子繁育技术。甘肃中医药大学栽培教研室主任、中药材产业技术体系种子繁育技术岗位科学家杜弢教授讲授中药材种子种苗繁育技术与基地建设。他介绍种子的含义、种子的社会属性和种子对中药材生产的意义，分析了药用植物种子繁育的现状，重点讲解了药用植物种子繁育技术，阐述了药用植物种子繁育基地建设的形式、建设原则、选择条件和管理要求。

无性繁殖退化　种苗脱毒繁育

培训第三讲的题目是脱病毒技术与种苗繁育研究。河北省农林科学院药用植物研究中心主任、河北省中药材产业技术体系首席科学家谢晓亮研究员讲授丹参和半夏脱病毒技术研究与种苗繁育。他简要介绍了植物病毒和脱病毒技术，详细讲述了丹参病毒和脱病毒技术；从技术路线、快速繁育和示范推广三方面对掌叶半夏脱病毒与快繁技术作了简要介绍。

选育优良品种　加快成果转化

培训第四讲的题目是中药材新品种选育技术。中国医学科学院药用植物研究所栽培研究中心副研究员、中药材种子种苗技术专家委员会副秘书长杨成民讲授中药材新品种选育技术。杨老师所在的研究室是中药材产业技术体系品种选育岗位依托单位。他简要分析了全国中药材新品种选育现状和种子种苗产业的发展前景，重点介绍了桔梗和柴胡的新品种选育进展，论述了中药材新品种选育应注意的事项，对新修订的《中药材生产质量管理规范（修订稿）》中药材种子种苗的要求进行了解读。

甘草新品种　育繁推示范

培训第五讲，甘草新品种繁育和种源基地建设。中国中药公司科技研发部甘草良种繁育技术负责人邓庭伟报告了甘草种质资源收集、种质评价与种子鉴别、甘草新品种选育、良种繁育与种子生产，以及甘草种子加工与包装。

种子种苗产业化　标准规范是关键

培训第六讲，中药材种质资源收集与种子规范经营。中国中药公司技术总监、国药种业公司总经理、中药材产业技术体系种质资源收集岗位科学家王继永博士，在系统介绍中药材种质资源收集、保存、评价、利用的技术路线之后，重点对中药材种子种苗经营中的技术体系和质量管理体系进行了系统论述，提出的工作思路和策略具有重要的实用指导价值。

实地参观　加深理解

8 日下午，会议统一安排所有参会人员到中国中药公司中药研究院实验室、中药资源研发中心种子研究室和全国中药资源普查标本库参观。通过现场讲解和交流互动，对中药材种子种苗分析检测、质量评价和种质资源保护等加深了认识。

中药材种子种苗专委会举办第二期中药材种子种苗技术培训班暨种业发展研讨会

2018 年 6 月 6~8 日，中国中药协会中药材种子种苗专业委员会在云南昆明举办“2018 年第二期中药材种子种苗技术培训班暨种业发展研讨会”，来自全国 15 家科研院所的中药材种子种苗专家学者、40 多家中药材种子种苗企业代表莅临会议。

中国中药协会中药材种子种苗专业委员会理事长赵润怀、云南白药中药资源有限公司总经理苏豹、云南省农业科学院药用植物研究所所长金航先后致辞。

中国中药协会中药材种子种苗专业委员会副理事长、国药种业有限公司总经理王继永研究员做了《中药材种子种苗品牌化经营提高市场竞争力》的演讲，呼吁建立全国行业共享的中药材种子种苗供应保障体系，希望业界的专家及中药材种子种苗企业携手共建中药材种业辉煌未来。

昆明理工大学生命科学与技术学院副院长崔秀明、中国科学院植物研究所宋松泉研究员、云南省农业科学院药用植物研究所所长金航、陕西师范大学生命科学学院牛俊峰博士、中国林业科学研究院经济林研究开发中心杜红岩研究员、中国医学科学院药用植物研究所药用植物鉴定中心副主任郭宝林、国药种业有限公司质量部经理李进瞳分别做了《三七种子国际标准的研究与制定》《药用植物种子种苗生产中的几个关键问题》《滇黄精种子种苗标准化繁育》《白及快速繁育体系建设》《杜仲长期育种工程、高效栽培与高值化利用》《淫羊藿种质资源研究与开发》、《金荞麦定西栽培技术研究与模式》的演讲。

与会专家和企业代表围绕中药材种子种苗的科研与生产结合、规范化发展、企业与专家、市场间对接、促进行业自律、提高中药材品质质量，引导中药材产业健康稳步发展等展开深入讨论交流。

会议期间，全体代表赴曲靖市沾益区云南煜欣农林生物科技有限公司观摩了白及、黄精、重楼等 3 个药材品种的栽培模式，赴云南省农科院药用植物研究所进行了参观考察。

种子种苗专委会在总结两期培训研讨活动的经验基础上，为期两天半的专题培训为广大中药材从业者提供了专业的学习机会，到会专家为大家现场答疑解惑，帮助研究人员和生产企业分析中药产业发展现状和发展问题，进一步发挥好信息交流平台作用，促进产学研合作和中药材种子产业的培育和发展，为日后的工作指明了引领的方向。

会议由云南省农科院药用植物研究所、国药种业有限公司、云南白药中药资源有限公司、昆明理工大学、云南谛听科技有限公司共同承办。

选育优良品种，发展药材种业
中药材种子种苗专业委员会第三期培训暨研讨会
——系列报道（一）

为了切实履行中国中药协会中药材种子种苗专业委员会职责，培育和发展现代中药材种业、推广优良品种和标准，2019 年 6 月 11 日 ~13 日，在浙江省武义县召开中药材种子种苗专业委员会第三期培训暨研讨会，专委会成员、中药材种子种苗生产经营企业、中药农业企业、种植合作社负责人及技术骨干 120 余人参加了会议。

本次培训研讨会由中国中药协会中药材种子种苗专业委员会和浙江省中药材产业协会联合主办，浙江寿仙谷医药股份有限公司、国药种业有限公司承办，浙江省中药研究所、中国中医科学院中药资源中心、中国医学科学院药用植物研究所协办，国家中药材产业技术体系遗传改良研究室、种质资源收集与评价岗位、种子种苗扩繁与生产技术岗位、根及根茎类岗位提供技术支持。

中国中药协会中药材种子种苗专业委员会理事长赵润怀主持开幕式并表示：中药材是中药生产的源头，种子种苗更是中药材生产的源头。依照“种好、苗好、药材好”的认知理念，我们更要强调积极行动，坚持种子种苗专委会成立之初提出的“选好种、育好苗、种好药”的初心。只有选育推广优良品种，才能从根本上保证药材品种质量，为制好药和用好药奠定坚实的基础。只有培育发展好中药材种业，才能促进中药产业高质量健康可持续发展。

本次培训研讨会选址在浙江武义召开，不仅是由于浙江省从“十二五”以来连续十年滚动支持中药材良种选育，更是因为浙江省中药研究所与企业密切合作，在种质资源收集保存和评价挖掘方面取得了显著成果，为全国树立了榜样！寿仙谷医药股份有限公司在专家型企业家李明焱研究员的带领下，从研发出高温香菇开始，先后培育出灵芝“仙芝”和铁皮石斛“仙斛”系列高产优质品种，同时申报并获得了团标、地标和 ISO 国际标准等系列标准，开发生产的石斛、灵芝、西红花系列产品均取得了骄人业绩，成为行业内的著名企业和企业家，为本次培训提供了参观学习的良好环境和典型案例。

作为本次会议承办方及东道主浙江省中药材产业协会会长、浙江寿仙谷医药股份有限公司董事长李明焱在致欢迎词中表示，中医药的关键在于中药，中药的关键在于药材品质的道地性，种子种苗是中药道地性和品质的关键所在。发展中医药，必须从育种开始，从种苗培育开始。

会议特别邀请了农业农村部种业管理司市场处张冬晓处长、国家中医药管理局科技司中药处吕泽主任解读中药材种子种苗政策导向，王志安所长综合报告“浙八味”品种选育成果及转化推广，7 位专家讲授育种相关技术和研究思路，赵润怀理事长代表种子种苗专委会报告成立三年来的工作总结和 2019 年工作重点，最后强调借助《中药材种子管理办法》的发布实施，让中药材种子种苗的科研和生产经营迎来新的发展阶段！

本次培训作为中药材种子种苗专委会第三期培训，以华东地区重点药材为例进行技术培训，专委会将认真总结三年来先后在华北（北京）、西南（昆明）和本次华东（浙江武义）三次培训经验的基础上，继续坚持每年举行一次面向区域的专题培训。今明两年将筹备在东北、西北地区开展道地药材种子标准规范、品种选育繁育、成果转化推广培训。

专题报告培训交流
中药材种子种苗专业委员会第三期培训研讨会
——系列报道（二）

第三期中药材种子种苗技术培训共有7位专家专题讲座，由郭玉海教授、杜弢教授、金航研究员、魏升华教授分段主持。

特邀报告1：农作物种业发展历程及中药材种业管理的基本构想，由农业农村部种业管理司市场监管处张冬晓处长主讲。他简要回顾了我国农作物种业的五个发展阶段及特征，分析了中药材种子的现状和问题，介绍了《中药材种子管理办法》起草的基本制度设计，表明农业农村部种业管理司已将《中药材种子管理办法》发布与实施列入2019年重点工作，目前已完成相应程序，预计今年发布。《中药材种子管理办法》的出台，对保护中药材种质资源，推动选育、繁育、推广新品种和规范生产经营活动，具有重要的现实和长远意义。

特邀报告2：中药质量保障工程与种子种苗，由国家中医药管理局科技司中药处吕泽主任主讲。他认为，当前中医药发展既迎来了天时地利人和的大好时机，也面临中药产品必须提升质量的挑战，推广使用优良品种，推动制订中药材种子种苗标准，从源头保证优质中药材的生产刻不容缓。国家中医药管理局科技司通过建设国家科技平台和科技项目，针对中药材种子种苗的选育和繁育、中药材质量安全保障与可追溯开展的大量科研开发和基础工作，正在有力地促进包括中药材种子种苗在内的中药资源供应保障与质量提升。

专题报告1："浙八味"等道地药材品种选育进展及思考，由浙江省中药研究所所长王志安研究员主讲。他分享了浙八味新品种选育的经验和方法，对下一步育种工作的目标、方向、人员、管理重点提出了建议。他认为，新品种选育是实现药材"优形、优质、优效"最直接、最有效的途径。浙江省中药研究所在新品种选育过程中紧跟国家政策导向，逐步提升科研团队，多学科协作攻关，密切与企业合作，加强新品种选育成果的产业化应用，取得了比较好的成效，因此从"十二五"以来连续十年得到省里的科技专项滚动支持。这也称得上是全国各省在中药材良种选育科技投入方面的样板。

专题报告2：从植物的欲望谈中药材种子种苗繁育策略，由福建农林大学张重义教授主讲。他从生物多样性保护、遗传与繁殖特性、繁育技术创新等方面，对中药材种子种苗繁育的植物学特点和技术方法进行了深入的分析；指出中药材生产要有序、有效、安全，中药农业的生态化要做到产出高效、产品安全、资源节约、环境友好。

专题报告3：金银花新品种选育研究与示范推广，由河南师范大学李建军教授主讲。作为扶贫科学家，带领团队深入金银花道地产地调查金银花种质资源，发现变异植株并开展系统选育，经过区域试验后申报获得国家林业和草原局授予的新品种权登记证书，成为近年来少有的药材新品种。同时研究开发出系列产品和种植加工技术，为贫困县的农民脱贫发挥了重要作用。

专题报告4：栀子品种选育研究，由江西省林业科学院森林药材与食品研究所所长朱培林研究员主讲。他长期从事林木药材栽培和育种研究积累了丰富的实践经验，对江西主产道地药材栀子的种子种苗的种质资源和良种选育、繁育和推广提出了比较实用的解决方案，对指导华东地区各栀子产区的"育、繁、推"具有实际指导意义。

专题报告5：中药材新品种选育目标与市场需求的分析，由中国医学科学院药用植物研究所杨成民副研究员主讲。他通过对全国中药材种子种苗选育研究课题积累的大量数据进行统计分析，发现中药材种子种苗整体估值率低，但上升空间巨大。选育新品种是满足产业急需和市场急需的必由路径。中药材种业企业应该以服务为核心，以综合性状较为优良的品种为先导，实现与现代化企业对接的商业运作模式，满足高品质中药材、中药饮片、中药配方颗粒、中药材提取物、中成药等原料的需求。

专题报告6：中药材种子种苗生产经营质量管理规范的制订与应用，由国药种业有限公司总经理王继永研究员主讲。他从中药产业链、中药材产业发展和中药材种业发展三方面进行分析，指出种子质量是药材及药品质量的基础，培育优良品种是从源头保障药材质量的重要手段。中药材种子种苗生产经营质量管理规范的制订是提高中药材种子种苗质量的根本保障，规范中药材种子种苗的生产（繁育与加工）经营过程管理，是保证中药材种子种苗的过程可控、可追溯，确保其质量可控、质量稳定的制度和机制建设。作为以中药材种子种苗生产经营为主要业务的专业公司，在种子种苗生产经营质量管理规范的制订和应用方面，必须走在前面，充分发挥引领和指导作用，为行业树立样板。虽然这些探索要付出许多代价，但作为中药材种业人，是值得的、必须的、有价值的！在种子种苗专委会成立三年来，国药种业公司是三期培训研讨会的承办者和志愿者。这也是作为种子种苗专委会副理事长和秘书长单位，为行业自愿承担更多的义务、付出更多的努力、做出更大的贡献，以此推进中药材种业的规范和提升。

专题报告7：中药材种子种苗团体标准的制定与推介，由中国中医科学院中药资源中心产业室主任杨光副研究员主讲。他介绍了中药材种子种苗标准制订的背景、制定进展情况和标准宣传推介方案。指出目前中药材种子种苗缺少权威的质量标准、生产经营缺乏质量衡量基准、种子检验不规范、监管力度不够等问题，制约了中药材产业的发展。中药资源中心选取具有一定研究基础的100种常用大宗中药材，制定其种子种苗团体标准，为《中药材种子管理办法》发布后规范种子种苗企业的生产经营和监管执法提供依据。

专委会会议

2018年1月14日，中国中药协会中药材种子种苗专委会一届三次理事会于广西南宁召开。国家中医药管理局副巡视员孙丽英，中国中药协会副会长王瑛，中药材种子种苗专委会理事长赵润怀，副理事长王继永，中药资源专业委员会副主任委员兰青山，中药材种子种苗专委会秘书长史玉宝，副秘书长杨成民、孙赫赫；南京农业大学郭巧生教授，长春中医药大学曲晓波教授，安徽省农业科学院园艺研究所董玲研究员，陕西中医药大学药学院白吉庆教授；浙江寿仙谷药业有限公司董事长李明焱，云南白药集团中药资源有限公司总经理苏豹，重庆太极中药材种植开发有限公司总经理付昌奎，九江市回归生物科技发展有限公司总经理汪金小，贵州昌昊中药发展有限公司经理兰才武，中国中医科学院中药资源中心李颖等共计50余人参加了本次会议，会议由秘书长史玉宝主持。

赵润怀理事长首先致辞，对大家的到来表示欢迎，衷心感谢在座领导、专家和会员在中药材种子种苗专委会成立一年多的时间里给予的支持，并对广西药用植物园为本次会议所做工作表示感谢。

中药材种子种苗专委会副秘书长杨成民做了关于“种子专委会关于理事、委员调整的议案”的报告。介绍了中药材种子种苗专委会企业会员已达到80家，专家委员会65人，其中2017年副理事长单位新增4家企业、理事单位新增1家企业、会员单位新增3家，新增委员1人。赵润怀理事长和王瑛副会长为新加入的企业会员授牌。

中国中医科学院中药资源中心助理研究员李颖做了“关于通过中药材金种子奖评选管理办法的议案”的报告，介绍了方案（草案）编制过程，奖项设置和评审办法等。

赵润怀理事长就专委会年度工作及本次会议进行了总结，重点就金种子奖的设立和种子种子产业的发展等相关议题与在座的专家和企业会员代表开展了热烈讨论。大家就金种子奖奖项设置与定位、中药材种子种苗企业存在的问题及需求、中药材品种选育标准和评定办法、中药材种子种苗标准制定与修订、种子种苗产学研结合等方面提出了宝贵建议。本次会议进一步扩大了中药材种子种苗专委会的影响力，更好地发挥了专委会的行业引领作用。

专委会调研活动

中药材种子种苗专委会
赴安国调研座谈种子种苗生产流通管理

2017 年 3 月 21 日，中国中药协会中药材种子种苗专业委员会赴安国市调研座谈种子种苗生产流通管理，出席会议的领导与专家有：国家农业部种子管理局副处长张冬晓、中国中药协会中药材种子种苗专业委员会理事长赵润怀、中国中医科学院中药资源中心副主任郭兰萍、安国市副市长沈占房、中国中药协会中药材种子种苗专业委员会副理事长王继永、甘肃中医药大学栽培教研室主任杜弢、河北省农林科学院药用植物技术研究中心主任谢晓亮、中国医学科学院药用植物研究所杨成民、中国中药协会中药材种子种苗专业委员会秘书长史玉宝、副秘书长孙赫赫，以及安国市市场监督管理局、安国市农业局、安国市药业发展局等相关领导；参会人员有来自河北、山西、陕西、内蒙古、宁夏等省、自治区的多家企业、种植户代表，共计 60 余人参加了本次会议。

会议由赵润怀理事长主持。赵理事长首先介绍了出席会议的领导和专家，同时对安国市政府为办好本次会议所做的各项工作表示了诚挚的谢意。赵理事长指出本次会议为了贯彻落实《中药材保护和发展规划》和《中华人民共和国种子法》，针对正在制订的“中药材种子管理办法”征求建议，并对中药材种子种苗的生产、加工和销售中存在的问题和解决方案展开研讨，促进中药材种子种苗产业向规范化、标准化、法制化发展。赵理事长强调本次会议的主题是“中药材种子种苗经营和管理”，会议主要任务是修改完善《中药材种子管理办法》（草案），征求种子种苗生产经营企业对管理办法的修改补充意见。

张冬晓副处长详细介绍《中药材种子管理办法》（草案）制定的背景和必要性，张副处长指出中药材种子种苗产业滞后农作物至少 20 年，要改变“散、乱、差”的现状，必须有所提高。既要顶天，为中药材种子种苗立法；更要立地，使立法助推中药材种子种苗产业升级和可持续发展。

沈占房副市长代表安国市委、市政府欢迎各位领导和专家到安国市调研指导，沈副市长向与会嘉宾介绍安国市中药文化、安国药业发展情况，以及安国市中药材种子种苗基地的基本情况，并希望各位领导、专家常到安国考察，与当地交流合作，共谋发展。

郭兰萍副主任希望通过本次会议对安国种子市场的实际生产和经营有更深入的了解，使《中药材种子管理法》（草案）更贴近市场需求。

王继永副理事长代表国药种业有限公司及专委会广大会员在会上发言，他倡导大家都要积极为《中药材种子管理法》（草案）的制订提出宝贵建议，使草案起到淘汰落后、扶优扶强的作用，真正服务大家。

中国中医科学院中药资源中心王升博士代表《中药材种子管理办法》起草小组解读《中药材种子管理办法》制定工作的整个环节。

与会人员详细阅读了《中药材种子管理办法》，对草案的各章节逐条展开讨论，会场气氛十分热烈。结合草案的内容，参会的安国市地方企、事业负责人结合种子种苗生产和经营的实际情况，充分表达了各自的意见和建议。在座的领导和专家也对大家所关心的问题进行了积极回应，同时对生产经营中存在问题提出了解决对策。

会议最后，赵润怀理事长对本次会议作了总结发言，他表示会后专委会将协助法案起草小组共同分析和整合大家的意见和建议，进一步修改完善《中药材种子管理办法》。中药材种子种苗专委会将持续关注草案制订的进展，及时通报相关情况，为会员及业界同仁作好服务，持续推动中药材种子种苗产业的健康、有序发展。

本次座谈会圆满完成预订目标，中药材种子种苗专委会作为中药材种子行业重要的交流沟通平台，将以更加积极的姿态投身于中药材种子相关标准的制订和推广应用，以市场需求为导向，构建全国中药材种子种苗创新、协调、绿色、开放、共享的专业化服务平台，从源头上确保中药材质量，提升中药农业的现代化水平，服务健康中国。

中国中药协会中药材种子种苗专业委员会理事长赵润怀一行来国家工程实验室调研

2018年4月12日，中国中药协会中药材种子种苗专业委员理事长、中国中药协会中药追溯专业委员会理事长赵润怀一行来实验室调研。中国中药协会中药材种子种苗专委会副秘书长、国药种业有限公司董秘孙赫赫、陕西华远医药集团申宝有限公司董事长惠胜利、西咸新区泾河新城农之源农业发展有限公司总经理杨秦、西咸新区泾河新城农之源农业发展有限公司药材种植基地总经理程宝发等陪同调研。生命科学学院副院长、药用资源与天然药物化学教育部重点实验室主任闫亚平，西北濒危药材资源开发国家工程实验室康杰芳、崔浪军、白成科、牛俊峰、董旭俊，办公室主任俱名扬以及部分教师代表参加了调研座谈。会议由闫亚平主持。

闫亚平对赵润怀一行来实验室调研表示欢迎，并简要介绍了实验室的基本情况。他指出西北濒危药材资源开发国家工程实验室立足西北，面向全国，以西北珍稀濒危药材为主要对象，重点研究解决制约濒危药材及其相关产业发展的共性关键技术问题。实验室近些年指导陕西汉中、安康、商洛、宝鸡、渭南、延安等国内30余家企业及药农开展中药材规范化生产和野生资源抚育，推广规范化种植，服务区域经济发展，帮助群众脱贫致富。实验室代表康杰芳副教授、崔浪军副教授、白成科副教授等与调研组进行了交流。

赵润怀充分肯定了实验室的科研工作。同时，期望未来与实验室进行全方位的合作，合力推进中药追溯体系建设，保障用药安全、有效，同时助力中药的国际化发展。会后，赵润怀一行考察了实验室的中试车间以及智能温室。

国家中药材产业技术体系种子种苗生产关键技术及产业化交流座谈会在武汉召开

2019年4月7日，国家中药材产业技术体系—黄冈综合试验站联合国家中药材产业技术体系—遗传改良室主持的“国家中药材产业技术体系种子种苗生产关键技术及产业化交流座谈会”在湖北中医药大学药学院举行。副校长黄必胜教授、科技处处长郑国华教授、药学院党委书记周燕萍教授、药学院陈科力教授、刘大会教授和国家中药材产业技术体系—黄冈综合试验站成员及研究生等参加了此次会议，会议由周燕萍教授主持。

黄必胜副校长欢迎来自全国16家科研院所的各位专家代表，介绍了我校历史发展现状，特别是在中药材产业技术体系工作中所取得的成果和贡献。随后，湖北省省农业农村厅果茶办公室副主任宗庆波研究员代表湖北省中药材产业主管部门，传达了省委省政府对中药材产业高度重视的文件精神，介绍了我省为努力打造“中药产业强省”而在实施的“一县一品”“湖北省中药材产业创新科技行动”等多项战略举措，希望各位专家代表为湖北省中药产业发展积极建言献策。

中国中药公司技术总监、国家中药材产业技术体系遗传改良室主任王继永研究员作了《中药材种业品牌化发展的产业基础和战略路径》的专题报告。他指出此次交流座谈会意义重大，中医药作为我国独特的卫生资源、潜力巨大的经济资源、具有原创优势的科技资源、优秀的文化资源和重要的生态资源，在经济社会发展中发挥着重要作用。中药材作为中医药大健康产业的关键基础，而种子种苗又是中药材的源头，需要我们继承好、发展好、利用好。同时，安徽省农业科学院园艺研究所副所长董玲研究员和河南省农业科学院梁慧珍研究员分别作了《中药材育种的思考与栝楼育种实践》《花类药材科研与产业开发研究进展》主题报告。

参加会议的还有湖北省果茶办公室中药材工作管理专员马毅平研究员、福建农林大学中药材GAP研究所所长张重义教授、南京中医药大学国家中药材产业技术体系盐城综合试验站站长严辉副教授、华中农业大学何玉成教授、湖北省农业科学院中药材研究所副所长、国家中药材产业技术体系恩施综合试验站站长林先明研究员、皖西学院国家中药材产业技术体系皖西综合试验站邓辉副教授以及来自全国16家科研院所代表。各位专家代表围绕中药材新品种选育、种子种苗繁育关键技术与产业化，中药材种子种苗质量标准的研制和中药材种子种苗供应保障和市场管理关键问题等主题进行了积极交流研讨。

黄必胜教授作会议总结，他指出此次交流座谈会的召开，对提升中药材新品种选育、种子种苗繁育关键技术，推动中药材种子种苗质量标准的研制等都具有十分重要的意义。

参考文献

［1］魏建和，杨成明.《中药材选育新品种汇编（2003—2016）》［M］. 北京：中国农业科学技术出版社，2019.

［2］王继永，郑司浩，曾燕，等. 中药材种质资源收集保存与评价利用现状［J］. 中国现代中药，2020，22（03）：311-321.

［3］吴宝成，杭悦宇，等. 薯蓣属植物人工杂交后代的检测［J］. 植物资源与环境学报，2017，16（4）：13-17.

［4］彭建明，游建军，彭朝忠. 豆蔻属种间杂交育种研究初报［J］. 中药材，2010，33（9）：1371-1373.

［5］田永生，赵晓明. 蒲公英二倍体与四倍体的几个生理指标比较［J］. 中国农学通报，2007，23（6）：345-348.

［6］喻祖文，张旺凡. 多倍体黄精中多糖和皂苷的提取及含量测定［J］. 中国现代中药，2011，13（5）：20-22.

［7］李黎，孙晶. 多倍体金银花与二倍体金银花不同部位提取物的抑菌作用及绿原酸含量的比较研究. 食品科技，2012，37（8）：225-227，231.

［8］任安祥，潘春香，何金明，等. 秋水仙素诱导茴香多倍体的研究［J］. 中草药，2010，41（2）：288-291.

［9］王跃华. 杜仲种子的多倍体诱导研究［J］. 亚太传统医药，2006，8：73-76.

［10］李颖，黄璐琦，张小波，等. 中药材种子种苗繁育基地建设进展概况［J］. 中国中药杂志，2017，42（22）：4262-4265.

［11］李军，方清茂，赵军宁，等. 基于SWOT模型的四川中药材种子种苗繁育基地建设发展现状分析与对策探讨［J］. 中国现代中药，2016，18（6）：782-788.

［12］赵军宁，田兴军，彭成，等. 川产道地药材资源保障与高质量发展策略［J］. 世界中医药，2020，15（2）：181-190.

［13］崔野韩，温雯，陈红，等. 我国农业植物新品种保护工作回顾与展望［J］. 中国种业，2019（02）：9-11.

［14］朱岩，周绪晨，宋敏. 中国农业植物新品种保护进展及影响研究［J］. 农业科技管理，2017，36（6）：1-7.

［15］钟海丰，黄敏玲，钟淮钦，等. 中国农业植物新品种保护与DUS测试技术发展现状［J］. 热带作物学报，2017，38（6）：1155-1162.

［16］郝建，李春华. 我国《植物新品种保护条例》完善对策［J］. 安徽农业大学学报（社会科学版），2017，26（6）：66-71.

［17］杨成民，魏建和，隋春，等. 我国中药材新品种选育进展与建议［J］. 中国现代中药，2013（09）：

11–21.

[18] 沈晓霞，王志安 . 浙江省中药材新品种选育现状与展望 [J]. 中国现代中药，2017，19（3）：311–314.

[19] 李敏，赵文吉，敬勇，等 .“十二五”川产道地药材种质资源和优良品种选育研究 [J]. 中国现代中药，2017，19（6）：804–808，827.

[20] 张荣超，辛杰，郭庆梅，等 . 中药优良品种选育技术研究进展 [J]. 种子，2013，(07)：58–60.

[21] 温春秀，刘灵娣，谢晓亮，等 . 紫苏新品种“冀紫 1 号”和“冀紫 2 号”[J]. 园艺学报，2018，45（S2）：172–173.

[22] 龚建军，镡美霞 . 组织与细胞培养在植物育种中的研究进展及其应用 [J]. 蔬菜，2019，338（02）：35–38.

[23] 贾彩凤，马晓莉，秦桂芳，等 . 药用植物丹参繁育技术的研究进展 [J]. 医学研究与教育，2016，33（2）：63–67.

[24] 华国栋，郭兰萍，黄璐琦，等 . 药用植物品种选育的特殊性及其对策措施 [J]. 资源科学，2008（05）：116–120.

[25] 尉广飞，董林林，陈士林，等 . 本草基因组学在中药材新品种选育中的应用 [J]. 中国实验方剂学杂志，2018（23）：18–28.

[26] 魏建和，杨成民，隋春，等 . 中药材新品种选育研究现状、特点及策略探讨 [J]. 中国现代中药，2011，13（9）：3–8.

[27] 李卫文，陈飞虎，赵伟，等 . 凤丹新品种凤丹 1 号与凤丹 2 号选育及配套栽培 [J]. 安徽农业科学，2017，45（32）：39–41，44.

[28] 刘璇，徐娇，金钺，等 . 党参种质资源与优良品种选育研究进展 [J]. 农学学报，2018，8（7）：36–41.

[29] 蔺海明 . 中药材种子繁育中存在的问题及建议 [J]. 甘肃农业科技，2013，10：55–56.

[30] 徐向宁 . 甘肃省中药材种子种苗繁育现状及对策 [J]. 南方农机，2018，6（49）：236.

[31] 刘斌，陈宁，孙兴 . 贵州省中药材种子种苗繁育现状及对策 [J]. 耕作与栽培，2017，3：59–61，69，80，82.

[32] 李隆云，彭锐，李红莉，等 . 中药材种子种苗的发展策略 [J]. 中国中药杂志，2010，2（35）：247–252.

[33] 康天兰 . 甘肃省中药材种子种苗产业现状及发展对策 [J]. 甘肃农业科技，2016，4：55–58.

[34] 游明鸿，卞志高，仁青扎西，等 . 牧草种子加工技术规程 [J]. 草业与畜牧，2009，2：61–62.

[35] 黎子明 . 种子加工设备现状与研发方向 [J]. 农业开发与装备，2014，2：62–64.

[36] 张海军，杨荣超，郑禾，等 . 蔬菜种子加工处理技术研究 [J]. 种子，2011，6（30）：50–56.

[37] 王秋 . 对发展种子加工业的思考 [J]. 种子世界，2006，6：12–13.

[38] 贾琼，贾峻，贾莉，等 . 我国种子加工业发展探析 [J]. 种子，2010，29（9）：119–122.

[39] 谢蕾 . 色选机专利技术综述 [J]. 中国科技信息，2018，19：28–30.

[40] 尚兴朴，邓庭伟，曾燕，等 . 我国中药材种衣剂的研究进展 [J]. 中国现代中药，2019，21（11）：1587–1591.

［41］张尚智，张建军，刘玲玲．我国中药材种子种苗标准发布状况及分析［J］．畜牧兽医杂志，2019，38（1）：49-54.

［42］单成钢，张教洪，朱京斌，等．我国药用植物种子生产研究现状与发展对策［J］．现代中药研究与实践，2011，25（4）：16-17.

［43］沈晓霞，王志安．浙江省中药材新品种选育研究现状与展望［J］．中国现代中药，2017，9（3）：311-314.

［44］魏建和．中药桔梗杂种优势利用基础研究［D］．北京：中国中医科学院，2016.

［45］穆胜玉．青蒿的组织培养及其四倍体育种［D］．重庆：西南大学，2007.

［46］Meng Chen，Chengmin Yang，Chun Sui，et al. Zhongdanyaozhi No.1 and Zhongdanyaozhi No. 2 Are Hybrid Cultivars of Salvia miltiorrhiza with High Yield and Active Compounds Content［J］. PLoS ONE，2016，11（2）：e0149408.

彩图

附图 1　2016 年 5 月种子专委会成立大会

附图 2　2017 年 11 月种子专委会第一届中药材种子种苗技术培训研讨会（北京）

附图 3　2018 年 6 月种子专委会第二期中药材种子种苗技术培训班暨种业发展研讨会（云南昆明）

附图 4　2018 年 6 月第二期中药材种子种苗技术培训班领导致辞

附图 5　2018 年 6 月第二期中药材种子种苗技术培训班参会代表参观考察

附图 6　2018 年 6 月第二期中药材种子种苗技术培训班参会代表合影

附图 7 2019 年 6 月种子专委会第三期培训暨研讨会（浙江武义）

附图 8 2018 年 1 月种子专委会一届三次理事会（广西南宁）

附图 9 2017 年 3 月种子专委会赴河北省安国市调研座谈种子种苗生产流通管理

附图 10　2019 年 4 月国家中药材产业技术体系种子种苗生产关键技术及产业化交流座谈会（湖北武汉）